Hannah Arendt

Fragwürdige Traditionsbestände im politischen Denken der Gegenwart

PIPER

Zu diesem Buch

Die in diesem Band enthaltenen vier Arbeiten:

Tradition und die Neuzeit
Natur und Geschichte
Geschichte und Politik in der Neuzeit
Was ist Autorität?

sind aus Vorträgen entstanden, die Hannah Arendt in den Jahren 1953 bis 1956 an deutschen und amerikanischen Universitäten gehalten hat. Der dem Buch gegebene Titel versucht, die leitende Absicht der diesen Essays gemeinsamen kritischen Überlegungen anzudeuten. Diese Überlegungen befassen sich sachlich mit den in den Essay-Titeln angezeigten Begriffen; die Kritik erfolgt durch eine Rückführung dieser Begriffe auf die politischen, geschichtlich gegebenen Erfahrungen, aus denen sie entstanden sind, und durch eine Konfrontierung mit den modernen Erfahrungen, denen sie adäquat zu sein vorgeben.

Hannah Arendt, am 14. Oktober 1906 im heutigen Hannover geboren und am 4. Dezember 1975 in New York gestorben, studierte unter anderem Philosophie bei Martin Heidegger und Karl Jaspers, bei dem sie 1928 promovierte. 1933 emigrierte Arendt nach Paris, 1941 nach New York. Von 1946 bis 1948 arbeitete sie als Lektorin, danach als freie Autorin. Sie war Gastprofessorin in Princeton und Professorin an der University of Chicago. Ab 1967 lehrte sie an der New School for Social Research in New York.

Thomas Meyer wurde an der LMU München promoviert und habilitierte sich auch dort. Nach zahlreichen Stationen im In- und Ausland lehrt Meyer Philosophie in München. Schwerpunkt seiner Forschungen und Publikationen bildet das 20. Jahrhundert. Er gibt im Piper Verlag die Schriften Hannah Arendts in einer Studienausgabe heraus.

Eva von Redecker ist kritische Theoretikerin und feministische Philosophin. Sie forscht derzeit als Marie-Skłodowska-Curie-Fellow an der Universität Verona. Zuletzt ist von ihr im S. Fischer Verlag die Monografie *Revolution für das Leben* erschienen, in der sie eine Deutung gegenwärtiger Protestformen unternimmt.

Hannah Arendt

Fragwürdige Traditionsbestände im politischen Denken der Gegenwart

Vier Essays

Herausgegeben von Thomas Meyer
Mit einem Nachwort von Eva von Redecker
Aus dem Englischen übertragen von Charlotte Beradt

PIPER

Mehr über unsere Autorinnen, Autoren und Bücher:
www.piper.de

Von Hannah Arendt liegen im Piper Verlag vor:

Fragwürdige Traditionsbestände im politischen Denken der Gegenwart
Der Liebesbegriff bei Augustin
Rahel Varnhagen
Vita activa oder Vom tätigen Leben
Über die Revolution
Im Vertrauen
Wir Juden
Vor Antisemitismus ist man nur noch auf dem Monde sicher
Was heißt persönliche Verantwortung in einer Diktatur?
Schreib doch mal ›hard facts‹ über dich
Wie ich einmal ohne dich leben soll, mag ich mir nicht vorstellen
Denktagebuch
Ich selbst, auch ich tanze
Wahrheit gibt es nur zu zweien
Briefe 1936–1968 (mit Heinrich Blücher)
Eichmann war von empörender Dummheit
Wahrheit und Lüge in der Politik
In der Gegenwart
Zwischen Vergangenheit und Zukunft
Das Urteilen
Menschen in finsteren Zeiten
Eichmann in Jerusalem
Über das Böse
Denken ohne Geländer
Ich will verstehen
Was ist Politik?
Vom Leben des Geistes
Elemente und Ursprünge totaler Herrschaft
Macht und Gewalt

Unser Versprechen für mehr Nachhaltigkeit
• Klimaneutrales Produkt
• FSC®-zertifiziertes Papier
• Hergestellt in Europa

FSC www.fsc.org MIX Papier aus verantwortungsvollen Quellen FSC® C083411

Erweiterte Neuausgabe
ISBN 978-3-492-31757-3
Dezember 2021

Umschlaggestaltung: Büro Jorge Schmidt, München
Satz: Eberl & Koesel Studio GmbH, Krugzell
Gesetzt aus der Adobe Garamond Pro
Litho: Lorenz & Zeller, Inning am Ammersee
Druck und Bindung: CPI books GmbH, Leck
Printed in the EU

Inhalt

Anlässlich der Studienausgabe von Hannah Arendts Schriften

> *Was Hannah Arendt dazu bewegte, der politischen Wirklichkeit so genau ins Gesicht zu sehen, waren die Kraft der Vernunft und die Verachtung der Illusion. Anderen schlüssig und verständlich zu machen, was sie sah, war ein großer geistiger Triumph – für sie persönlich, aber auch für die Tradition des offenen politischen Diskurses.*
>
> Judith Shklar (1975)

Die Studienausgabe in Einzelbänden von Hannah Arendts Schriften möchte dazu einladen, eine der bedeutenden Denkerinnen des 20. Jahrhunderts kennenzulernen oder erneut zu lesen. Ausgewiesene Experten untersuchen in ihren exklusiv für die Edition verfassten Nachworten die jeweiligen Werke. Die Autoren werden darin je eigene Schwerpunkte setzen, die Interessierten Hannah Arendts Gedankenwelt erschließen helfen, während sich die Spezialisten mit markanten Positionen auseinandersetzen können. Bewusst wurde darauf verzichtet, eine wie auch immer geartete Einheitlichkeit vorzugeben. Die Offenheit und die Vielfalt von Arendts Überlegungen werden sich folglich in den verschiedenen Positionen der Beiträger spiegeln, die innerhalb der Studienausgabe zu Wort kommen.

Die Ausgabe kann und will keine Konkurrenz zur kritischen, im Göttinger Wallstein Verlag erscheinenden Edition von Arendts Schriften sein. Die in Arendts Münchner Stammverlag Piper vorgelegten Bände bieten Texte, die auf der jeweils letzten, von ihr selbst noch überprüften Fassung beruhen. Druckfehler und andere offensichtliche Versehen sind korrigiert, die Zitate wurden überprüft, die bibliografischen Angaben und Register durchgesehen. Für all das trägt der Herausgeber die Verantwortung. Ziel war es, zitierfähige Ausgaben zu schaffen, die sowohl eine breite Leserschaft ansprechen als auch für Wissenschaftler eine verlässliche Textgrundlage bieten.

Die erste Lieferung der Edition wird jene Werke umfassen, die Arendts Ruf in Deutschland zu ihren Lebzeiten begründeten. In chronologischer Reihenfolge sind dies folgende Schriften: Die 1929 veröffentlichte Dissertation *Der Liebesbegriff bei Augustin. Versuch einer philosophischen Interpretation*, die erstmals 1955 vorgelegte Studie *Elemente und Ursprünge totaler Herrschaft. Antisemitismus, Imperialismus, Totalitarismus* und der zwei Jahre später veröffentlichte Band *Fragwürdige Traditionsbestände im politischen Denken der Gegenwart. Vier Essays*. Ebenso enthalten sind die 1959 publizierte Biografie *Rahel Varnhagen. Lebensgeschichte einer deutschen Jüdin aus der Romantik* und die im Jahr darauf erschienene Monografie *Vita activa oder Vom tätigen Leben*. Es folgen die Reportage *Eichmann in Jerusalem. Ein Bericht über die Banalität des Bösen* von 1964 und schließlich die ein Jahr später zugänglich gemachte Abhandlung *Über die Revolution*. Damit liegen im Piper Verlag erstmals die Augustin-Studie und die in dieser Form und unter dem Titel nie wieder aufgelegte, dem engen Freund Walter Benjamin gewidmete Aufsatzsammlung *Fragwürdige Traditionsbestände* vor.

Zu einem späteren Zeitpunkt werden unter anderem die zu Lebzeiten in deutscher Sprache veröffentlichten Zeitungsartikel, Aufsätze und Essays Arendts in chronologischer Reihenfolge neu herausgegeben werden. Das unvollendete Nachlass-Werk *Life of the Mind*, in der deutschen Übersetzung unter dem Titel *Vom Leben des Geistes* erstmals 1979 in zwei Bänden erschienen, wird die Ausgabe ergänzen, sobald eine verlässliche Textgrundlage verfügbar ist.

Hannah Arendts Werke sprechen für sich und die beigefügten Nachworte benötigen keinerlei Rechtfertigungen. Bleibt also der aufrichtige Dank an die Kolleginnen und Kollegen, die sich der Aufgabe unterzogen haben, mit ihren Beiträgen die Schriften Hannah Arendts für hoffentlich viele Leserinnen und Leser zu öffnen. Den Mitarbeiterinnen und Mitarbeitern vom Piper Verlag gilt der Dank für die Zusammenarbeit und die Courage, das Werk Hannah Arendts in der vorliegenden Form der Öffentlichkeit zugänglich zu machen.

Berlin, im September 2021

Thomas Meyer

Zu diesem Band

Die hier erstmals seit 1957 wieder unter dem Titel *Fragwürdige Traditionsbestände im politischen Denken der Gegenwart* veröffentlichte Sammlung von vier Essays Hannah Arendts ist bis zum heutigen Tag kaum bekannt. Wie die Philosophin Eva von Redecker in ihrem »Nachwort« zur Neuauflage zeigen kann, bildet der Band einen wesentlichen Zwischenstand in Arendts Denken ab.

Ein paar Hinweise des Herausgebers der *Studienausgabe* seien daher der Edition vorangestellt.

I.

1955 ist die von Hannah Arendt selbst übertragene, umgearbeitete, wesentlich erweiterte und ergänzte Studie *Elemente und Ursprünge totaler Herrschaft* bei der in Frankfurt beheimateten »Europäischen Verlagsanstalt« (EVA) erschienen, die vier Jahre zuvor unter dem Titel *The Origins of Totalitarianism* in New York und zeitgleich sowie seiten- und inhaltsidentisch als *The Burden of Our Time* in London publiziert worden war.

Arendt fand die Verkaufszahlen der deutschen Ausgabe »zufriedenstellend« und die Besprechungen hätten sie »zum Teil richtig gefreut«, wie sie die EVA am 4. Juli 1956 wissen ließ.[1] Das Verhältnis zum Verlag war zu dieser Zeit noch gut, weitere Vorhaben wurden daher ins Auge gefasst.

Am 17. Februar 1957 schrieb Arendt an die EVA unter anderem folgende Zeilen, die die Idee und die Zusammenstellung des vorliegenden Bandes genau umreißen:

> Ich spiele immer noch mit dem Gedanken der Geschichtsbroschüre, bin mir aber noch nicht im klaren. Ich muss erst die Vita activa fertig haben und sehen, ob ich nicht doch einen Teil der Erörterungen über den Geschichtsbegriff dafür brauche. Dann könnte man es nicht machen. Hinzu kommt eine andere Erwägung: ich habe eine Reihe von grösseren Essays aus den letzten Jahren – über Tradition, über Autorität, über Religion und Politik – vielleicht entschliesse ich mich doch zu einem Essayband. Was halten Sie davon?

Danach ging alles sehr schnell. Der Verlag kündigte acht Wochen Produktionszeit an, sobald das Manuskript vorliege. Arendt wiederum hatte ihre Freundin Charlotte Beradt (1907–1986)[2] als Übersetzerin vorgeschlagen. 3000 Exemplare sollten für die erste Auflage gedruckt werden, der vollständige Titel *Fragwürdige Traditionsbestände im politischen Denken der Gegenwart* wurde von Arendt vorgegeben und schließlich zusammen mit der vom Verlag vorgeschlagenen näheren Kennzeichnung *Vier Essays* übernommen. Am 2. August 1957 teilte Arendt mit, dass das Manuskript fertig sei, es mit »ca. 150 Schreibmaschinenseiten« etwas länger als geplant ausgefallen sei und es sich jetzt, nach den Überarbeitungen des deutschen Textes, »auch mehr als ein Buch« lese.

Was enthält der Band? Nach einer exklusiv für das »Buch« geschriebenen »Vorbemerkung« folgt »Tradition und Neuzeit«, ein ursprünglich 1954 in der linken *Partisan Review* auf Englisch publizierter Text.[3] Der zweite Essay »Natur und Geschichte« erschien parallel in der *Deutschen Universitätszeitung*, allerdings in einer teilweise abweichenden Version, während der dritte Text

»Geschichte und Politik in der Neuzeit« auf einem auf Englisch abgefassten Vortrag beruhte. Der vierte Essay »Was ist Autorität?« basierte auf einem mehrfach gehaltenen Vortrag, der erstmals 1956 in der Zeitschrift *Der Monat* erschienen war und wie seine Vorgänger für den Wiederabdruck überarbeitet wurde.

Wie ging es weiter? Den Korrekturdurchgang wolle der Verlag übernehmen, ließ man Arendt am 10. September wissen, die Überprüfung der zahlreichen griechischen und lateinischen Begriffe und Zitate werde ein Altphilologe übernehmen. Gut einen Monat später, am 14. Oktober, bestätigte der Verlag den Eingang von Arendts eigenen Korrekturen und die Versendung des Umbruchs, dessen letzter Teil neun Tage später von der EVA verschickt wurde. Am 11. November sandte Arendt ihre Änderungen am Umbruch und zu den umfänglichen Angaben auf dem Buchumschlag zurück, klagte zusätzlich die fehlende Widmung (»Dem Andenken Walter Benjamins«) und die bisher unterlassene Nennung der Übersetzerin Charlotte Beradt ein.

Alles schien rasch zu einem guten Ende zu kommen. Doch offensichtlich gab es Probleme bei den hausinternen Abläufen. Von Arendts Änderungswünschen konnte schließlich nur noch ein Teil eingearbeitet werden, darunter die Widmung und der Hinweis auf Beradt, wie ein Brief des Verlages vom 22. November darlegte. Fünf der angemahnten und nicht mehr berichtigten Fehler wurden auf einem dem Buch beigefügten kleinen Blatt, der »Druckfehlerberichtigung«, aufgeführt. Kurz nach der Mitteilung an Arendt wurde das Buch ausgeliefert.

Die von Arendt aufgeführten Korrekturbitten wurden für diese Ausgabe erstmals sämtlich eingearbeitet, ebenso wurden die von ihr gewünschten Formulierungsänderungen vollständig berücksichtigt. In ihrem Nachlass haben sich die Durchschläge der entsprechenden Briefe erhalten.

Auf dem Umschlag der Erstausgabe fanden die Leserinnen und Leser zwei bemerkenswerte Texte, die Arendt genau gegengelesen hatte und die von ihr autorisiert waren. Zum einen eine deutende Inhaltsangabe des Buches und zum anderen einen in dieser Ausführlichkeit weder zuvor noch danach veröffentlichten Werdegang. Wegen dieser Besonderheiten werden die beiden Texte hier ebenfalls erstmals unverändert abgedruckt:

> Die in diesem Band enthaltenen vier Arbeiten:
>
> Tradition und Neuzeit
>
> Natur und Geschichte
>
> Geschichte und Politik
>
> Was ist Autorität?
>
> sind aus Vorträgen entstanden, die Dr. Hannah Arendt in den Jahren 1953 bis 1956 an deutschen und amerikanischen Universitäten gehalten hat. Der dem Buch gegebene Titel versucht, die leitende Absicht der diesen Essays gemeinsamen kritischen Überlegungen anzudeuten. Diese Überlegungen befassen sich sachlich mit den in den Essay-Titeln angezeigten Begriffen; die Kritik erfolgt durch eine Rückführung dieser Begriffe auf die politischen, geschichtlich gegebenen Erfahrungen, aus denen sie entstanden sind, und durch eine Konfrontierung mit den modernen Erfahrungen, denen sie adäquat zu sein vorgeben.
>
> Hannah Arendt ist der Meinung, »daß die Rückführung aller menschlichen Tätigkeiten auf das Arbeiten und die Reduzierung aller politischen Verhältnisse auf das Herrschaftsverhältnis nicht nur historisch nicht zu rechtfertigen sind, sondern in verhängnisvoller Weise den Raum des Öffentlichen und die Möglichkeiten des Menschen als eines für Politik begabten Wesens verkrüppelt und pervertiert«.

Wie schon in »Elemente und Ursprünge totaler Herrschaft« versteht es die Verfasserin, ihre Auffassungen mit einer gründlichen wissenschaftlichen und theoretischen Fundierung und einer Knappheit und Klarheit der Sprache vorzutragen, die schlechthin unübertrefflich ist. Auch von diesem Buch gilt, was Karl Jaspers in seinem Vorwort zu »Elemente und Ursprünge totaler Herrschaft« sagte: es ist »Geschichtsschreibung großen Stils«.

Über die Verfasserin:

Dr. Hannah Arendt, geboren 1906 in Hannover, erzogen in Königsberg, hörte Philosophie im Hauptfach, Theologie und Griechisch im Nebenfach, in Marburg bei Heidegger und Bultmann, in Heidelberg bei Jaspers und in Freiburg bei Husserl. Sie promovierte 1928 in Heidelberg im Hauptfach bei Jaspers, in Griechisch bei Regenbogen und in Theologie bei Dibelius. Ihr erstes Buch, »Der Liebesbegriff bei Augustin«, erschien 1929 im Verlag Springer in Berlin. Von 1930 an arbeitete sie mit einem Stipendium der Notgemeinschaft der deutschen Wissenschaft an einer Biographie der Rahel Varnhagen, die nicht erscheinen konnte, da Dr. Hannah Arendt 1933 nach einer Verhaftung durch die Gestapo Deutschland verlassen mußte. Von 1933 bis 1940 lebte sie in Paris, wo sie neben ihrer Tätigkeit als Leiterin der Jugendalijah europäische Geschichte studierte. 1941 ging sie von Südfrankreich aus in die USA und wurde regelmäßige Mitarbeiterin von »Partisan Review«, »Commentary«, »Reviews of Politics«, »Kenyon Review«. Von 1946–1948 betreute sie als »Chief-Editor« des Schocken-Verlages die große Kafka-Ausgabe. 1946 veröffentlichte Lambert Schneider in Heidelberg einen Essayband aus ihrer Feder.[4] 1951 erschien ihr großes Werk »The Origins of Totalitarianism« in Amerika. Im Jahre 1952 erhielt sie eine »Guggenheim-Fellowship« für ihre Arbeiten auf dem Gebiet der politischen Theorie und Wissenschaft. Einige Ergebnisse trug sie im Herbst 1953 und im Frühling 1954 in Vortragsreihen an den Universitäten in Princeton (»Christian Gauss Seminars«) und Notre Dame vor. Im Jahre 1955 las sie an der Universität von Californien in Berkeley und im Frühling 1956 hielt sie die Walgreen Lectures an der Chicago Universität. Mai 1954 erhielt sie einen Preis der »American Academy for Arts and Letters« für ihre literarischen Leistungen. 1955 erschien die umgearbeitete und erweiterte deutsche Fassung ihres Hauptwerkes unter dem Titel »Elemente und Ursprünge totaler Herrschaft« in unserem Verlag.[5]

II.

An der zeitgenössischen Rezeption des Bandes kann das spätere Desinteresse an den *Fragwürdigen Traditionsbeständen im politischen Denken der Gegenwart* nicht gelegen haben. In Arendts Nachlass finden sich 16 teilweise ausführliche Besprechungen, auch von nicht deutschsprachigen Zeitschriften und Zeitungen. Gemeinsam ist ihnen, dass sie den Band als inhaltliche und methodische Weiterführung des vor allem im Totalitarismus-Buch Gesagten begreifen. Arendts Zeitgenossen waren hellsichtig.

Arendt selbst war mit der EVA unzufrieden, man trennte sich. Als dann 1961 der schnell berühmt gewordene Band *Between Past and Future. Six Exercises in Political Thought* erschien, der sieben Jahre später um zwei weitere Texte ergänzt publiziert wurde, waren zwar englische, umgearbeitete Versionen der in den *Fragwürdigen Traditionsbeständen im politischen Denken der Gegenwart* abgedruckten Essays aufgenommen worden, doch Charakter und Intention der Sammlung waren ganz andere.[6] Das fing schon mit der Widmung an, die nunmehr Arendts Ehemann Heinrich Blücher und der seit 25 Jahren andauernden Verbindung galt, und setzte sich mit der Kennzeichnung der Texte als »Exercises in Political Thought« sowie deren Zusammenstellung schon rein äußerlich fort. Die Rezeption stürzte sich auf *Between Past and Future*[7] und rasch wurde der Titel zu einem der Arendt-Schlagworte, mit denen sie und ihr Werk in der Öffentlichkeit verbunden wurden.

Der vorgelegte Band mit dem »Nachwort« von Eva von Redecker bietet die Möglichkeit, die *Fragwürdigen Traditionsbestände im politischen Denken der Gegenwart* erstmals oder neu kennenzulernen.

Berlin, im September 2021

Thomas Meyer

---

1 Der Nachlass Hannah Arendts in der Library of Congress in Washington, D.C., ist inzwischen vollständig digitalisiert und kann unter https://www.loc.gov/collections/hannah-arendt-papers/about-this-collection/ (letzter Zugriff am 30. August 2021) eingesehen werden. Daher wird auf Einzelnachweise verzichtet.

2 Zu Charlotte Beradt und der Korrespondenz siehe: Hannah Arendt, *Wie ich einmal ohne Dich leben soll, mag ich mir nicht vorstellen. Briefwechsel mit den Freundinnen Charlotte Beradt, Rose Feitelson, Hilde Fränkel, Anne Weill und Helen Wolff.* Hg. v. Ingeborg Nordmann u. Ursula Ludz, München 2017, 307–440.

3 Hannah Arendt, Tradition and the Modern Age, in: *Partisan Review* 21 (1954), 53–75. Siehe dazu der im Rahmen der »Kritischen Ausgabe« der Schriften Arendts von Barbara Hahn und James McFarland herausgegebene Band *The Modern Challenge to Tradition*, Göttingen 2018, 463–503, 782–793.Unverzichtbar für jede Beschäftigung mit Arendt ist die Bibliografie, die Ursula Ludz in dem von ihr verantworteten Band *Hannah Arendt, Ich will verstehen. Selbstauskünfte zu Leben und Werk*, München ^{6}2013, 257–341, beigefügt hat. Dort finden sich auch die Angaben zu den Veröffentlichungsorten der anderen Essays, 286–288.

4 Gemeint ist hier die auf Anregung von Dolf Sternberger, Karl Jaspers und dem Verleger Lambert Schneider zustande gekommene Textsammlung *Sechs Essays*, die im Januar 1948 als Band 3 der *Schriften der Wandlung* erschien. Arendt setzte der Auswahl von Texten, von denen drei in der Zeitschrift *Die Wandlung* publiziert wurden, eine »Zueignung an Karl Jaspers« voran. 2019 erschienen die *Sechs Essays* als Band 3 der »Kritischen Ausgabe« der Schriften Arendts, herausgegeben von Barbara Hahn.

5 Der Herausgeber dankt Herrn Dr. Jan Eike Dunkhase (Berlin) sehr herzlich, dass er ihm den Umschlag seiner Ausgabe der *Fragwürdigen Traditionsbestände im politischen Denken der Gegenwart* für die Arbeit an dieser Edition zur Verfügung gestellt hat.

6 Auf die Tatsache, dass Arendt alle ihre Texte immer wieder bearbeitete und nur in sehr seltenen Fällen unverändert erneut abdrucken ließ, sei hier nur hingewiesen. Der Vorstellung eines permanenten *work in progress* kann an dieser Stelle nicht weiter nachgegangen werden.

7 Hier sei vor allem auf die Rezension von Judith Shklar hingewiesen, die in der Zeitschrift *History and Theory* 2 (1963), 286–292 erschien. Auf Deutsch liegt sie in dem von Hannes Bajohr verantworteten Band von Judith Shklar, *Über Hannah Arendt*, Berlin 2020, 30–48, unter dem Titel »Antike und Moderne« vor.

DEM ANDENKEN WALTER BENJAMINS

Vorbemerkung

Die nachfolgenden Essays sind aus Vorträgen entstanden, die ich in den Jahren 1953 bis 1956 in Amerika und Deutschland gehalten habe. Es handelt sich um Gelegenheitsarbeiten, die allerdings nachträglich erweitert und ergänzt worden sind. Bei der Überarbeitung für den Druck konnten einige Überschneidungen nicht vermieden werden, ohne den jeweiligen Zusammenhang empfindlich zu stören; auch einige polemische Äußerungen, die vielleicht eher der Vortrags- als der Essayform angemessen sind, habe ich stehen lassen. Der Titel versucht die leitende Absicht dieser im wesentlichen kritischen Überlegungen anzudeuten, deren innerer Zusammenhang dem Leser kaum entgehen wird. Die Kritik gilt einmal dem Arbeitsbegriff der modernen klassischen Nationalökonomie, den Marx übernahm und theoretisch fundierte, wobei er erst das Arbeiten im Sinne eines herstellenden Produzierens verstand, um dann dies Herstellen und die es leitende Zweck-Mittel-Kategorie auf das politische Handeln zu übertragen. Die Kritik gilt andererseits dem Herrschaftsbegriff der klassischen politischen Theorie, den die Staatswissenschaften auch heute noch für den zentralen Begriff der Politik halten. Ich bin der Meinung, daß die Rückführung aller menschlichen Tätigkeiten auf das Arbeiten oder Herstellen und die Reduzierung aller politischen Verhältnisse auf das Herrschaftsverhältnis nicht nur historisch nicht zu rechtfertigen sind, sondern in verhängnisvoller Weise den Raum des Öffentlichen und die Möglichkeiten des Menschen als eines für

Politik begabten Wesens verkrüppelt und pervertiert haben. In der Form von Essays ist eine solche Kritik natürlich nicht zu leisten, schon weil sie im bloß Kritischen stecken bleibt. Aber gerade für das Vorläufige solcher Versuche scheint die Essayform wiederum besonders geeignet.

Die Vorträge sind mit Ausnahme des letzten über Autorität ursprünglich auf englisch gehalten und niedergeschrieben, dann auch in verschiedenen amerikanischen Zeitschriften publiziert worden. Ohne die hilfreiche Freundschaft von Charlotte Beradt, die die Übersetzung ins Deutsche übernahm, wäre diese Publikation nicht möglich gewesen. Teile der Arbeit über Autorität erschienen im »Monat«, Februar 1956, und der Essay »Natur und Geschichte« ist in der Deutschen Universitätszeitung im April und Mai dieses Jahres erschienen.

Hannah Arendt

Palenville, Juli 1957

Tradition und die Neuzeit

I

Die abendländische Tradition politischen Denkens hat einen klar datierbaren Anfang, sie beginnt mit den Lehren Platos und Aristoteles'. Ich glaube, sie hat in den Theorien von Karl Marx ein ebenso definitives Ende gefunden. Den Anfang setzte Plato im »Staat«, genauer im Höhlengleichnis, das, weil es weder von Philosophie noch von Politik an sich handelt, sondern von der Beziehung zwischen ihnen, den eigentlichen Kern von Platos politischer Philosophie darstellt. Das Politische gilt hier ganz allgemein als der Bereich nur menschlicher Angelegenheiten – τὰ τῶν ἀνθρώπων πράγματα, wie Plato zu sagen liebte –, aller Dinge, die zum Zusammenleben der Menschen in einer gemeinsamen Welt gehören; und was ihn kennzeichnet, sind Dunkelheit, Verwirrung, Täuschung, so daß der nach wahrem Sein strebende Mensch, der Philosoph, sich von ihm abwenden und dieser Höhle entsteigen muß, um den klaren Himmel zu entdecken, der sich über der Höhle wölbt und an dem die ewigen Ideen erscheinen. Am Ende dieser Tradition steht Marx' Behauptung, daß Philosophie und die Wahrheit der Philosophen nicht außerhalb der »Höhle« menschlicher Angelegenheiten, sondern in ihrem Bereich und in der allen Menschen gemeinsamen Welt beschlossen liegt. Philosophie kann wirklich, nämlich »verwirklicht« nur im Zusammenleben der Menschen werden, das er Gesellschaft nannte, und seine Hoffnung für diese kommende Verwirklichung der Philosophie setzte er auf den »vergesellschafteten Menschen«.

Jede echte politische Philosophie ist dadurch ausgezeichnet, daß sie Stellung und Haltung des Philosophen zur Politik nicht nur mitbeinhaltet, sondern ihnen entspringt. Die abendländische Tradition politischen Denkens hat damit angefangen, daß der Philosoph sich erst einmal um der Philosophie willen von dem Politischen abwandte, um dann zu ihm zurückzukehren und dem Bereich der menschlichen Angelegenheiten Maßstäbe aufzuerlegen, deren Ursprung und Erfahrungsgrundlage außerhalb des Politischen lagen in einem Bereich, der ausdrücklich als der den menschlichen Angelegenheiten fremdeste und unbekannteste definiert ist. Das Ende dieser Tradition politischer Philosophie konnte kaum anders kommen als dadurch, daß ein Philosoph der Philosophie den Rücken kehrte, um sie in der Politik zu »verwirklichen«. Das ist der Sinn des in sich selbst natürlich philosophischen Entschlusses von Marx, der Philosophie abzuschwören, um die »Welt zu verändern« und mit ihr die philosophierende Vernunft, »das Bewußtsein« der Menschen.

Anfang und Ende der Tradition haben eines gemeinsam: die elementaren Probleme des Politischen treten in ihrer unmittelbaren und einfachen Dringlichkeit niemals so klar zutage, als wenn sie zum ersten Male formuliert und wieder, wenn diese Formulierungen schließlich in aller Radikalität in Frage gestellt werden. Der Anfang gleicht vielleicht wirklich, wie Jakob Burckhardt meinte, einem »Grundakkord«, der in endlosen Modulationen und Variationen durch die ganze Geschichte des Denkens der westlichen Welt nachklingt. Nur am Anfang und nur am Ende ertönt er rein und unmoduliert; und so berührt noch heute der Grundakkord uns nirgends mächtiger und tiefer, als wenn Plato seinen ersten harmonisierenden Klang in die Welt sendet, während er vielleicht nirgends mißtönender und verletzender wirkt als bei Marx, wo er sich vergeblich in einer Welt durchzusetzen sucht, deren Stimme und Melodie mit ihm nicht mehr in Einklang zu bringen sind. Es ist, wie Plato einmal beiläufig in seinem letzten Werk sagte: »Denn der Anfang ist auch ein Gott, und er rettet alle Dinge, solange er unter den Menschen weilt.« (ἀρχὴ γὰρ καὶ θεὸς ἐν ἀνθρώποις ἱδρυμένη σῴζει πάντα.[1]) Solange der Anfang in unserer Tradition lebendig blieb, konnte er das Erscheinende retten – σώζειν τὰ φαινόμενα – und das Gedachte harmonisieren. Der gleiche Anfang brachte an seinem Ende nur Zerstörung in das Denken, wobei wir noch nicht einmal an die traurige Nachernte, an die Verwirrung und Hilflosigkeit zu denken brauchen, die kam, als der Faden der Tradition gerissen war, und in der wir uns heute befinden.

In den Marxschen Theorien, die nicht so sehr Hegel auf die Füße als die traditionelle Hierarchie von Denken und Handeln, Kontemplation und Arbeit, Philosophie und Politik auf den Kopf gestellt haben, beweist der von Plato und Aristoteles gesetzte Anfang seine außerordentliche, bis in unsere Zeit reichende Lebenskraft dadurch, daß er Marx in offenkundige Widersprüche verwickelt, und dies vor allem in dem Teil seiner Lehren, den man gemeinhin als utopisch bezeichnet. Hierher gehören vor allem die Voraussagen über die künftige klassenlose Gesellschaft, die, obzwar sie sich nur verstreut in Marx' Werk finden und in ihm keinen großen Raum einnehmen, doch für die Entwicklung seiner Theorien eine führende Rolle spielen. Ihnen zufolge wird unter den Bedingungen der Vergesellschaftung – einer »gesellschaftlichen Menschheit« und eines »vergesellschafteten Menschen«[2] – der »Staat absterben« und die Arbeitsproduktivität sich so steigern, daß die Arbeit sich sozusagen selbst abschafft, wobei jedem Mitglied der Gesellschaft Muße in nahezu unbegrenztem Maß garantiert wird. »Die Arbeit *ist* frei in allen zivilisierten Ländern; es handelt sich nicht darum, die Arbeit zu befreien, sondern sie aufzuheben.« Natürlich enthalten diese Voraussagen Marx' Ideal von der besten Gesellschaftsform, und als solche sind sie keineswegs utopisch, ohne Ort in Raum und Zeit, vielmehr reproduzieren sie die politischen und sozialen Bedingungen des athenischen Stadt-Staates zur Zeit des Perikles, also jenes politischen Körpers, der Plato und Aristoteles das negative Modell ihrer Erfahrungen abgab und dadurch zum Fundament wurde, auf dem unsere Tradition politischer Philosophie ruht. Die athenische Polis regierte sich selbst, ohne eine Scheidung zwischen Herrschern und Beherrschten zu kennen; sie war demzufolge für Marx kein Staat, da für ihn der Staat selbstverständlich ein Instrument der Herrschaft, wenn nicht der Gewaltherrschaft, war. (Hierin, wie in so vielem anderen, folgte Marx nur der Tradition, welche die Staatsformen als Herrschaftsformen aufzählt – Einzelherrschaft oder Monarchie, Herrschaft der Wenigen oder Oligarchie, Herrschaft der Masse oder Demokratie, wobei allerdings vor Hobbes die Gewaltherrschaft oder Tyrannis stets aus den legitimen Staatsformen ausgeschlossen war.) Die Muße oder Freiheit von Arbeit, die Marx für die Zukunft forderte oder voraussagte, besaß in diesem Athen jeder Bürger. (Arbeit disqualifizierte natürlich nicht nur in Athen und nicht nur in der Antike für den Besitz voller Bürgerrechte; bis zur Neuzeit konnte niemand, der durch Arbeit seinen Lebensunterhalt erwarb, politisch tätig sein, und bis tief ins neunzehnte Jahrhundert hatte niemand politische Rechte, der nicht mehr besaß als seine Arbeitskraft.) Was das »Absterben des Staates«, das heißt die Abschaffung des Unterschiedes von Herrschern und Beherrschten, anlangte, und die Freiheit von Arbeit, die Muße, durch die der freie Bürger sich von der Klasse der Sklaven und Metöken unterschied, wollte also Marx nur für alle, was Athen der freien Oberschicht zugestanden hatte.

Viel erstaunlicher jedoch als diese allgemeine Gebundenheit an das Ideal der athenischen Polis ist die offenbare Abhängigkeit Marx' von denjenigen Lehren Platos und Aristoteles', die in offenem Widerspruch zu den Idealen der Polis stehen. Sie zeigt sich vor allem in dem tatsächlichen Inhalt des Marxschen Gesellschaftsideals. Für ihn kann es zur Freiheit der Muße nur kommen, wenn der Staat bereits abgestorben ist, da ja der Staat das Herrschaftsinstrument darstellt, durch das eine Klasse die andere ausbeutet und zur Arbeit zwingt. Nach Absterben der letzten Staats- oder Herrschaftsform bleibt aber für Marx eine einheitlich politische Sphäre überhaupt nicht mehr übrig; das Ziel ist vielmehr, das Regieren – die »Verwaltung von Sachen« (Engels) – so einfach zu gestalten, daß nach dem berühmten Wort von Lenin, das Marx' Gedanken sehr präzis wiedergibt, dies Geschäft jede Köchin besorgen kann. Offensichtlich kann unter solchen Umständen das Geschäft der Politik auch nur noch für Köchinnen von Interesse sein, nicht einmal mehr für jene »mäßigen Intellekte«, denen Nietzsche in einem wohl geordneten Staatswesen das Geschäft des Regierens überlassen wissen wollte.[3] Nun steht dieses Ideal zwar in einem diametralen Gegensatz zu den tatsächlichen Bedingungen der Antike, wo politische Pflichten so schwierig und zeitraubend waren, daß denjenigen, die mit ihnen befaßt waren, die Ausübung einer anstrengenden Tätigkeit weder zugemutet noch gestattet werden konnte. (Die antike und vor allem die griechische Verachtung der Arbeit hatte wichtigere und gewichtigere Gründe als diese, auf die wir hier nicht eingehen. Wie hoch aber doch für Disqualifizierung zur Bürgerschaft das einfache Kriterion von Anstrengung und Ermüdung eingeschätzt wurde, zeigt sich deutlich, wenn zum Beispiel der Schäfer, aber nicht der Bauer zur Bürgerschaft zugelassen werden sollte oder wenn der Maler, aber nicht der Bildhauer als etwas Besseres als ein βάναυσος anerkannt wurde.) An diesem zeitraubenden politischen Leben des durchschnittlichen vollberechtigten Bürgers einer Polis hatten sich aber die Philosophen orientiert, um ihm ihr Ideal von Freiheit und Muße, von σχολή, entgegenzustellen; denn unter dieser Muße darf man vor allem bei Aristoteles niemals Freiheit von Arbeit verstehen, die sich in der Polis von selbst verstand, sondern Freiheit, Freizeit von politischer Tätigkeit und den Staatsgeschäften.

In Marx' Vorstellung von einer Idealgesellschaft sind diese beiden ganz verschiedenen Begriffe von Freiheit und Freizeit unentwirrbar miteinander verknüpft: die klassen- und staatslose Gesellschaft verwirklicht sowohl die Hauptforderung der gesamten Antike, nicht arbeiten zu müssen, wie die Hauptforderung der Philosophen, sich nicht um Politik zu kümmern brauchen. Marx also forderte nicht nur für alle Menschen, was die Antike nur der freien Oberschicht zugestanden hatte, sondern darüber hinaus dasjenige, was die Philosophen nur für sich, für »die Wenigen« im Gegensatz zu den Vielen, verlangt hatten, die Freiheit von aller Tätigkeit als Voraussetzung für den βίος θεωρητικός, für ein der Philosophie und dem Erkennen im weitesten Sinne gewidmetes Leben. Lenins Köchin, mit anderen Worten, soll in einer Gesellschaft leben, die ihr ebensoviel Freizeit von Arbeit läßt, wie der antike Bürger brauchte, um sich dem πολιτεύεσθαι zu widmen, und dazu ebensoviel Freizeit von Politik, wie der griechische Philosoph brauchte, um sich ganz dem Philosophieren zu widmen. Für Marx wurde das Ideal einer klassenlosen Gesellschaft darum zum Inbegriff einer idealen Menschlichkeit, weil diese Gesellschaft sowohl unpolitisch (staats-los) wie nahezu arbeits-los ist und weil in der hier waltenden Muße, die von dem otium und der σχολή der Tradition entscheidend bestimmt ist, sich ihm eine menschliche Lebensart vorzeichnete, die höheren Zielen als denen der Arbeit oder der Politik nachstreben kann.

Marx selbst betrachtete seine »Utopie« als eine einfache Voraussage, und in der Tat hat er in diesem Teil seiner Lehren eine große Anzahl von Entwicklungen vorausgesagt, die erst in unserer Zeit sich deutlich abzuzeichnen beginnen. Regierung im alten Sinn hat in vieler Hinsicht bloßer Verwaltung Platz gemacht, und der ständige Zuwachs an Freizeit für die Massen gerade der arbeitenden Bevölkerung ist in allen modernen, industrialisierten Ländern eine Tatsache allererster Ordnung. Es ist immer noch erstaunlich zu sehen, wie klar Marx gewisse Folgen der industriellen Revolution erkannt hat, obwohl seine Annahme, daß diese Folgen nur unter der Bedingung der Sozialisierung der Produktionsmittel Wirklichkeit werden könnten, sich als falsch erwiesen hat.[4] Aber daß er diese Entwicklung in einem so verfälschend-idealisierenden Lichte sah, lag an der Macht, die Tradition über ihn hatte, lag daran, daß er sie in Begriffen und Alternativen verstand, die ihren Ursprung in einer ganz anderen geschichtlichen Epoche und in ganz anderen ursprünglichen Erfahrungen hatten. Dies machte ihn blind für die der modernen Welt innewohnenden echten und sehr komplizierten Probleme und gibt seinen richtigen Einsichten ihren utopischen Charakter. Das hindert nicht, daß sein Ideal einer klassen-, staats- und arbeits-losen Gesellschaft der Verbindung zweier ganz verschiedener und ganz und gar nicht utopischer Elemente entsprossen ist: der Beobachtung und Registrierung gewisser Tendenzen der Neuzeit, die im Rahmen der Tradition nicht mehr verstanden werden können, und den traditionellen Begriffen und Idealen, durch die Marx selbst diese Tendenzen verstanden und systematisiert hat.

Marx selbst war sich nicht des Fortwirkens der Tradition in ihm, nur der bewußten Rebellion gegen die Überlieferung, und zwar gerade die des philosophischen Denkens bewußt. Die Grundsätze, die den Inhalt seiner eigenen politischen Philosophie bilden und dem wissenschaftlich-ökonomischen Werk zugrunde liegen, sind alle in einem herausfordernden und absichtlich paradox klingenden Ton formuliert. Wie wichtig sie für sein Denken waren, geht schon daraus hervor, daß man auf sie in merkwürdig sich gleichbleibenden Formulierungen von den Jugendschriften bis zu den letzten Kapiteln des dritten Bandes des Kapitals stößt.

Unter ihnen sind die folgenden von ausschlaggebender Bedeutung: 1. »*Der Arbeiter* [gemeint ist: der Mensch, sofern er arbeitet] *schafft den Menschen.*« In dieser apodiktischen Formulierung stammt der Grundsatz von Engels, der entgegen der unter Marx-

Forschern verbreiteten Ansicht Marx' Gedanken immer adäquat, wenn auch manchmal in einer verkürzenden, spruchartig popularisierenden Form wiedergibt. Marx selbst spricht wiederholt von der »Erzeugung des Menschen durch die menschliche Arbeit«.[5] – 2. Es ist *»die Rolle der Gewalt in der Geschichte, daß sie die Geburtshelferin jeder alten Gesellschaft ist, die mit einer neuen schwanger geht«*. Dieser Gedanke findet sich bei Marx wie Engels in vielen Variationen; er liegt bereits dem berühmten Satz, daß alle Geschichte eine Geschichte von Klassenkämpfen gewesen sei, zugrunde, da für Marx die Betonung nicht nur auf der Klasse, sondern gerade auch auf den Kämpfen lag, durch die der bloße Klassenantagonismus erst historisch wurde.[6] – 3. *»Die Philosophen haben die Welt interpretiert, es kommt aber darauf an, sie zu verändern.«* Diese letzte und berühmteste der »Thesen über Feuerbach« kann man in Marx' Sinne dahin variieren, daß die Philosophen die Welt lange genug interpretiert haben und daß nun die Zeit gekommen sei, sie zu verändern; denn diese Variation stimmt mit dem Satz überein, in welchem die eigentliche Schlußfolgerung, die der junge Marx aus der Hegelschen Philosophie gezogen hat, enthalten ist, und der lautet: *»Ihr könnt die Philosophie nicht aufheben, ohne sie zu verwirklichen.«*[7] In das spätere Werk geht diese Haltung zur Philosophie in Form der Voraussage ein, das Proletariat werde die Erbschaft der klassischen Philosophie antreten.

Keiner dieser Grundsätze ist aus sich selbst und ohne weiteres verständlich. Jeder gewinnt seine Bedeutung dadurch, daß er in eklatantem Widerspruch steht zu einer der Grundwahrheiten der Tradition, die bis zum Beginn der Neuzeit über allen Zweifel erhaben waren. »Der Arbeiter schafft den Menschen« heißt erstens, daß nicht Gott, sondern Arbeit der Schöpfer des Menschen ist oder daß der Mensch sich selbst erschafft: Arbeit ist »der Selbsterzeugungsakt des Menschen«.[8] Gerade die Menschlichkeit des Menschen ist ein Ergebnis seiner eigenen Aktivität. Der Satz heißt zweitens, daß der spezifische Unterschied zwischen Mensch und

Tier nicht die Vernunft ist; wodurch Menschen »sich von den Tieren unterscheiden, ist nicht, daß sie denken, sondern daß sie anfangen, ihre Lebensmittel zu produzieren«.[9] Der Mensch also ist nicht ein animal rationale, sondern ein animal laborans. Dies aber impliziert drittens, daß nicht Vernunft, bis dahin das höchste Attribut des Menschen, sondern Arbeit, die traditionell verachtetste unter den menschlichen Tätigkeiten, die Menschlichkeit des Menschen ausmacht und garantiert. Der Satz von der Arbeit als dem Schöpfer des Menschen will also in eins den traditionellen Gottesbegriff, die überlieferte Einschätzung der Arbeit und die herkömmliche Verherrlichung der Vernunft provokatorisch negieren.

Der Satz von der Gewalt als dem Geburtshelfer der Geschichte besagt im Ganzen der Marxschen Theorien, daß die an sich verborgenen Produktivkräfte, welche die menschliche Entwicklung vorantreiben, sofern sie sich in freiem und bewußtem Handeln überhaupt äußern, nur in Taten der Gewalt, in den Kriegen und Revolutionen der Geschichte, offen zutage treten. Nur in diesen Perioden zeigt Geschichte ihr wahres Gesicht und zerstreut den Nebel der Ideologien und des bloßen heuchlerischen Geredes. Auch dies stellt eine klare Herausforderung der Tradition dar. Gewalt erscheint in der Tradition politischen Denkens als die ultima ratio der Außenpolitik, und schiere Gewaltherrschaft im Innern des eigenen Landes hat seit eh und je als die schändlichste aller Herrschaftsformen, als Tyrannis gegolten. Die wenigen, vor allem von Machiavelli und Hobbes unternommenen Versuche, Gewalt und Gewaltherrschaft von dem Stigma der Schändlichkeit zu befreien, sind von großer sachlicher Bedeutung für das Machtproblem und beleuchten, wie verhängnisvoll sich die alte Verwechslung und Identifizierung von Gewalt und Macht für das politische Denken und Handeln ausgewirkt hat; aber sie haben doch vor der Mitte des neunzehnten Jahrhunderts gerade auf das theoretische Denken kaum einen Einfluß gehabt. Außerdem ist erst Marx der Meinung, daß alle Staatsformen gleichermaßen auf der Gewalt, genauer auf dem Besitz der Gewaltmittel, beruhen, weshalb denn auch für ihn und seit ihm das Problem der Staatsformen gänzlich uninteressant geworden ist. Da der Staat als das Instrument der herrschenden Klasse verstanden wird, durch das sie unterdrücken und ausbeuten kann, ist die gesamte Sphäre politischen Handelns zentral durch Gewalt charakterisiert.

Die Marxsche Gleichsetzung von Handeln und Gewaltanwenden impliziert noch eine andere Herausforderung an die Tradition, die sich uns vielleicht nicht mehr so aufdrängt, deren sich aber Marx, der Aristoteles sehr genau kannte, wohl bewußt gewesen sein muß. Wenn Aristoteles den Menschen als ein ζῷον πολιτικόν und ein ζῷον λόγον ἔχον definierte, also als ein Wesen, dessen höchste Möglichkeit in dem Leben der Polis und in dem diesem Polis-Leben eigenen Miteinandersprechen gipfelte, so meinte er damit, den Griechen vom Barbaren und den freien Mann vom Sklaven zu unterscheiden. Der Unterschied lag darin, daß die Bürger der Polis ihre Angelegenheiten durch das Mittel des Redens und Überredens, πείθειν, führten und nicht durch βία, den stummen Zwang der Gewalt. Die Reiche der Barbaren wurden von Despoten regiert und der Haushalt der Sklaven durch die despotische Gewalt des Hausherrn und die Notwendigkeit der Arbeit. Der Zwang, durch den der Mensch den Menschen zum Gehorchen, und der Zwang, durch den der Lebensprozeß den Menschen zum Arbeiten anhält, gleichen sich darin, daß sie keiner Worte bedürfen, um sich geltend zu machen. Daher leben Barbaren und Sklaven ἄνευ λόγου, was natürlich nicht heißt, daß sie der Sprache nicht mächtig wären, sondern lediglich, daß ihr Leben und Miteinanderleben nicht zuvörderst auf dem Sprechen und Miteinandersprechen beruht. Nun gehörten das Arbeiten und seine Notwendigkeit für die Griechen ausschließlich in den privaten, nicht-politischen, nicht-öffentlichen Bereich des Haushalts; der Zwang der Gewalt aber ist anderer Art, er stellt Beziehungen und einen, wenn auch negativen Kontakt zu anderen Menschen her, er ist von Haus aus politischer Natur. Daher enthält die Verherrlichung der Gewalt durch Marx eine sehr viel ausdrücklichere Verneinung des λόγος als seine Verherrlichung der Arbeit; denn das Reden und Miteinandersprechen galt von alters her als die eigentliche Alternative des Befehlens und Zwingens und damit als die wesentlich menschliche unter allen menschlichen Umgangsformen. Marx' Theorie vom ideologischen Überbau beruht letztlich auf dieser sich gegen die ganze Tradition kehrenden Feindseligkeit gegen das Sprechen selbst, von der seine Verherrlichung der Gewalt nur eine unumgängliche Nebenerscheinung ist.

Marx' grundsätzliche Absicht schließlich, »die Philosophie zu verwirklichen« oder die Welt in Übereinstimmung mit Philosophie zu verändern – denn Marx' Ausspruch über Interpretation und Veränderung der Welt impliziert, daß man die Welt nur verändern kann, nachdem und weil die Philosophen sie genügend interpretiert haben –, wäre für alle traditionelle Philosophie eine contradictio in adjecto gewesen. Das Beste, was Philosophie für die »Welt« des Handelns tun konnte, war, dem Handeln gewisse Regeln vorschreiben, und kein großer Philosoph hat dies je für seine wichtigste Aufgabe gehalten. Denn im wesentlichen war Philosophie von Plato bis Hegel »nicht von dieser Welt«, ob nun Plato den Philosophen als den Menschen hinstellt, der nur noch mit seinem Körper die Welt der Mitmenschen bewohnt, oder ob Hegel ausdrücklich versichert, daß vom Standpunkt des gesunden Menschenverstandes die Welt der Philosophie eine »verkehrte Welt« ist. Die Marxsche Rebellion gegen die Tradition ist in diesem Fall nicht nur impliziert, sondern direkt ausgesprochen; sie liegt in der Behauptung, daß die gemeinsame Welt menschlicher Angelegenheiten, in der wir uns durch unseren Gemeinsinn, unseren common sense, orientieren und in seinen Begriffen denken, eines Tages mit dem Reich der Ideen, in dem der Philosoph sich bewegt, identisch werden wird. Mit anderen Worten, der letzte der von uns erwähnten drei Grundsätze von Marx bedeutet nicht mehr und nicht weniger, als daß Philosophie, die immer nur für die Wenigen war, eines Tages für alle und das heißt die gemeine und gemeinsame Wirklichkeit des gesunden Menschenverstandes sein wird.

Die drei Grundsätze sind im Rahmen traditioneller Begriffe formuliert, den sie zugleich sprengen; sie sind als Paradoxe gemeint und haben die Absicht, uns zu schockieren. Sieht man genauer zu, so sind sie noch paradoxer, als Marx dachte, und haben ihn daher auch in weit größere Schwierigkeiten verwickelt, als er in seiner Jugend, da er sich auf sie festlegte, vorausgeahnt hat. Jeder von ihnen enthält einen fundamentalen Widerspruch, der innerhalb Marx' eigenem Begriffssystem unlösbar blieb.

Wenn Arbeit die menschlichste und produktivste aller Tätigkeiten ist, so daß des Menschen Wesen voll erschöpft ist, wenn er als animal laborans definiert ist, was wird dann aus ihm werden, wenn einst in der staats- und klassenlosen Gesellschaft, im »Reich der Freiheit«, das Arbeiten »aufhört«? Welche produktive und zugleich wesentlich menschliche Tätigkeit wird übrig bleiben, wenn die »Grundbedingung«, die »Verkürzung des Arbeitstags«, so weitgehend erfüllt ist, daß die Sphäre »jenseits der eigentlichen materiellen Produktion«, jenseits der »Notwendigkeit« erreicht ist? Hier in dem »wahren Reich der Freiheit« soll eine »menschliche Kraftentwicklung beginnen, die sich als Selbstzweck gilt«;[10] Marx hat hie und da von ihr gesprochen, und was er sich darunter vorgestellt hat – »In einer kommunistischen Gesellschaft gibt es keine Maler, sondern höchstens Menschen, die unter anderm auch malen«[11] –, sind Betätigungen, die mit Tätigkeit nichts zu tun haben, sondern wie das *hobby* und das Steckenpferd nur dazu da sind, die Zeit totzuschlagen.

Wenn Gewalt die Geburtshelferin der Geschichte ist und wenn demzufolge gewalttätiges Handeln die sinnvollste Art menschlichen Handelns ist, was wird dann geschehen, wenn nach Abschluß der Klassenkämpfe und mit dem Verschwinden der staatlich-politischen Sphäre Gewalt überflüssig, ja nicht einmal mehr möglich sein wird? Genauso wenig wie es sinnvolles Herstellen in der klassenlosen Gesellschaft Marxscher Prägung geben kann, genauso wenig kann es in seiner staats-losen Gesellschaft noch sinnvolles Handeln geben.

Wenn schließlich die Gesellschaft der Zukunft imstande sein sollte, Philosophie zu »verwirklichen« und damit, wie Marx richtig meinte, Philosophie »abzuschaffen«, welche Art des Denkens sollte dann wohl noch übrig bleiben, sofern man unter dem Denken der Philosophie im Marxschen Sinne nicht irgendwelche metaphysischen Systeme versteht, sondern all das, was über das unmittelbar nutzbringende Rechnen mit Folgen hinausgeht?

Die inneren Widersprüche der Marxschen Theorien sind bekannt und von nahezu allen Marxinterpreten bemerkt worden. Sie werden meist aus einem Widerstreit erklärt, der sich »zwischen dem wissenschaftlichen Standpunkt des Historikers und dem moralischen des Propheten« ergäbe (Edmund Wilson), nämlich zwischen dem Historiker, der in der Akkumulation des Kapitals »die materiellen Mittel für das Anwachsen der Produktivität erblickt«, und dem Moralisten, der diejenigen, welche »diese historische Aufgabe« durchzuführen haben, als entmenschte Ausbeuter anprangert. Solch ein Widerstreit mag existieren, und er mag gewisse Unstimmigkeiten erklären, vor allem die bekannten in der allgemeinen Beurteilung des Kapitalismus; aber hier handelt es sich nicht um Unstimmigkeiten, sondern um Widersprüche, die das ganze Werk durchziehen und ohne die doch dies Werk in seiner unbezweifelten Größe undenkbar wäre. Es handelt sich um den Widerspruch zwischen einer durchaus verabsolutierenden Verherrlichung des Arbeitens und des Handelns im Gegensatz zu Kontemplation, Denken und Reden *und* dem Ideal einer nahezu arbeits-losen und ganz und gar unpolitischen, das heißt handelnsunfähigen Gesellschaft. Und dieser Widerspruch kann weder dem natürlichen Unterschied zwischen den Meinungen eines jungen revolutionären Marx und den Einsichten des späteren Historikers und Nationalökonomen zur Last gelegt werden, noch kann er »marxistisch« mit dem Trick einer dialektischen Bewegung erklärt werden, in der immer das Eine in das Andere umschlägt und es erzeugt.

Selten unterlaufen solche grundlegenden und offenkundigen Widersprüche zweitrangigen Schriftstellern, bei denen man sich ohnehin nicht um sie zu kümmern braucht. Bei den großen Autoren führen sie meist in den eigentlichen Mittelpunkt ihres Werkes und bilden den wichtigsten Schlüssel für ein echtes Verständnis ihrer Probleme und ihrer neuen Einsichten. Bei Marx wie bei anderen großen Autoren des letzten Jahrhunderts verbirgt sich hinter einer scheinbar nur provozierenden, mit Paradoxen spielenden Tonart die echte Aporie, mit neuen Phänomenen in Begriffen einer überkommenen Denktradition fertig werden zu müssen, außerhalb derer ein begriffliches Denken überhaupt nicht möglich schien. Es ist, als hätte Marx, ähnlich wie Kierkegaard und Nietzsche, den verzweifelten Versuch gemacht, entgegen der Tradition zu denken und dabei doch ihre begrifflichen Werkzeuge zu benutzen.

Unsere Tradition politischer Philosophie begann, als Plato entdeckte, daß eine Abwendung von der gemeinsamen Welt menschlicher Angelegenheiten im Wesen philosophischer Erfahrung zu liegen scheint. Als von dieser Erfahrung nichts mehr übrig war als der leere Gegensatz zwischen Denken und Handeln, der das Denken seiner Realität und das Handeln seines Sinnes beraubt, also beide nichtig werden läßt, nahm diese Tradition ihr Ende.

II

Die Kraft dieser Überlieferung, der Bann, in den sie das Denken des Abendlandes schlug und ihm seine Wege wies, haben niemals davon abgehangen, in welchem Ausmaß die Menschen sich ihrer bewußt waren. Tatsächlich finden sich nur zweimal in unserer Geschichte Perioden, denen das Faktum der Tradition als solches sich in das Bewußtsein drängte, und die demzufolge Alter und Autorität bewußt identifizierten. Dies geschah zum ersten Mal, als die Römer das Denken und die Kultur der Griechen als die eigentlich »Klassische« anerkannten, das für sie fortan maßgeblich alle geistigen Angelegenheiten bestimmte. Als die Römer ihre eigene Kultur der geistigen Tradition Griechenlands unterstellten, machten sie das griechische Erbe überhaupt erst zur Tradition im eigentlichen Sinne und entschieden zugleich historisch, daß so etwas wie Tradition einen dauernden, gestaltenden Einfluß auf die gesamte europäische Zivilisation haben sollte. In diesem maßgebenden Sinn war Tradition vor den Römern unbekannt; mit ihnen wurde sie, nach ihnen blieb sie der Leitfaden durch die Schatzkammern der Vergangenheit, die Kette, an die das Weltverständnis und der Erfahrungshorizont jeder neuen Generation, ob sie sich dessen bewußt war oder nicht, angeschlossen wurde. Ein ähnlich klares Bewußtsein von dem, was Überlieferung ist, treffen wir in der Geschichte vor der Exaltation und Verherrlichung der traditionellen Vergangenheit durch die Romantik nicht wieder. (Die Entdeckung der Antike in der Renaissance bedeutete einen ersten Versuch, die Fesseln der Tradition zu sprengen und durch Zurückgreifen auf die Quellen selbst eine Vergangenheit herzustellen, über die Tradition gerade keine Macht haben sollte.) Zwar ist, was man heute allgemein unter Tradition versteht, durch diese romantische Erneuerung entscheidend geprägt; das heißt aber nicht, daß Tradition von Haus aus ein romantischer Begriff wäre. Die

Romantik hat im Grunde nicht mehr getan, als die Diskussion der Überlieferung überhaupt auf die Tagesordnung des neunzehnten Jahrhunderts zu setzen; und ihre krampfhafte Verherrlichung alles Vergangenen hat nur dazu gedient, den Zeitpunkt zu markieren, an dem die Neuzeit die Welt und die Lebensumstände des Menschen in einem solchen Ausmaß zu verändern anhob, daß ein selbstverständliches Zutrauen und Sichverlassen auf Überliefertes nicht mehr möglich war.

Das Ende einer Tradition muß nicht notwendigerweise bedeuten, daß das traditionelle Begriffsgerüst seine Macht über die Gedanken der Menschen verloren hat. Diese Macht kann im Gegenteil gerade dann tyrannisch werden, wenn die Tradition ihre lebendige Kraft verloren hat, wenn die Begriffe abgenutzt und die Kategorien platt geworden sind und die Erinnerung an den Anfang ganz und gar verblaßt ist. Es kann sogar vorkommen, daß gerade das spezifisch Zwingende einer Überlieferung sich erst dann zeigt, wenn ihr Ende so endgültig ist, daß die Menschen nicht einmal mehr gegen sie rebellieren. Dies scheint jedenfalls die Lehre zu sein, die wir aus der Verbreitung jenes formalistisch-logischen Denkens im zwanzigsten Jahrhundert mit seiner Verwechslung von Wahrheit und Konsequenz beziehungsweise Zwangsläufigkeit ziehen können; denn es setzte erst ein, nachdem Kierkegaard die Grundvoraussetzungen der überlieferten Religion, Marx die Grundbegriffe der überlieferten politischen Philosophie und Nietzsche die Grundkategorien der traditionellen Metaphysik mitsamt ihrer Moral durch die bewußte Umkehrung der hierarchischen Ordnung in allen drei Bereichen ein für allemal erschüttert hatten. Indessen haben weder die Folgen im zwanzigsten noch die geistige Rebellion im neunzehnten Jahrhundert den Bruch der Tradition wirklich verursacht. Dieser Bruch zeigte sich, als keine Weisheit der Staatsmänner mehr imstande war, die politischen Probleme des Zeitalters zu lösen, und keine geistige Autorität mehr da war, um das Meinungs- und Weltanschauungschaos des ausgehenden neunzehnten Jahrhunderts zu schlichten. In diesem Strudel haben schließlich die totalitären Bewegungen mittels einer höchst ingeniösen Verbindung von Terror und Ideologie eine neue Staats- und Herrschaftsform herauskristallisiert. Erst die totalitäre Herrschaft als ein Ereignis, das in seiner Beispiellosigkeit mit den überkommenen Kategorien politischen Denkens nicht begriffen, dessen »Verbrechen« mit den traditionellen Maßstäben nicht beurteilt und mit Hilfe bestehender Gesetze nicht adäquat gerichtet und bestraft werden können, hat die in der Überlieferung so lange gesicherte Kontinuität abendländischer Geschichte wirklich durchbrochen. Dieser Traditionsbruch ist heute eine vollendete Tatsache; weder ist er das Resultat von Wahl und Vorsatz, noch ist er abhängig von weiteren Entscheidungen.

Die Versuche großer Denker nach Hegel, sich von den Denkformen, die den Westen mehr als zweitausend Jahre beherrscht hatten, zu befreien, haben vielleicht ihre Schatten auf dieses Ereignis vorausgeworfen; sie können sicher dazu verhelfen, es im rechten Lichte zu sehen und zu begreifen; verursacht aber haben sie es bestimmt nicht. Das Ereignis selbst zeigt die Trennungslinie zwischen der Neuzeit – die mit den naturwissenschaftlichen Entdeckungen des siebzehnten Jahrhunderts beginnt, ihre politische Höhe in den Revolutionen des achtzehnten erreicht und ihre allgemeinen Entwicklungstendenzen im neunzehnten Jahrhundert nach der industriellen Revolution entfaltet – und der Welt des zwanzigsten Jahrhunderts, in der wir selbst leben und die in der Feuerkette der Katastrophen entstand, die der erste Weltkrieg entzündete. Die Denker der Neuzeit, insbesondere die Rebellen des neunzehnten Jahrhunderts für die Struktur des zwanzigsten verantwortlich zu machen ist nicht nur ungerecht, sondern gefährlich. Die sicht- und greifbaren Ereignisse, die die totalitäre Herrschaft über die Menschen gebracht hat, gehen auch über die radikalsten und abenteuerlichsten Ideen dieser Denker so weit hinaus, daß es lächerlich ist, etwa Marx mit der Herrschaft Stalins oder Nietzsche mit der Herrschaft Hitlers auch nur in einem Atem zu nennen. Die Größe dieser Denker des neunzehnten Jahrhunderts liegt darin, daß sie das Eindringen neuer Probleme in die Welt bemerkten und sahen, wie diese Probleme sich mehr und mehr zu Aporien zu entwickeln drohten, eben weil unsere Überlieferung keine Anhaltspunkte bot, mit ihnen fertig zu werden. In diesem Sinne war ihre Absage an die Tradition, wie pathetisch sie sie auch verkündet haben mögen – wie verirrte Kinder im Wald, die lauter und lauter singen –, auch kein eigentlicher Akt ihrer Wahl. Was sie erschreckte und pathetisch machte, was ihnen die Nüchternheit und damit den reinen Stil kostete, war das Dunkel selbst und nicht einmal der Traditionsbruch. Erst als der Bruch sich tatsächlich ereignete, war die Dunkelheit einigermaßen zerstreut, und das ist der Grund, warum wir in unserer Welt, die zwar nicht bequemer, aber erheblich heller ist, den überlaut pathetischen Ton ihrer Schriften nur schwer ertragen. Aber der Donner der schließlichen Explosion hat nicht nur die Luft gereinigt, er hat auch das unheilschwangere Schweigen übertönt, das uns immer noch antwortet, wenn wir, anstatt zu fragen: »*Wogegen* kämpfen wir?«, einmal die Frage wagen: »*Wofür* kämpfen wir, worum geht es uns eigentlich?«

Weder das Schweigen der Tradition noch die aus ihm sich ergebende Reaktion der Denker des neunzehnten Jahrhunderts kann je erklären, was sich wirklich ereignet hat. Der nicht vorsätzliche Charakter des Bruches gibt ihm eine Unwiderruflichkeit, die nur Ereignisse, niemals Gedanken, haben. Die Rebellion des neunzehnten Jahrhunderts gegen die Tradition hielt sich durchaus innerhalb eines von der Tradition noch vorgezeichneten Rahmens; auf der Ebene bloßen Denkens, das sich damals schwerlich auf mehr stützen konnte als die im wesentlichen negativ bleibenden Erfahrungen von Ahnungen, Befürchtungen und unheilschwangerem Schweigen, war nur Radikalisierung möglich, aber weder ein Neubeginn noch eine echte Wiedererweckung des Anfangs und der Vergangenheit.

Kierkegaard, Marx und Nietzsche stehen am Ende der Tradition, gerade bevor der Bruch kam. Ihr unmittelbarer Vorgänger ist Hegel. Mit ihm sah zum ersten Mal ein Mensch die gesamte Weltgeschichte als einen kontinuierlichen Entwicklungsprozeß, und diese ungeheure geistige Leistung setzte bereits voraus, daß Hegel selbst sich außerhalb aller Systeme und Gebundenheiten gestellt hatte, außerhalb aller Überlieferungs- und Autoritätsansprüche, daß er sich nur an den kontinuierlichen Faden des zeitlichen Ablaufs selbst hielt. Kontinuität, der Leitfaden des zeitlich-historischen Ablaufs, war der erste Ersatz für Überlieferung und die ihr inhärente Verpflichtung auf spezifische Inhalte. Mittels dieser Kontinuität konnte die überwältigende Fülle divergierender Maßstäbe, sich widersprechender Gedanken, miteinander streitender Autoritätsansprüche, die bisher alle irgendwie neben- und miteinander hatten bestehen können, auf die einlinige, dialektisch-stimmige Entwicklung reduziert werden, deren Sinn sicher nicht in der Verneinung von Überlieferung als solcher bestand, wohl aber die Liquidierung der Autorität aller Traditionen voraussetzte. Kierkegaard, Marx und Nietzsche blieben Hegelianer, insofern sie sowohl die Geschichte wie die Geschichte der Philosophie als ein Ganzes ansahen, das sich dann in der Tat nur dialektisch »entwickeln« ließ. Ihr großes Verdienst war, daß sie diesen neuen Geschichtsbegriff radikalisierten und in der einzig noch möglichen Weise weiter entwickelten, nämlich in der Weise der Sprünge und Umkehrungen.

Kierkegaard, Marx und Nietzsche sind für uns Wegweiser zu einer Vergangenheit, die ihre Autorität verloren hat. Sie haben als erste ohne Leitung jedweder Autorität, gleichsam ganz und gar ohne Geländer, zu denken gewagt, wobei, ihnen kaum bewußt, das kategoriale Gerüst der großen Tradition sie noch hielt und ihnen noch eine Stätte bot. In mancher Hinsicht sind wir heute besser daran. Wir brauchen uns nicht mehr über die »gebildeten Philister« zu erzürnen, die durch das ganze neunzehnte Jahrhundert hindurch, und besonders in Deutschland nach dem Tode Goethes, den Verlust echter Autorität mit einer unausstehlichen Verhimmelung von »Kultur« wettzumachen suchten. Diese Kultur nimmt sich ohnehin für die meisten Menschen von heute wie ein Ruinenfeld aus, das, weit entfernt, ihnen zu imponieren, kaum ihr Interesse zu fesseln vermag. Man kann diese Tatsache beklagen, aber in ihr liegt die große Chance, auf die Vergangenheit mit einem von keiner Überlieferung getrübten Blick zu schauen, mit einer Direktheit, wie sie die Augen und Ohren des Abendlandes nicht mehr gekannt haben, seit die Römer sich der Autorität griechischen Geistes unterwarfen.

III

Die Sprünge und Umkehrungen der Rebellen waren nicht willkürlich, sondern entsprangen einerseits aus Erfahrungen, die so neu waren, daß sie sich mit den Mitteln und Kategorien der Tradition nicht begreifen ließen, und andererseits aus dem beinahe unwillkürlichen Zurückschrecken der Betroffenen vor ihnen, aus dem sofort einsetzenden Bestreben, mit ihnen dadurch fertig zu werden, daß man sie in schon Bekanntes auflöste oder doch zumindest sie darauf zurückführte. Kierkegaards Sprung vom Zweifel in den Glauben war eine Umkehrung und eine Entstellung des traditionellen Bezugs von Glauben und Vernunft. Er war die Antwort auf den modernen Glaubensverlust, der nicht nur den Glauben an Gott, sondern ebenso das Vertrauen auf die menschliche Vernunft erschüttert hatte. Wovon Kierkegaard im Sprung sich zu retten versuchte, war der allgemeine Zweifel des Descartes, sein *de omnibus dubitandum est*, mit dem ihm zugrundeliegenden Verdacht, daß nichts ist, wie es dem Menschen erscheint, und daß vielleicht ein dem Menschen feindlicher Gott, ein »Dieu trompeur«, ein betrügerischer Geist absichtlich und für immer die Wahrheit den Menschen verbirgt und vorenthält. Marx' Sprung aus der Theorie in die Praxis, aus dem Denken in die Arbeit, aus der Philosophie in die Politik war die Antwort auf Hegels Umwandlung der traditionellen Metaphysik in eine Geschichtsphilosophie und seine Transformation des Philosophen in den Historiker, dessen rückwärts gerichtetem Blick sich am Ende der Zeit der Sinn von Werden und Bewegung enthüllen mag, aber nicht der von Sein und Wahrheit. Nietzsches Sprung aus dem übersinnlichen Reich der Ideen und transzendenten Maßstäbe in die Sinnlichkeit des Lebendigen, sein »umgekehrter Platonismus«, wie man es mit Recht genannt hat, oder seine »Umwertung der Werte«, wie er selbst seine Philosophie bezeichnete, war der letzte große Versuch, sich dem Zugriff der Tradition zu entziehen, und er glückte nur, insofern er die Tradition auf den Kopf stellte.

So verschieden Absicht und Inhalt dieser Rebellionen gegen die Tradition sind, so zeigen ihre Ergebnisse doch eine verblüffende Ähnlichkeit: Kierkegaards Sprung aus dem Zweifel in den Glauben trug den Zweifel mitten in die Religion hinein und verwandelte damit den von außen kommenden Angriff der modernen Wissenschaft auf die Religion in eine innerreligiöse Angelegenheit. Der Kampf zwischen Zweifel und Glauben war nun nicht mehr an die Auseinandersetzung zwischen Ungläubigen und Gläubigen gebunden, sondern spielte sich in der Seele jedes Gläubigen ab, mit dem Erfolg, daß dem modernen Menschen die Erfahrung des Gottesglaubens überhaupt nur noch möglich schien in der Spannung zwischen Zweifel und Glauben. Die Kierkegaard-Renaissance der Moderne hat ihren guten Grund; hier war zum ersten Mal der gesamte religiöse Erfahrungsbereich mit dem Stigma der zweifelnden Verzweiflung gezeichnet und die psychologische Verfassung des modernen religiösen Menschen geschildert, der seinem Glauben mit den Zweifeln der Vernunft und seiner Vernunft mit den Zweifeln eines auf geschichtlich bezeugte Ereignisse gegründeten Glaubens zusetzt, um sich dann gelegentlich von der Qual dieses hochnotpeinlichen Prozesses in dem einfachen Hinnehmen der »Absurdität« sowohl der Existenzbedingungen des Menschen im allgemeinen wie seines Glaubens im besonderen zu erholen. Es gibt wohl kaum eine sprechendere Illustration für diese religiöse Situation der Moderne als die Tatsache, daß Dostojewski, der vielleicht tiefste und erfahrenste der modernen religiösen Psychologen, den Charakter des rein und ohne Zweifel Glaubenden nur noch in den Figuren des »Idioten« Myschkin und des reinen Toren Aljoscha darzustellen vermochte.

Marx' Sprung aus der Philosophie in die Politik trug die Theorien der Dialektik in das Handeln selbst und machte damit Politik theoretischer, abhängiger von dem, was wir heute Ideologie nennen würden, als sie je zuvor gewesen war. Da überdies sein Sprungbrett nicht die Philosophie im Sinne der alten Metaphysik, sondern die Hegelsche Geschichtsphilosophie war – wie Kierkegaards Sprungbrett nicht die Vernunft, sondern die durch den Descartes'schen Zweifel erschütterte Vernunft gewesen war –, zwang er der Politik das »Gesetz der Geschichte« auf, mit dem Erfolg, daß er Bedeutung und Würde der Politik nicht weniger als der Philosophie preisgab in der Behauptung, daß beide bloße Funktionen von Geschichte und Gesellschaft seien.

Nietzsches »umgekehrter Platonismus«, seine Betonung des unmittelbar lebendig und sinnlich Gegebenen im Gegensatz zu den übersinnlichen, transzendenten Ideen, nach denen seit Plato das Gegebene gemessen, beurteilt und mit Sinn erfüllt worden war, endete mit dem, was gemeinhin Nihilismus genannt wird. Doch Nietzsche war kein Nihilist, sondern im Gegenteil der erste, der bewußt versuchte, den Nihilismus zu überwinden, der nicht den Ideen der Denker, sondern der Wirklichkeit des modernen Lebens inhärent ist. (Gegen alle mehr oder minder tiefsinnigen Definitionen und Interpretationen des modernen Nihilismus steht die einfache Treffsicherheit, mit der Turgenjew in »Väter und Söhne« zum ersten Mal Wort und Charakter des »Nihilisten« einführt als eines Mannes, der unfähig ist, irgend etwas »auf Treu und Glauben anzunehmen«.) Die Entdeckung, die Nietzsche machte, als er an die »Umwertung der Werte« ging, war ganz einfach, daß innerhalb des Rahmens dieser, von der Tradition vorgegebenen Kategorien das Sinnliche sofort seinen Sinn verliert, wenn es seines übersinnlichen, transzendenten Hintergrundes beraubt wird.[12] Diese Einsicht in ihrer elementaren Simplizität, daß das Eine nicht auf Kosten des Andern zu retten ist, das Sinnliche nicht auf Kosten des Übersinnlichen, die Politik nicht auf Kosten der Philosophie, die Praxis nicht auf Kosten der Theorie und der Glaube nicht auf Kosten der Vernunft, ist stichhaltig für alle Verkehrungs- und Umdrehungsoperationen, in denen die Tradition ihr Ende fand.

Wie Kierkegaard die Würde des Glaubens gegen die moderne Vernunft und den modernen Zweifel retten wollte, so wollte Marx die Würde menschlichen Handelns gegen die moderne Geschichtsbetrachtung mit der ihr eigenen Relativierung und geheimen Verachtung der Politik wieder zur Geltung bringen, so wollte Nietzsche schließlich die Würde des menschlichen Lebens gegen die Impotenz moderner Menschen ausspielen. An allen dreien nahm die Tradition ihre Rache in Form der überlieferten Gegensatzpaare von fides und intellectus, von Theorie und Praxis, von übersinnlich Transzendentem und sinnlich Gegebenem, und dies nicht etwa, weil diese Gegensätze noch in gültigen menschlichen Erfahrungen verwurzelt gewesen wären, sondern im Gegenteil, weil sie zu bloßen Begriffen geworden waren, außerhalb derer dennoch begrifflich begreifendes Denken schlechthin unmöglich schien.

Daß diese drei großen und unvergleichlich artikulierten Rebellionen gegen eine Überlieferung, die ihre ἀρχή, ihren Anfang und ihr Prinzip verloren hatte, in Selbstzerstörung endeten, ist kein Grund, die Größe des Unternehmens oder seine Relevanz für das Verständnis der Neuzeit zu bezweifeln. Jeder dieser Versuche stellt auf seine eigene Art und Weise jene für die Neuzeit charakteristischen Züge in Rechnung, die mit der Tradition bereits unvereinbar waren, als die Modernität der Moderne noch gar nicht voll in allen ihren Aspekten zur Entfaltung gekommen war. Kierkegaard wußte, daß die Unvereinbarkeit der modernen Wissenschaft mit dem überlieferten Glauben der Offenbarungsreligionen nicht in irgendwelchen partikularen wissenschaftlichen Entdeckungen liegt, die als solche alle von den dogmatischen Systemen der Theologie absorbiert und von den Überzeugungen der Gläubigen ohne zu große Schwierigkeiten oder Anstöße rezipiert werden können, da sie ja niemals die von der Religion gestellten Fragen beantworten wollen oder können. Er wußte, daß die Unvereinbarkeit viel eher in dem unlösbaren Konflikt lag zwischen dem modernen Geist des Zweifels und Mißtrauens, demzufolge man nur das »erkennen«, nur dem trauen kann, was man selbst gemacht hat, und dem von überlieferter Philosophie und Religion implizite geforderten Vertrauen, das sich immer darauf verlassen hat, daß, was dem inneren und äußeren Auge des Menschen erscheint, auch sein eigentliches Sein und seinen wahren Sinn offenbare. Demgegenüber ist in der Tat, wie Marx einmal richtig bemerkte, das Wesen moderner Wissenschaft, daß sie »überflüssig [wäre], wenn die Erscheinungsform und das Wesen der Dinge unmittelbar zusammenfielen«.[13] Da abendländische Religion ihrem Wesen nach Offenbarungsreligion ist, steht auch die christliche Epoche in dieser Hinsicht noch im Einklang mit der klassischen Philosophie; beiden gilt, daß Wahrheit etwas ist, was sich selbst offenbart, daß Wahrheit Offenbarung *ist* – selbst wenn sich der Sinn und Inhalt dieser Offenbarung so voneinander unterscheiden wie die ἀλήθεια und δήλωσις der Philosophen von den frühen christlichen eschatologischen Erwartungen einer ἀποκάλυψις in der Zweiten Wiederkehr.[14] So ist der Religion in der modernen Wissenschaft ein viel gefährlicherer Feind entstanden, als die überlieferte Philosophie selbst in ihren rationalistischsten Versionen es je sein konnte. Nur hat Kierkegaards Versuch, den Glauben vor dem

Zugriff der Moderne zu retten, selbst die Religion modern gemacht, das heißt sie dem Zweifel und Mißtrauen unterworfen. Der Glaube der Überlieferung wurde »absurd«, als Kierkegaard ihm erneut Geltung verschaffen wollte und dabei höchst modern unterstellte, daß der Mensch weder seiner Vernunft noch seinen Sinnen als Organen für Wahrheit trauen könne.

Marx wußte, daß klassische politische Theorie und moderne politische Bedingungen schon darum schlechthin unvereinbar waren, weil die vollendeten Tatsachen der Französischen und der industriellen Revolution einmal die uralte Idee politischer Freiheit unter bisher unerhörten Bedingungen wirklich universaler Gleichheit verwirklicht hatten und zum anderen die Arbeit und den Stand der Arbeiter, also die von alters her verachtetsten aller Tätigkeiten und aller Stände der Gesellschaft, in den höchsten Rang eigentlich menschlicher Produktivität erhoben hatten. Er wußte, daß die in diesen Tatsachen enthaltenen Probleme nur oberflächlich gestellt waren, wenn man von der angeborenen Freiheit und Würde alles dessen redete, was Menschenantlitz trug, und daß sie nicht dadurch zu lösen waren, daß man den Arbeitern das Wahlrecht zugestand. Hier handelte es sich nicht um ein Problem der Gerechtigkeit, das als gelöst betrachtet werden konnte, wenn die neue, die Arbeiterklasse ihr Recht bekommen hatte, als ob danach die alte Ordnung des suum cuique wiederhergestellt sei und wieder wie zuvor funktionieren würde. Es handelte sich vielmehr um die grundlegende Unvereinbarkeit zwischen der Auffassung der gesamten Tradition, die in der Arbeit die Versklavung an die Notwendigkeit gesehen hatte, und der Neuzeit, die ebenso axiomatisch behauptete, daß das Arbeiten der Inbegriff der positiven Freiheit des Menschen sei, der Freiheit des Schaffens und des Schöpferischen. Gerade vor der hier unvermeidlich eintretenden Degradierung durch die Arbeit hatte Marx das philosophische Denken retten wollen, das der Überlieferung zufolge die freieste aller menschlichen Tätigkeiten war. Doch als er erklärte, daß man

»die Philosophie nicht aufheben kann, ohne sie zu verwirklichen«, begann er bereits, das Denken dem unerbittlichen Zwang der Notwendigkeit zu unterwerfen, nämlich dem »eisernen Gesetz« des gesellschaftlichen Produktionsprozesses.

Wie Marx' Werttheorie, die sich aus der Arbeit herleitet, entspringt Nietzsches Entwertung der Werte aus der Unvereinbarkeit der traditionellen »Ideen«, die als transzendente Maßstäbe des Erkennens und Urteilens dem menschlichen Denken und Handeln dienten, mit der modernen Gesellschaft, die alle solche Maßstäbe zu gesellschaftlichen Relationen relativiert und alle Ideen zu »Werten« funktionalisiert. Werte sind Austauschartikel, und ihr jeweiliger »Wert« bestimmt sich wie der aller Tauschobjekte in dem ständig wechselnden Bezugssystem des gesellschaftlichen Verkehrs und Handels. Diese sozial bedingte Relativierung und Funktionalisierung verändert entscheidend sowohl die Dinge, die der Mensch für seinen Gebrauch herstellt, wie die Maßstäbe und Regeln, nach denen er sein Leben richtet und einrichtet: beide werden Tauschobjekte, und der Träger ihres »Wertes« ist die Gesellschaft und nicht der Mensch, der herstellt und braucht und urteilt. Das »Gute« hat nun nicht mehr den Charakter einer Idee, die als Maßstab dient, um Gutes und Böses, Gutes und Schlechtes zu messen und zu erkennen; es ist ein Wert, und das heißt immer ein Tauschwert geworden, der gegen andere Werte ausgetauscht werden kann. Das Gute als Wert ist austauschbar gegen andere Werte, z. B. Macht oder opportunistisches Sich-Verhalten. Solchen Tausch kann der Mensch, der sich im Besitz bestimmter Werte weiß, verweigern und ein »Idealist« werden, weil er den Wert des Guten höher anschlägt als die Werte, die er im Austausch sich für ihn einhandeln könnte. Aber dies macht den »Wert« des Guten nicht weniger relativ, es wird dadurch nicht ein »Wert an sich« oder ein »höchster Wert«.

Der Begriff Wert hat seinen Ursprung in der Gesellschaftswissenschaft, wie sie sich bereits vor Marx in der relativ neuen Wissenschaft der klassischen Ökonomie ankündigte. Marx war sich des von den Sozialwissenschaften inzwischen vergessenen Tatbestandes noch wohl bewußt, daß niemand »isoliert betrachtet [...] Wert oder Ware [produziert]«, daß etwas »nur Wert und Ware in bestimmtem gesellschaftlichem Zusammenhang« werden kann, oder daß, mit anderen Worten, der Wertbegriff von dem Phänomen der Ware und der Warengesellschaft nicht ablösbar ist.[15] Die Übertragung des Wertbegriffs auf die menschlich-geistige Sphäre zeigt für ihn daher die Zeit an, »wo selbst Dinge, die bis dahin mitgeteilt wurden, aber nie ausgetauscht, gegeben, aber nie verkauft, erworben, aber nie gekauft: Tugend, Liebe, Überzeugung, Gewissen etc., wo mit einem Wort alles Sache des Handels wurde«.[16] Als diese Sachen zu Werten erklärt wurden, waren sie bereits austauschbar und relativierbar geworden.

Marx' Unterscheidung von Gebrauchs- und Tauschwert gibt den Unterschied zwischen den von Menschen hergestellten und gebrauchten Dingen und ihrem Wert in der Gesellschaft wieder, und sein zähes Festhalten an der Überlegenheit des Gebrauchs- über den Tauschwert, seine wiederholten Beschreibungen der Transformation des Gebrauchs- in den Tauschwert als eine Art Sündenfall, der am Beginn der Marktproduktion und der Warengesellschaft steht, reflektiert sein eigenes hilfloses und gleichsam blindes Erkennen der drohenden »Entwertung aller Werte«. Als die Geburtsstunde der Sozialwissenschaften kann man den Zeitpunkt ansetzen, an dem alle Sachen – Ideen wie Dinge – mit Werten gleichgesetzt worden waren, so daß von nun an alles und jedes seine Existenz der Gesellschaft zu verdanken hatte, mit ihr in Beziehung stand und nur in diesem relativierenden Bezug überhaupt existierte, das bonum und malum nicht weniger als greifbare Objekte. In dem Streit darüber, ob das Kapital oder die Arbeit als die Quelle der Werte anzusehen sei, wird meist übersehen, daß niemand vor der industriellen Revolution auf die Idee gekommen ist, daß der Mensch »Werte« und nicht Dinge produziere, so wie niemand auf die Idee verfiel, alles Bestehende auf die Gesellschaft zu beziehen und nicht auf den Menschen »isoliert betrachtet«. Der »vergesellschaftete Mensch«, dessen Erscheinen Marx in die klassenlose Gesellschaft der Zukunft verlegte, ist in Wahrheit die Voraussetzung, die sowohl der klassischen wie der Marxschen Ökonomie zugrunde liegt.

So ist es nur natürlich, daß die unlösbare Frage, die alle späteren Wertphilosophien geplagt hat, wo man denn einen obersten Wert hernehmen solle, an dem man alle anderen messen könne, zuerst in der Nationalökonomie aufgetreten ist, wo sie nach Marx' Worten die gleiche Rolle spielte wie das Problem der Quadratur des Zirkels in der Mathematik. Es handelte sich darum, einen unveränderlichen Wert zu finden, an dem man alle anderen Produkte messen könne; dieser höchste Wert aber kann nicht wieder ein Wert unter Werten, ein Produkt unter Produkten, eine Ware unter Waren sein. Marx glaubte diesen absoluten Maßstab gefunden zu haben, indem er von den Erzeugnissen der Menschen auf die Erzeuger, die Menschen selbst und ihre Tätigkeit zurückging, auf ihre Arbeitskraft, die man an der Arbeitszeit messen könne. Er schloß daraus, daß Dinge, die auch »ohne Arbeit verschafft werden [können], keinen Tauschwert«, also streng gesprochen keinen »Wert« haben (wiewohl sie ihre »natürliche Nützlichkeit als Gebrauchswerte« behalten), woraus dann folgt, daß »der Wasserfall, wie die Erde überhaupt, wie alle Naturkraft keinen Wert [hat], weil er keine in ihm vergegenständlichte Arbeit darstellt«.[17] Diese Konsequenz bringt Marx bis an die Schwelle des radikalen Nihilismus, bis zu jener Verneinung alles Gegebenen, von der die Rebellen des neunzehnten Jahrhunderts noch kaum etwas ahnten und die erst in der Gesellschaft des zwanzigsten Jahrhunderts gang und gäbe wird.

Nietzsche scheint sich weder des ökonomischen Ursprungs noch der Modernität des Wertbegriffes bewußt gewesen zu sein, als er ihn zur Hauptkategorie für seinen Angriff auf die Tradition machte. Die in dieser Kategorie enthaltenen Implikationen kamen dann sehr bald zum Vorschein, als er begann, die gerade gängigen Werte der Gesellschaft zu entwerten. Es stellte sich heraus, daß Ideen im Sinne absoluter Maßstäbe in solchem Maß mit gesellschaftlichen Werten identisch geworden waren, daß sie einfach zu existieren aufhörten, sobald ihr Wertcharakter, ihr gesellschaftlicher Status in Frage gestellt wurde. In den Irrgängen des modernen geistigen Labyrinths, wo Erinnerungen und Ideen der Vergangenheit aufgespeichert liegen, als seien sie stets nur Werte gewesen, welche die Gesellschaft entwerten kann, wenn immer sie sich nach neueren und besseren Artikeln umsieht, kannte sich niemand besser aus als Nietzsche. Und da er von Haus aus Philologe und Historiker war, wußte er auch sehr genau, wie es um die moderne »wertfreie Wissenschaft« bestellt war, wie sie in Wissenschaftlichkeit und wissenschaftlichen Aberglauben degenerierte und allen gegenteiligen Versicherungen zum Trotz nichts gemein hatte mit dem sine ira et studio der römischen Geschichtsschreiber. Denn wenn diese gefordert hatten, man solle urteilen ohne Zorn und die Wahrheit sagen ohne Eifer, so handelt es sich bei der modernen Wissenschaftlichkeit vielmehr darum, daß man nicht urteilen kann, weil es Urteilsmaßstäbe nicht mehr gibt, daß sie die Wahrheit nicht finden kann, weil sie an ihrer Existenz zweifelt, und daß sie in dieser Situation sich einbildet, sie könne sinnvolle Resultate zeitigen, wenn sie nur die letzten Überreste jener absoluten Maßstäbe aufgibt. Aber als Nietzsche dann verkündete, er habe »neue und höhere Werte« entdeckt, war er der gleichen Täuschung zum Opfer gefallen, die er doch selbst zerstören geholfen hatte; auch er hatte die transzendenten Maßstäbe und Ideen in ihrer modernsten und degeneriertesten Form akzeptiert und damit die Relativität und Austauschbarkeit, die allen Werten eignet, mitten in die Sachen hineingetragen, deren absolute Würde wiederherzustellen er ausgezogen war – die Würde der Macht und des Lebens und das Recht des Menschen, die Erde und seine irdische Existenz zu lieben.

IV

Daß alle drei Herausforderungen an die Tradition im neunzehnten Jahrhundert mit einem Pyrrhus-Sieg endigten, ist nur eine, vielleicht die äußerlichste der Gemeinsamkeiten, die Kierkegaard, Marx und Nietzsche verbinden. Wichtiger scheint, daß es allen dreien um dasselbe geht, dass jeder auf seine Weise ausdrückt und dann in seinem Werk über und über wiederholt: den »Abstraktionen« der Philosophie und ihrem Begriff vom Menschen als einem animal rationale soll der konkrete Mensch entgegengehalten werden. Das ist bei Kierkegaard der an seiner Existenz leidende Mensch, bei Marx der Mensch als ein »Gattungswesen«, dessen menschlichste und produktivste Fähigkeit in der Arbeitskraft ruht, bei Nietzsche die im Menschen tätige Willensmacht und der Wille zur Macht. In völliger Unabhängigkeit voneinander – keiner wußte auch nur von der Existenz des anderen – beschreiben sie einstimmig ihre geistige Leistung in Metaphern und Bildern von Sprüngen, Umkehrungen und Umstülpungen. So spricht Kierkegaard von seinem Sprung aus dem Zweifel in den Glauben, wie Marx von dem kommenden Sprung aus dem Reich der Notwendigkeit in das Reich der Freiheit spricht; Marx stülpt Hegel um oder richtiger, wie bemerkt worden ist, Plato und die ganze Platonische Tradition, und Nietzsche versteht seine Philosophie durchaus selbst als einen umgekehrten Platonismus, eine Umwertung der Werte.

Die Umstülpungen, mit denen die Tradition endet, werfen auf ihren Anfang ein Licht in doppeltem Sinne: einmal stellt sich heraus, wie wir bereits bemerkten, daß gerade die Heftigkeit, mit der die eine Seite der überkommenen Gegensatzpaare betont wird – fides *gegen* intellectus, Praxis *gegen* Theorie, sinnlich-vergängliches Leben *gegen* übersinnlich immerwährende Wahrheit –, notwendigerweise die verneinte Gegenseite ins Licht rückt, wobei sich zeigt, daß beide Seiten des Gegensatzes nur in ihrer Kontrastierung Sinn und Bedeutung behalten.

Ferner aber kann man gerade in dem Nachdenken dieser Sprung- und Umstülpungsoperationen nicht umhin zu bemerken, daß es keineswegs selbstverständlich ist, in solchen Gegensatz-Paaren überhaupt zu denken, daß diese vielmehr in der Geschichte der Philosophie eine historische Grundlage haben. Diese Grundlage, die erste Umstülpung und Umkehrung, von der alle späteren Gegensätze ausgegangen sind, in deren Spannungsbereich die Tradition sich dann bewegte, ist Platos περιαγωγὴ τῆς ψυχῆς, die Umlenkung und Umkehrung des ganzen Menschen, die er, da sie für ihn eine wirkliche Geschichte war und nicht bloß eine Methode des Geistigen, wie die Lebensgeschichte eines Menschen mit Anfang, Mitte und Ende im Höhlengleichnis des »Staates« erzählt.

Diese Geschichte entfaltet sich in drei Stadien: die erste Umkehr findet in der Höhle selbst statt, wenn einer der Bewohner sich von den Fesseln befreit, die die Höhleninsassen »an Hals und Schenkel gefesselt« aneinander binden, »so daß sie auf demselben Fleck bleiben und auch nur nach vornhin sehen, den Kopf aber herumzudrehen der Fessel wegen nicht vermögend sind«.[18] Ihre Augen sind auf eine Mauer geheftet, auf der die Schatten und Bilder der Dinge erscheinen, und nur wer die Kraft findet, sich umzukehren, erblickt hinter dem Rücken der Bewohner im Innern der Höhle das Feuer, welches die Schatten der Dinge auf die Mauer geworfen hat, im Innern der Höhle aber die Dinge selbst erhellt. Hierauf folgt die zweite Umkehr, die aus der Höhle unter den klaren Himmel führt, an dem die Ideen als die ewigen und wahren Urbilder der Dinge in der Höhle erscheinen, beleuchtet von der Sonne, der Idee der Ideen, die einmal alle anderen Ideen beleuchtet und andererseits den Menschen befähigt, dies Leuchtende in ihrem Licht zu sehen. Die dritte Umkehr findet statt, wenn der Mensch, da er nur ein Mensch ist, sich genötigt sieht, in die Höhle zurückzukehren, das Reich der ewigen Urbilder zu verlassen und sich wieder in dem Bereich vergänglicher Dinge und sterblicher Menschen zu bewegen. – Jede dieser Umwendungen ist von einem Verlust des Orientierungsvermögens begleitet: die an die schattenhaften Erscheinungen gewöhnten Augen sind erst vom Feuer in der Höhle geblendet, und nachdem sie sich an das trübe Licht in der Höhle gewöhnt haben, werden sie unter dem freien Himmel von dem Sonnenlicht geblendet, das die Ideen erleuchtet; schließlich müssen die an Sonnenlicht gewöhnten Augen sich wieder an das Dämmerlicht der Höhle anpassen, um die schattenhaften Bilder überhaupt wahrzunehmen, die den Geist der Höhlenbewohner beschäftigen.

Hinter diesen Umkehrungen, die Plato nur von den Philosophen, den Liebhabern der Wahrheit und des Lichtes fordert, liegt eine prinzipielle Umkehrung der Homerischen Welt, die sich in Platos sonstiger Polemik gegen Homer und die homerische Religion nur andeutet und die einzig im Höhlengleichnis in ihrer ganzen Tragweite erscheint. Denn die Anlage wie der Gehalt dieser Geschichte, die Verlegung »der unterirdischen höhlenartigen Wohnung« auf die Erde und die Versicherung, daß dem Philosophen »das Homerische begegnen und er viel lieber wollen [wird] das Feld als Tagelöhner bestellen einem dürftigen Mann [...], als wieder solche Vorstellung zu haben wie dort und so zu leben«, zeigen deutlich, daß es sich hier um eine bewußte Antwort auf Homers Beschreibung des Hades im 11. Buch der Odyssee handelt; wie Stichworte fallen die Worte σκιά, Schatten, und εἴδωλον, Bild, die in Homer die Schlüsselworte für die Beschreibung des Fortlebens der schattenhaften Seelen nach dem Tode in der Unterwelt des Hades sind, und die Beschreibung des Treibens der in Unwissenheit und Sinnlosigkeit gebannten Körper der Menschen in der Höhle entspricht genau der schattenhaften, substanzlosen, sinnlosen Bewegtheit dieser »Seelen«. Die Umkehrung der »Position« Homers ist offenbar. Plato sagt gleichsam zu ihm: nicht das

Leben körperloser Seelen, sondern das Leben seelenloser Körper spielt sich in einer Unterwelt ab. Mit dem Himmel und der Sonne verglichen ist die Erde eine Art Hades; Bilder nur sind die Objekte der körperlichen Sinne, schattenhaft die Existenz seelenloser Körper, nicht die körperloser Seelen. Das Wahre und Wirkliche ist nicht die Welt, in der wir uns bewegen und leben und von der wir im Tode uns trennen müssen, sondern die Ideen, die die Augen der Seele nach der περιαγωγή wahrnehmen und ergreifen. In gewissem Sinne war diese platonische Umkehrung bereits eine Art Umstülpung, durch die alles, an was die Griechen in Übereinstimmung mit der homerischen Religion gemeinhin glaubten, auf den Kopf zu stehen kam; es war, als ob die Unterwelt des Hades zur Erdoberfläche hinaufgestiegen wäre.

Nur daß diese Deutung bereits dem Wissen um die Folgen entspringt, welche die platonische Antwort an Homer in der Tradition gehabt hat. Denn diese Antwort stülpte Homer nicht um, stellte ihn weder auf den Kopf noch vom Kopf auf die Füße, und zwar einfach darum, weil ein solches Verfahren nur innerhalb einer in Gegensätzen bereits verfestigten Denkweise stattfinden kann, die Homer sicher völlig fremd war und die auch in Plato selbst in diesem Sinne noch nicht vorlag. Daher kann uns auch kein Hin- und Herwenden der Tradition in welchem Sinne immer, kein »Umwerten der Werte« je wieder in die homerische »Position« zurückversetzen, wiewohl man vermuten möchte, daß Nietzsche gemeint haben mag, er drehe Plato nur um und zurück in das, woher Plato selbst kam. Dennoch stellte Plato in dem Höhlengleichnis, das auf die Tradition einen stärkeren Einfluß gehabt hat als alle anderen platonischen Schriften, den Rahmen her, innerhalb dessen solche Umwendungen von da an nicht weithergeholte Möglichkeiten irgendeiner Denkakrobatik sind, sondern von einer begrifflichen Struktur weitgehend prädeterminiert werden. So besteht denn auch die Entwicklung der spätantiken Philosophen-Schulen, die einander mit einem in der vorchristlichen Welt ganz unbekannten Fanatismus bekämpften, bereits wesentlich aus solchen Umkehrungen von Gegensatz-Paaren und den dazugehörigen jeweiligen ausschließlichen Akzentverlagerungen, wobei immer Platos Trennung einer Welt bloß schattenhafter Erscheinungen und einer Welt wahrer Wirklichkeit als Rahmen diente. Und als schließlich am Ende Hegel in einer letzten gigantischen Anstrengung die disparaten Stränge traditioneller Philosophie, wie sie sich aus Platos ursprünglicher Konzeption entwickelt hatten, in ein in sich stimmiges, weil sich konsequent entwickelndes Ganzes zusammengeflochten hatte, erfolgte noch einmal, wie in einem Satyrspiel, die uralte Aufsplitterung in die beiden einander widerstreitenden Schulen, und die Rechts- und Linkshegelianer, die Idealisten und Materialisten, konnten noch einmal für eine kurze Zeit das philosophische Schuldenken beherrschen.

Die Herausforderungen der Tradition durch Kierkegaard, Marx und Nietzsche – und nicht eine von ihnen wäre ohne die synthetisierende Leistung Hegels und seiner Geschichtsphilosophie möglich gewesen – haben ihre Bedeutung darin, daß sie eine ungleich radikalere Umkehrung darstellen als das bloße Umstülpen, das Auf-den-Kopf- oder Auf-die-Füße-stellen impliziert. Wäre Marx nichts als ein »Materialist« gewesen, der Hegels »Idealismus« vom Kopf auf die Füße stellte, so hätte sein Einfluß nicht länger gewährt und nicht weiter gereicht als bis zu dem Gelehrtengezänk seiner Zeitgenossen. Zudem gab es bei Hegel eigentlich gar nichts auf die Füße zu stellen, da ja bei ihm die dialektische Bewegung des Denkens mit der dialektischen Bewegung der Natur und der Materie durchaus identisch ist. Gerade auf diese Weise hatte er gehofft, den Abgrund zu überbrücken, den Descartes zwischen dem Menschen, der res cogitans, und der Welt, der res extensa, zwischen Erkennen und Wirklichkeit, zwischen Denken und Sein aufgerissen hatte. Die geistige Heimatlosigkeit des modernen Menschen ist vorgezeichnet in der Aporie der kartesischen Philosophie und der Antwort Pascals auf sie. Hegel aber erhob den Anspruch, daß die Entdeckung der Dialektik, deren Bewegung in ihrer Gesetzlichkeit schlechthin alles durchherrscht – sowohl die menschliche Vernunft wie die menschlichen Angelegenheiten, das heißt die Geschichte wie die »innere Vernunft« des Naturgeschehens –, über eine bloße Übereinstimmung, coincidentia, von intellectus und res, welche traditionell als Wahrheit galt, noch hinausgehe. Indem er den Geist, seine in dialektischer Bewegung vollzogene Selbstverwirklichung, einführte, glaubte Hegel, eine ontologische Identität von Materie und Idee bewiesen zu haben. Ob man nun diese Bewegung vom Standpunkt des Bewußtseins beginnen läßt, das dann in einem bestimmten Augenblick sich zu vergegenständlichen und zu »materialisieren« beginnt, oder vom Standpunkt der Materie, die Bewußtsein gewinnt im Maße als sie sich »vergeistigt«, ist innerhalb des Hegelschen Denkens von keinem großen Belang. (Wie wenig Marx diese Grundschau seines Lehrers je bezweifelt hat, geht schon aus der Rolle hervor, die er dem Selbst-Bewußtsein in der Form des Klassen-Bewußtseins in der Geschichte zuschrieb.) Mit anderen Worten, Marx war so wenig ein »dialektischer Materialist«, wie Hegel ein »dialektischer Idealist« gewesen war; der Begriff der dialektischen Bewegung als eines Universalgesetzes machte »Idealismus« wie »Materialismus« im Sinne der philosophischen Systeme gleich hinfällig. All dies wußte Marx, vor allem in seiner Jugend, wie die frühen Schriften bezeugen, sehr gut; er war sich klar darüber, daß seine Rebellion gegen die Tradition und gegen Hegel nicht auf seinem »Materialismus« beruht, sondern einzig auf seiner Weigerung, den Unterschied zwischen menschlichem und tierischem Leben in die ratio zu setzen, beziehungsweise Hegel darin zu folgen, daß »nur der Geist das wahre Wesen des Menschen und die wahre Form des Geistes [...] der denkende Geist« ist. Worum es Marx ging, war nicht nur, daß der Mensch »unmittelbar Naturwesen«, sondern daß er ein »*tätiges* Naturwesen« ist.[19]

Hiermit stellt Marx, wie Kierkegaard und Nietzsche auf ihre Weise, die traditionelle Hierarchie der menschlichen Fähigkeiten in Frage. Was von der Neuzeit erschüttert wurde und wodurch sie in einen unlösbaren Konflikt mit der Tradition geriet, war die Überlegenheit des Sehens und Denkens über das Tun im allerweitesten Sinne, der Vita Contemplativa über die Vita Activa. Was schließlich zu den Umkehrungen und Sprüngen, zu dem ratlosen Hin und Her zwischen den überlieferten Gegensatzpaaren führte, war nicht eine Erfahrung innerhalb des Denkens, sondern die Notwendigkeit, mit den Tatbeständen der modernen politischen und wissenschaftlichen Erfahrungen, die dem philosophischen Denken gleichsam von außen entgegentraten und es aufs tiefste erschütterten, fertig zu werden. Beide Erfahrungen liefen darauf hinaus, daß der »tätige« Mensch die Welt in einem so beispiellosen Maße verändern kann, daß dem Denken nur noch das Nachdenken, um nicht zu sagen das Nachsehen bleibt. Dabei hatten für die Männer der Theorie die in den Wissenschaften gemachten Erfahrungen einen natürlichen Vorrang, und dies nicht nur wegen der scheinbar größeren Verwandtschaft von Philosophie und Wissenschaft, sondern auch weil die für die Neuzeit maßgebliche Entwicklung der Philosophie als eine bewußte Reaktion auf die ersten großen naturwissenschaftlichen Entdeckungen entstanden war. Dieser Vorrang gilt auch noch für Marx, wenn auch eingeschränkter als für Kierkegaard und Nietzsche, und der einzige, für den er vielleicht nicht gilt, war Kant. Hatte die moderne Wissenschaft nicht ihre größten Triumphe dem verdankt, daß sie sich von den überlieferten Vorstellungen über die Beziehung zwischen Sein und Erscheinung befreit und anstelle der Beobachtung, die nirgends in die Natur eingriff, das Experiment gesetzt hatte, in dem der Forscher den Phänomenen die Bedingungen vorschreibt, unter denen sie sich kundgeben sollen? Womit die Philosophie fertig werden mußte, war die Überzeugung (die durch die ganze Neuzeit geht, um schließlich im Pragmatismus ihre programmatische Formulierung zu finden), daß der Mensch nur das wissen und erkennen kann, was er selbst gemacht und hergestellt hat.

Seit dem Aufstieg der modernen Wissenschaft und seit dem Beginn der modernen Philosophie mit Descartes und Hobbes ist der begriffliche Rahmen der Tradition nicht mehr sicher gewesen. Der überlieferte Gegensatz von Erkennen und Tun sowie die Hierarchie, die das Tun dem Erkennen unterstellte, konnten nicht mehr aufrechterhalten werden unter den Bedingungen einer Wissenschaft, die aktiv in die Natur eingriff, um zu erkennen. Als das Vertrauen, daß die Dinge erscheinen, wie sie wirklich sind, verschwunden war, konnte auch der Begriff von Wahrheit als einer Seins- oder Gottesoffenbarung nicht mehr standhalten, und das Vertrauen in die Vernunft als eines der Wahrheitsoffenbarung angemessenen Organs des Menschen war nicht weniger dem Zweifel ausgesetzt als das Vertrauen in die Wahrheiten der Offenbarungsreligionen. Für diese radikale Veränderung ist die radikale Bedeutungsänderung des Wortes »Theorie« ein gutes Beispiel. Denn Theorie hieß nun nicht mehr ein System vernünftig verbundener Wahrheiten, die als solche menschlichen Sinnen gegeben und menschlicher Vernunft zur Enträtselung aufgegeben waren; Theorie wurde in der modernen Wissenschaft gleichbedeutend mit einer Arbeitshypothese, die das Experimentieren mit der Natur leitet, sich den erzielten Resultaten gemäß dauernd verändert, und deren Gültigkeit nicht davon abhängt, was sie »offenbart«, sondern davon, welche neuen Resultate sie erzielt und welche neuen Experimente sie ermöglicht. Damit mußten Platos Ideen die ihnen innewohnende Kraft, die Welt und den Kosmos zu erhellen, verlieren. Sie wurden zuerst das, was sie für Plato nur in ihrer abgeleiteten Beziehung zum Bereich des Politischen, der Angelegenheiten der Menschen untereinander, gewesen waren, zu Maßstäben und Standards menschlichen Verhaltens oder zu den »regulativen Ideen«, welche die Vernunft in ihren Schranken halten. Um diese Erfahrungen der neuzeitlichen Wissenschaft der

Allgemeinheit zu Bewußtsein zu bringen, bedurfte es der industriellen Revolution, welche die reale Welt, und nicht nur die Welt des Forschens und Erkennens, so veränderte, daß die Überlegenheit des Tuns über das Denken sich allen aufdrängte. Es schien nun offenbar, daß nicht die Vernunft dem Handeln, sondern umgekehrt das Tun dem Erkennen die Regeln vorschrieb, mit denen es nachträglich das Getane und Gehandelte erfassen und begreifen mochte. (Und dies ist einer der Gründe, warum bei Hegel die Philosophie als die Eule der Minerva erscheint, die erst am Abend ihren Flug wagen kann.) Diesen Erfahrungen entspricht die letzte »Abwertung« der Ideen, ihre Degradierung zu bloßen »Werten«, deren Gültigkeit und Rang weder von einem noch von einer Anzahl von Menschen bestimmt wird, sondern von der Gesellschaft im ganzen mit ihren andauernd wechselnden funktionellen Bedürfnissen.

Diese Werte in ihrer Auswechselbarkeit und Vertauschbarkeit sind die einzigen »Ideen«, die dem »vergesellschafteten Menschen« übrig und ihm verständlich bleiben. Vom Standpunkt der Tradition gesehen, sind es Menschen, die sich entschieden haben, Platos »Höhle« des menschlichen Alltags niemals zu verlassen, sich niemals allein dahin zu wagen, wohin die allumfassende Funktionalisierung der modernen Gesellschaft nicht mehr hinreicht. Sollte es der modernen Gesellschaft, deren Macht niemand unterschätzen sollte, wirklich gelingen, die ihr angehörigen Menschen restlos zu »vergesellschaften«, so dürfte sie Welt und Leben um eine ihrer grundsätzlichsten und reichsten Gaben an den Menschen gebracht haben, die Gabe, in ihm das Staunen zu erregen über alles, was ist, wie es ist – jenes θαυμάζειν, von dem Plato und Aristoteles annahmen, daß es am Anfang allen Philosophierens stünde. Diese sehr reale Entwicklung hat ihre Schatten vorausgeworfen und spiegelt sich in den politischen Theorien von Marx wider. Zwar hat auch er, als er die Tradition auf den Kopf und Hegelsche Begriffe auf die Füße stellte, den überlieferten

Rahmen der Kategorien nicht verlassen. Aber wenn er auch in dem von Plato gesetzten Weltbild gefangen blieb, hat er doch Zeugnis davon abgelegt, wie dunkel und trübe der Himmel geworden war, an dem einst die Ideen dem Menschen erschienen.

Natur und Geschichte

Seit geraumer Zeit, seit dem Aufkommen der Geschichts- und Geisteswissenschaften als gesicherter Disziplinen, ist es uns selbstverständlich geworden, Natur und Geschichte sowie die zu ihnen gehörenden Wissenschaften mitsamt ihrer Methodik einander gegenüberzustellen und entgegenzusetzen. Dieser Gegensatz, wiewohl er in akademischen Diskussionen natürlich immer noch eine Rolle spielt, ist heute eigentlich eine Sache der Vergangenheit. Die Entwicklung der modernen Naturwissenschaften und die aus ihr resultierende Entwicklung der modernen Technik, welche die Welt hergestellt hat, in der wir tatsächlich leben, haben die zwei wesentlichen Voraussetzungen für die Abgrenzung und Entgegensetzung von Natur und Geschichte, wie sie uns aus dem 19. Jahrhundert geläufig sind, erschüttert, ja eigentlich widerlegt:

Es hat sich einmal herausgestellt, daß die Resultate auch der Naturwissenschaften unweigerlich an den sogenannten subjektiven Faktor gebunden bleiben. Die Naturwissenschaften geben heute ohne weiteres zu, daß durch das Experiment, in welchem dem Naturprozeß bestimmte Bedingungen vorgeschrieben werden, und durch den Beobachter, dessen Beobachtung zu den Bedingungen gehört, unter welchen der Naturprozeß im Experiment abläuft, ein »subjektiver Faktor« in den objektiven Prozeß eingeschaltet wird. Und es hat sich zweitens erwiesen, daß die Gesetzmäßigkeit natürlicher Abläufe genausowenig eindeutig und die Naturgesetze genausowenig allgemein, das heißt universal gültig sind wie historische Prozesse oder die sogenannten Gesetze der Geschichte. »Das wichtigste neue Resultat der Atomphysik ist,« nach Heisenberg, »die Erkenntnis, daß man ganz verschiedene Typen von Naturgesetzen auf ein und denselben physikalischen Vorgang anwenden kann, ohne in Widersprüche zu geraten [...]« Und er führt dies darauf zurück, daß »ein Gesetz-System, das auf einer bestimmten fundamentalen Vorstellung basiert ist, nur eine bestimmte, dieser adäquaten Art von Fragestellung zuläßt und daß demzufolge ein solches System prinzipiell von anderen geschieden ist, in denen auf Grund anderer fundamentaler Vorstellungen andere Fragestellungen sinnvoll sind«.[1]

Wir werden gleich auf diese Fragen noch zurückkommen. Vorerst genügt es, festzuhalten, daß die einfache Einsicht, daß ein Resultat auch der Naturwissenschaften immer nur die Antwort auf eine Frage sein kann, daß es Resultate, die unabhängig von Fragen und Fragestellern sind, nicht gibt, daß »also Gegenstand der Forschung nicht mehr die Natur an sich, sondern die der menschlichen Fragestellung ausgesetzte Natur« ist[2] und daß daher die Naturwissenschaften genauso um den forschenden Menschen zentriert sind wie die Geisteswissenschaften, dem alten Streit um die »Objektivität« der Naturwissenschaften und die »Subjektivität« der Geschichtswissenschaften einiges an Schärfe und viel an Bedeutung genommen hat. Wobei zuzugeben ist, daß die Naturwissenschaften die Frage von vornherein sauberer stellten, insofern nicht individuelle Eigenschaften des Forschers und Beobachters, sondern das Forschen und Experimentieren selbst den störenden »subjektiven« Faktor bilden. Jedenfalls scheint unbestreitbar, daß das Aufgeben des Anspruchs auf Allgemeingültigkeit, beziehungsweise die konkrete Entdeckung, daß die Gültigkeit von Naturgesetzen weder universal noch unbedingt ist, die Naturwissenschaften in eine Problematik geführt hat, wie sie uns aus den Geschichts- und Geisteswissenschaften nur allzu vertraut ist.

Denn die außerordentlich schnelle und reichhaltige Entwicklung der Geschichtswissenschaft war ja von Anfang an von jenen mehr oder minder großartigen Geschichtskonstruktionen begleitet und inspiriert, in welchen angeblich Geschichtsgesetze gefunden und erwiesen wurden, die es mit den damals noch unbezweifelten Naturgesetzen an Verläßlichkeit und universaler Gültigkeit sollten aufnehmen können.[3] Dabei stellte sich schließlich heraus, daß eigentlich jede dieser Konstruktionen für einen gesetzmäßigen Ablauf des Geschichtsprozesses »stimmte«, das heißt daß man ein und denselben geschichtlichen Vorgang sowohl nach den Hegelschen Gesetzen der Freiheitsdialektik wie nach dem Marxschen Gesetz des Klassenkampfes wie nach dem Spenglerschen Gesetz des Auf- und Unterganges der großen Kulturen wie nach dem Toynbeeschen Gesetz von typischen Reaktionen auf typische Herausforderungen (challenge und response) verstehen und erklären konnte, und zwar so, als hätte es gar nicht anders kommen können.

In dem Bereich der Natur wie der Geschichte sind wir heute mit dem gleichen Phänomen konfrontiert: sobald der menschliche Geist in sich stimmige Gesetzes-Systeme entwirft, ist es, als hätten die Tatsachen nichts Eiligeres zu tun als sich ihnen zu fügen, das heißt sie zu »beweisen«, wobei es entscheidend ist, daß sowohl im geschichtlich-politischen wie im physikalisch-technischen Bereich diese Erweisbarkeit keineswegs eine theoretische Angelegenheit ist. Das Bestürzende ist vielmehr, daß den »ganz verschiedenen Typen von Naturgesetzen« ganz verschiedene Techniken zur Herstellung der Welt und daß den ganz verschiedenen Typen von Geschichtsgesetzen ganz verschiedene mögliche Typen politischen Handelns entsprechen, die sich alle in der Wirklichkeit bewähren.

Es handelt sich also in der modernen Problematik nicht einfach darum, daß man ganz verschiedene Typen von Natur- (oder Geschichts-) Gesetzen auf ein und denselben physikalischen (oder historischen) Vorgang anwenden kann. Wenn es hier nur um eine Frage der Erkenntnis ginge, so könnten wir uns damit zufrieden geben, daß eben verschiedene Fragestellungen verschiedene Aspekte des gleichen Vorgangs freilegen, wobei alle Aspekte gleich »wahr« sind und gleich »objektiv«; genauso wie der Tisch, um den herum eine Anzahl von Leuten Platz genommen hat, ja jedem einzelnen unter einem anderen Aspekt erscheint, ohne doch darum aufzuhören, derselbe Tisch zu sein. Wäre dies alles, was die Heisenbergsche Formulierung meint, so könnte man sich sogar vorstellen, daß eine Theorie der Theorien, wie die alte *mathesis universalis*, schließlich alle möglichen Fragestellungen und Aspekte zu determinieren imstande sein müßte. Ernster wäre die Sache schon, wenn sich dabei herausstellen sollte, daß es kaum eine Fragestellung gibt, auf die nicht sofort eine in sich stimmige Reihe von Antworten erfolgte. Dies würde heißen, daß, hat man erst einmal eine Frage, also eine Arbeitshypothese, in ein Axiom verwandelt, von dem her man nun in sich stimmige Folgerungen zieht, man wortwörtlich alles beweisen kann. In dieser Verlegenheit vollkommener Willkür und Sinnlosigkeit befinden wir uns heute in den Geschichts- wie in den Naturwissenschaften. In beiden Bereichen sieht es so aus, als ob alles möglich sei. Und der Nihilismus, der dem: Alles ist möglich, entspricht, ist, wie wir aus bitteren Erfahrungen wissen, erheblich gefährlicher und schrecklicher als der verhältnismäßig harmlose, nur moralische Nihilismus des: Alles ist erlaubt. Was dem Problem seine eigentliche Schärfe gibt, ist die Tatsache, daß die moderne praktisch-politische und die moderne technische Erfahrung darin übereinzukommen scheinen, daß, nimmt man nur erst einmal ein »Gesetz« der Geschichte oder ein »Gesetz« der Natur als universal gültig an, man auf jeden Fall eine Welt politischer und technischer Art herstellen kann, die in sich stimmig ist und in der alle Einzeltatsachen das angenommene Gesetz eindeutig »beweisen«.

Dies ist nur einer unter vielen Ausgangspunkten, die geeignet sind, uns die übliche Entgegenstellung von Natur und Geschichte fraglich zu machen. Wir wählten ihn, weil der uns geläufige Gegensatz von Natur und Geschichte historisch sehr weitgehend von dem Gelehrtenstreit zwischen den Naturwissenschaftlern und den Historikern beeinflußt worden ist, wobei, wie es bei Gelehrtenstreitigkeiten nun einmal zu gehen pflegt, die Alltagssorgen um die wissenschaftliche Methodik alle anderen Erwägungen und Besinnungen verdrängten. Erst in der allgemeinen Wissenschaftskrise der Jetztzeit, die, gleich der Wissenschaftskrise am Beginn der Neuzeit, ein Ergebnis konkreter Forschungsresultate auf dem Gebiet der Naturwissenschaften ist, hat sich erwiesen, daß der Unterschied der Methoden in den beiden Forschungsgebieten ein Vordergrundsphänomen ist, das die primäre Verwandtschaft des neuzeitlichen Naturbegriffes mit dem neuzeitlichen Geschichtsbegriff verdeckt hat.

In dieser Situation mag es möglich und angebracht sein, die alte Frage nach dem Verhältnis von Natur und Geschichte wieder aufzuwerfen. Die folgenden Überlegungen gelten dem antiken und dem neuzeitlichen Geschichtsbegriff und versuchen zu zeigen, in welchem Ausmaße Natur- und Geschichtsbegriffe jeweils einer einheitlichen Erfahrung entspringen, voneinander abhängig sind und nur im engsten Zusammenhang miteinander überhaupt verstanden werden können.

I

Wir wollen mit Herodot beginnen, weil er wirklich, wie Cicero meinte, pater historiae, der Vater der abendländischen Geschichtsschreibung ist und weil vielleicht sogar, wie Karl Reinhardt meint, es erst seit ihm Geschichte gibt.[4] Herodot nun legt im ersten Absatz der »Perserkriege« den Sinn seines Unternehmens dar: es handelt sich darum, das zu bewahren, was den Menschen, und nicht der Natur, sein Dasein verdankt (τὰ γενόμενα ἐξ ἀνθρώπων), damit es nicht von der Zeit ausgelöscht werde, und durch Preis und Lob den wunderbar großen Taten der Griechen und der Barbaren zu jenem Ruhm zu verhelfen, der sie im Andenken der Menschen unsterblich macht und ihren Glanz durch die Jahrhunderte strahlen läßt.

Dies ist leicht und doch auch wieder schwer zu verstehen. Es handelt sich offenbar um irdische Unvergänglichkeit, und die Sorge um sie, die für Herodot eine Selbstverständlichkeit war, ist es für uns nicht mehr. Das aber, was sich für ihn von selbst verstand, erwähnt Herodot natürlich nicht. Seine Auffassung von der Aufgabe der Geschichte, die Taten der Menschen vor der Vergänglichkeit zu bewahren, wurzelte in der Naturerfahrung der Griechen, derzufolge alles unvergänglich ist, was aus sich selbst ersteht, ohne Hilfe von Menschen oder Göttern; denn auch die olympischen Götter beanspruchen nicht, die Natur oder die Erde oder den Kosmos erschaffen zu haben.[5] Zu diesen unvergänglichen Dingen der Natur gehören alle Lebewesen und auch der Mensch, sofern er ein Exemplar der Menschengattung ist. Der immer wiederkehrende Kreislauf des Lebens sichert den Lebewesen, die geboren werden und sterben, die gleiche Unvergänglichkeit, welche die Dinge der Natur besitzen, die unveränderlich immer gegenwärtig sind. »Für lebende Wesen ist das Leben das Sein« in der Formulierung Aristoteles', und dem Immersein entspricht darum ein Immerwerden.[6] Alles Natürliche ist unvergänglich und allgegenwärtig; es läuft nicht Gefahr, übersehen oder vergessen zu werden; und es bedarf für seinen Fortbestand weder des Menschen noch des menschlichen Gedächtnisses.

Zweifellos ist dieser Begriff des Lebens als einer ewigen Wiederkehr,[7] wie Nietzsche gemeint hat, »die extreme Annäherung einer Welt des Werdens an die des Seins«;[8] daß aber diese Unvergänglichkeit den einzelnen Menschen keineswegs unsterblich oder unvergänglich macht, hat schon Aristoteles ausdrücklich betont.[9] Die Sache verhält sich vielmehr gerade umgekehrt; nie wieder, könnte man vielleicht sagen, ist die Sterblichkeit der Menschen, die ja die Griechen auch einfach »die Sterblichen« nannten, mit einer solchen Entschiedenheit als das wesentlichste Charakteristikum menschlicher Existenz empfunden worden. Es war die Sterblichkeit, die in einem Kosmos, in dem alles sonst unvergänglich war, menschlicher Existenz ihr Gepräge gab. Menschen sind die einzig sterblichen Wesen, die es gibt, denn die Götter sind unsterblich, und die Tiere, da sie nur als Angehörige ihrer Gattung, aber nicht als Individuen existieren, sind unvergänglich.

Die Sterblichkeit des Menschen liegt darin beschlossen, daß ihm aus dem Kreislauf des biologischen Lebens ein anderes Leben, ein Bios mit einer Biographie erwächst, der als eine Lebens*geschichte* von Geburt bis Tod erkennbar und erzählbar ist. Dies individuelle Leben unterscheidet sich von Bewegungsverläufen in der Natur durch das eindeutig Lineare, das den Kreislauf des natürlich biologischen Lebens gleichsam durchschneidet. Sterblich sein heißt, in einem Kosmos, in welchem alles, wenn es überhaupt sich bewegt, in eine kreisende Ordnung zurückschwingt, in gerader Linie von einem Anfang her einem Ende zustreben. Wo immer die Menschen ihre Zwecke verfolgen und ihre Geschäfte besorgen, wenn sie die mühelose Erde mit ihrer Arbeit aufreiben, wenn sie den freifliegenden Wind in ihre Segel zwingen, wenn sie über die ewig-rollenden Wogen kreuzen, schneiden sie durch eine Bewegung, die in sich selbst schwingt und kreist und so unvergänglich wie zwecklos ist. Es sind diese geradlinigen, zielstrebigen Handlungen, die Sophokles in dem berühmten Chor der Antigone anführt, um die Eingangszeile des Gedichts: »Ungeheuer ist viel. Doch nichts ungeheurer als der Mensch« zu erläutern. Das sterbliche Leben der Menschen greift in die Natur ein, tut ihr Gewalt an, stört auf jeden Fall eine Ordnung, die ohne ihn in sich selbst ruhen oder schwingen würde in dem ewigen Kreisen des Immerseins.

Modernen Menschen, die in dem neuzeitlichen Geschichtsbegriff erzogen worden sind, muß es schwer fallen, zu verstehen, daß für die Griechen die großen, von Menschen stammenden Taten und Werke, welche der eigentliche Gegenstand der Geschichtsschreibung sind, nicht Teile eines umfassenderen Ganzen oder eines Gesamtablaufs bilden. Die Bedeutung, die einem Ereignis zukommt, liegt für sie in ihm selbst beschlossen und ist keineswegs abhängig von einem Gesamtprozeß, dessen Exponent es wäre oder dessen Gesetze es verwirklichte und ohne den es seinen ihm eigentümlichen Sinn verlöre. Gewiß ist es möglich, es unter verschiedenen Aspekten oder in verschiedenen Perspektiven zu sehen, aber diese Vielfältigkeit ändert seinen Gehalt und Sinn so wenig, wie die verschiedenen Aspekte, unter denen ein identischer Gegenstand sinnlich erscheint, etwas an seiner Identität ändern. Das Ereignis selbst, ist es erst einmal in der Welt erschienen, ist keiner weiteren Entwicklung mehr unterworfen, wie sie sich aus einem fortschreitenden Geschichtsprozeß unweigerlich ergibt, da ja bereits das fortschreitende Vergangener-Werden von Generation zu Generation das Gewesene in eine nie endende wirkliche Veränderung reißt. Nichts konnte antiker Geschichtsschreibung fremder sein als die moderne Vorstellung, daß jeder Generation aufgegeben sei, ihre Geschichte neu zu schreiben. Ein Ereignis bleibt entweder unbeachtet und geht dem Gedächtnis des Menschen verloren – und in diesem Fall setzt sich nur seine ihm anhaftende Vergänglichkeit durch: niemand ist ihm zu Hilfe gekommen. Oder es ist in seiner Bedeutungsfülle aufgezeichnet und damit unveränderlich geschichtlich, als eine Geschichte da und präsent für alle künftigen Zeiten und Menschen. Antike Geschichtsschreibung legt daher den Nachdruck immer auf besondere einzelne Ereignisse, Taten, Worte oder Gesten. Diese unterbrechen die kreisförmige Wiederkehr des täglichen Lebens im gleichen Sinne, wie der geradlinige Bios, die erzählbare Lebensgeschichte des Menschen, die kreisförmige ewige Wiederkehr des biologischen Lebens unterbricht. Der Stoff der Geschichte besteht aus diesen Unterbrechungen. Mit anderen Worten, Geschichte entsteht überhaupt nur durch das Außerordentliche.

Als die ausgehende Antike begann, sich über das Wesen von Geschichte überhaupt, nämlich über den geschichtlichen Prozeß im ganzen, Gedanken zu machen – über das Schicksal der Völker, ihren Aufstieg und Untergang –, war es ihr eigentlich nahezu selbstverständlich, für diese Prozesse eine kreisförmige Bewegung anzunehmen. Es schien unvorstellbar, daß ein Ablauf im ganzen einer anderen Bewegungsform folgen könnte, als sie im Modell des kreisförmig bewegten biologischen Lebens vorliegt. Im Sinne der klassischen Philosophie konnte das nur heißen, daß das geschichtliche Leben, seines linearen Charakters beraubt, in die Kreisbewegung der Natur zurückgenommen war und die Welt der Sterblichen gleichsam zurücksank in den unvergänglichen Kosmos. Aber im Sinne der klassischen Dichtung und Geschichtsschreibung bedeutete es, daß das Gefühl für die mögliche Größe sterblicher Menschen, die sich gegen die zweifellos überragende Größe von Göttern und Kosmos dennoch behaupten konnte, verlorengegangen war.

Die unausgesprochene Voraussetzung antiker Geschichtsschreibung war die Unterscheidung zwischen der Sterblichkeit der Menschen und der Unsterblichkeit der Natur, der wiederum die Unterscheidung zwischen Dingen, die ihr Dasein den Menschen verdankten, und denen, die aus sich selbst her sind, was sie sind, entsprach. Vergänglich ist alles von Menschen Gemachte, Werke und Taten und Worte, als sei es angesteckt von der Sterblichkeit seines Schöpfers. Nur wenn es den Sterblichen gelingt, ihren Werken, Taten und Worten eine Dauer zu verleihen, die den Prozeß des Vergehens, der in ihrem Wesen liegt, aufhält, können die Dinge der Menschen sich ansiedeln in dem Kosmos der Unvergänglichkeit und in ihm eine verläßliche Menschenwelt bilden, durch welche die Menschen ihren Platz und ihre Heimat in einer

Natur finden, in der alles unsterblich ist außer ihnen selbst. Die Fähigkeit des Menschen, dies zu vollbringen, heißt Erinnerung, Mnemosyne, die darum die Mutter der Musen wurde, der göttlichen Beschützerinnen aller Künste der Menschenwelt.

Unter den vergänglichen Menschen-Dingen sind diejenigen die vergänglichsten, welche in ausdrücklicher Weise seit Herodot den eigentlichen Stoff der Geschichtsschreibung gebildet haben, nämlich die Taten und Worte der Menschen. Die anderen Dinge von Menschenhand schulden einen Teil ihres Daseins dem Material, das die Natur bereitstellt, und haben daher ein gewisses Maß an Beständigkeit, eine relative Dauerhaftigkeit, die sie gleichsam dem Immersein der Natur entliehen haben. Im Unterschied zu diesen hergestellten Dingen der ποίησις können Taten und Worte, also all das, was sich unmittelbar zwischen den Sterblichen abspielt und was die Griechen πράξεις oder πράγματα nannten, niemals den Augenblick ihrer Entstehung überdauern, sie würden spurlos verschwinden, wenn nicht Erinnerung ihnen zu Hilfe käme. Die Aufgabe des Dichters und Geschichtsschreibers – die von Aristoteles noch in die gleiche Kategorie eingereiht werden, weil sie beide es mit πρᾶξις, Handlung, zu tun haben[10] – besteht darin, die Erinnerung so zu handhaben, daß aus ihr etwas Dauerhaftes, ein beständiges Ding entsteht. Dies kann nur durch Herstellung, durch ποίησις, geschehen. Aber dies »poetische« Herstellen ist direkt von der Erinnerung inspiriert, weil nur in der Erinnerung das lebendig gesprochene Wort und die lebendig getane Tat so viel Dauerhaftigkeit erhalten, daß sie dinghaft werden können, vom einprägsamen und darum immer wiederholbaren Gedicht bis schließlich zum geschriebenen Wort und Buch.

Geschichte als Kategorie menschlichen Daseins ist natürlich älter als das geschriebene Wort, älter als Herodot, älter selbst als Homer. Nicht chronologisch und überhaupt nicht historisch, aber gleichsam metaphorisch könnte man ihren Beginn vielleicht in die Szene verlegen, da Odysseus am Hofe des Phäakenkönigs der Geschichte seiner eigenen Taten und Leiden zuhört, der Geschichte seines Lebens, die ihm hier als ein Ding, ein Stoff außerhalb seiner selbst entgegentritt, als etwas, das jeder sehen und hören kann. Was bloßes Geschehen gewesen war, ist zur Geschichte geworden. Technisch handelt es sich hier um die gleiche »Nachahmung von Handlung« durch Worte, die wir später in der griechischen Tragödie wiederfinden, in der, wie Burckhardt einmal bemerkte, ein auffallender »Mangel an äußerer Handlung« besteht, die durch den Botenbericht ersetzt wird.[11] Da man sich keineswegs scheute, das Furchtbare auf die Bühne zu bringen, darf man vielleicht annehmen, daß in diesen Berichten die gleiche Verwandlung von schieren Ereignissen und Vorkommnissen in Erzähltes und damit in Geschichtliches vonstatten geht wie in der Szene in der Odyssee.

Jedenfalls ist der Augenblick, da Odysseus dem Bericht seines eigenen Lebens lauscht, maßgebend für Dichtung wie Geschichte. Hier trug sich zum ersten Male die Katharsis zu, die nach Aristoteles das Wesen der Tragödie ausmacht, oder die »Versöhnung mit der Wirklichkeit«, die nach Hegel das Wesen der Geschichte ist. Und sie trug sich zu in den Tränen der Erinnerung. Der Vorgang ist von unvergleichlicher Reinheit, weil der Handelnde, der Duldende und der Zuhörende ein und dieselbe Person sind, so daß alle Motive bloßer Neugier und Lernbegier, die natürlich immer eine große Rolle in historischen Untersuchungen wie im ästhetischen Genuß gespielt haben, automatisch fortfallen. Bestünde Geschichte in nichts anderem als interessanten Nachrichten und wäre Dichtung vorwiegend zur Unterhaltung da, so wäre Odysseus nicht erschüttert, sondern gelangweilt gewesen.

Seit Burckhardts und Nietzsches großen Entdeckungen ist so viel über das tragische Weltgefühl der Griechen geschrieben worden, daß es schwer ist, diese Worte auch nur in den Mund zu nehmen, ohne ins Platte zu geraten. Auf einen Aspekt dieser Tragik hinzuweisen, ist dennoch in diesem Zusammenhang unausweichlich. Er besteht darin, daß die Griechen fast von Anfang an alle Größe an dem maßen, was unvergänglich ist, und dennoch, zum mindesten in der vorplatonischen Periode, die wahre menschliche Größe in Taten und Worten erblickten und nicht im Hergestellten und Verfertigten, daß ihnen für das Bild menschlicher Größe Achilles, der »Täter großer Taten und der Sprecher großer Worte«, immer maßgeblicher war als der größte Dichter oder Künstler oder Philosoph. Daß Größe einerseits unbedingt an Unvergänglichkeit und Unsterblichkeit gemessen wurde, und daß andererseits menschliche Größe gerade in den vergänglichsten und vergeblichsten Tätigkeiten der Menschen, dem flüchtigen Wort, der Tat, die keine Spuren hinterläßt, sich zeigen sollte, – dieser scheinbare Widerspruch zieht sich durch die gesamte griechische Dichtung und Geschichtsschreibung und hat selbst noch die Gelassenheit der Philosophen beunruhigt. Die gleichsam unphilosophische, jedenfalls vorsokratische Lösung des Widerspruchs war der unsterbliche Ruhm, von dem noch Heraklit meinte, daß ihm das edelste und menschenwürdigste Trachten der Sterblichen gelte. Was hier gemeint ist, ist eine Art irdischer Unsterblichkeit, die so wenig zu tun hat mit der uns viel vertrauteren Sehnsucht nach einem ewigen Fortleben, daß sie sogar, wie der Fall des Achilles zeigt, der Anlaß dazu sein kann, auf das Leben ganz und gar zu verzichten.

Die Aufgabe des Dichters wie des Geschichtsschreibers war es, den Ruhm herzustellen, durch den das Vergängliche unvergänglich wurde. Was uns dabei sonderbar berührt, ist, daß ganz offenbar ein Problem, das die moderne Geschichtswissenschaft immer besonders beunruhigt hat, das Problem der Auswahl, gar keine Rolle spielte. Hätte es sich als Problem gestellt, so hätte die Antwort der griechischen Geschichtsschreiber gelautet, daß der Maßstab des Auszuwählenden natürlich die Größe sei. Und die Erkenntnis des Großen, nämlich des Hervorragenden, Ausgezeichneten und Glänzenden in jeglichem Sinne, gehörte offenbar zu den selbstverständlichen Wahrnehmungserfahrungen, bei denen es nicht wesentlich anders zuging als bei anderen Wahrnehmungserfahrungen auch. Das Große scheint von sich aus einen Anspruch auf Unvergänglichkeit zu stellen; es scheint zu beanspruchen, in die Gesellschaft der Dinge zugelassen zu werden, die immer dauern und mit ihrer unvergleichlichen Majestät die Sterblichen, ihr vergängliches und vergebliches Dasein, allgegenwärtig umgeben. Durch Geschichte werden die Menschen fast zu Ebenbürtigen der Natur, und nur jene Ereignisse, Taten oder Worte, die sich der immer gegenwärtigen Herausforderung der unvergänglichen Natur als ebenbürtig erwiesen haben, können geschichtlich werden. Daß dies der Maßstab ist, gilt nicht nur für den Dichter Homer und den Geschichtenerzähler Herodot, sondern auch für den so viel nüchterneren Thukydides, mit dem zwar nicht Geschichte, aber Geschichtswissenschaft anfängt. Auch er sagt ausdrücklich am Anfang des Peloponnesischen Krieges, daß er sein Werk verfaßt habe um der Größe dieses Krieges willen, weil er »der größte sei, von dem man wisse«, und dies nicht nur in der griechischen Welt, sondern auch in der der Barbaren, ja eigentlich in der ganzen Menschenwelt.

Größe als ein alles und alle beherrschendes Anliegen durchherrscht die Politik der griechischen Poleis, wie sie griechische Dichtung und Geschichtsschreibung maßgeblich bestimmt hat. Sie ist gar nicht zu verstehen ohne den ihr eigenen Bezug zu der griechischen Naturerfahrung. Natur und Geschichte bei den Griechen können in der Tat auf einen Nenner gebracht werden, und dieser gemeinsame Nenner heißt Unsterblichkeit. Unsterblich ist eigentlich nur die Natur, die, mühelos und ohne irgendeiner Hilfe von Menschen oder Göttern zu bedürfen, unvergänglich dauert. Weil die Sterblichen in ein Naturgefüge hineingeboren sind, das von sich aus unsterblich ist, müssen auch sie mit großer Mühe und Anstrengung danach trachten, Unsterblichkeit zu erlangen; nur so können sie den Dingen Genüge tun, die sie umgeben und in deren Gemeinschaft sie für eine kurze Zeit verweilen dürfen. Geschichte und Natur stehen so in einer Beziehung zueinander, die jeden Gegensatz ausschließt. Die Geschichte nimmt in ihr Gedenken diejenigen Sterblichen auf, die durch Tat und Wort sich der Natur als würdig erzeigt haben, und der unsterbliche Ruhm bezeugt ihnen, daß es ihnen, ihrer eigenen Vergänglichkeit zum Trotz, verstattet sein soll, in der Gemeinschaft der Dinge zu verbleiben, die unvergänglich dauern.

II

Geschichte und Natur in der Neuzeit sind genauso eng und unlöslich miteinander verbunden, wie sie es im Altertum waren. Die ihnen zugehörigen Begriffe sind im siebzehnten Jahrhundert entstanden, und die ihnen entsprechenden Wissenschaften verdanken ihr Begriffssystem und ihre außerordentliche Entwicklung den großen naturwissenschaftlichen, genauer astronomischen Entdeckungen, welche die gesamte Neuzeit einleiteten. Es ist vielleicht keine Übertreibung, zu sagen, daß die Neuzeit in dem Augenblick anfing, als Galilei mit Hilfe des Teleskops seinen Blick in das Universum richtete und dabei entdeckte, daß – entgegen aller sinnlichen Erfahrung des irdischen Alltags – die Sonne sich nicht um die Erde, sondern die Erde sich um die Sonne dreht.

Diese Entdeckung implizierte zweierlei: einmal, daß des Menschen irdische Sinne offenbar keine universale Gültigkeit haben, daß die Sinneswahrnehmung keineswegs ohne weiteres geeignet ist, das Modell von Wahrheitserkenntnis überhaupt abzugeben, sondern im Gegenteil eine ständige Quelle von Irrtum und Täuschung ist. Sie implizierte andererseits, daß der Mensch, wiewohl er wie alle anderen Lebewesen nur unter den Bedingungen der irdischen Natur leben kann, es vermag, auf diese Erde gleichsam mit den Augen des Universums zu schauen, daß der archimedische Punkt außerhalb der Erde, von dem aus man die Erde aus den Angeln heben könnte, kein leerer Traum gewesen war. Es ist diese Änderung des Standpunkts, die uns schließlich dazu befähigt hat, die Kräfte des Universums selber auf die Erde und in die irdische Natur zu leiten – wobei es noch keineswegs ausgemacht ist, ob dies ein Heil oder Unheil sein wird, obwohl eine der Konsequenzen hieraus ist, daß wir nun die natürlich gegebene Welt ebenso wieder zerstören können, wie wir seit eh und je fähig waren, das zu zerstören, was wir selbst oder solche, die unseresgleichen sind, gemacht haben.

Beherrschend für die gesamte Neuzeit wurde vorerst die erste, unmittelbare Erfahrung von der Unzulänglichkeit der menschlichen Sinne. Das Ausmaß dieser Enttäuschung können wir nur mit Schwierigkeit ermessen, weil es Jahrhunderte dauerte, bevor ihre Tragweite sich überall und nicht nur in dem kleinen Kreis der gelehrten Welt fühlbar machte. Hinzu kam, dass dies neue prinzipielle Mißtrauen gegen die Sinne erst einmal den ungeheuren Aufstieg der Naturwissenschaften ermöglichte, weil die Unzuverlässigkeit der Sinneswahrnehmungen und die daraus sich ergebende Unzulänglichkeit aller bloßen Beobachtung sie zwang, durch das Experiment handelnd in die Natur und in Naturprozesse einzugreifen, was bekanntlich einen naturwissenschaftlichen und technischen Fortschritt zur Folge gehabt hat, der seit Jahrhunderten unbegrenzt und unbegrenzbar erscheint.

Erst in unserer Zeit ist dies Mißtrauen gegen die Sinne, das so lange der eigentliche Stolz aller kritisch-wissenschaftlichen Methodik war, zu einer Quelle des Unbehagens geworden. Es hat sich nämlich, in den Worten Schrödingers, herausgestellt, »daß die Natur sich so anders verhält als wir in sichtbaren und tastbaren Körpern in unserer Umgebung beobachten, daß *kein* Modell, das im Sinne unserer weitläufigen Erfahrung gestaltet ist, jemals wahr sein könnte«; an diesem Punkte rächt sich offenbar die moderne

Auflösung der Beziehung zwischen Sinneswahrnehmung und Denken, denn ein Modell, das sinnliche Erfahrung ganz und gar außer acht ließe und daher der Natur, wie sie im Experiment sich zeigt, genau entspräche, ist nicht nur »praktisch nicht herstellbar, es ist nicht einmal denkbar«.[12] Die Schwierigkeit, mit anderen Worten, besteht nicht einfach darin, daß das Universum der modernen Physik seinen Anschauungscharakter verloren hat; dies versteht sich eigentlich von selbst, da es ja aus der Voraussetzung erwachsen ist, daß die Natur sich den menschlichen Sinnen nicht offenbart; das Bestürzende ist vielmehr, daß sich schließlich herausstellt, daß Natur, vom Standpunkt des Universums aus betrachtet, sich als unbegreifbar, als undenkbar im Sinne eines von den Sinnen unabhängigen Verstandes darstellt.

Die Entstehung des modernen Geschichtsbegriffes ist späteren Datums und bereits eine indirekte Folge der Erschütterung, die von den neuen Entdeckungen der großen Naturwissenschaftler ausgegangen war. Ihm geht das erste Stadium der Entwicklung der modernen Philosophie voraus, die Nietzsche einmal mit unvergleichlicher Treffsicherheit eine »Schule des Mißtrauens« genannt hat. Entscheidend in unserem Zusammenhang sind der aller Philosophie des siebzehnten Jahrhunderts gemeinsame Zweifel an der Realität der Außenwelt[13] und Verschiebung der Wirklichkeitserfahrung von einer den Sinnen gegebenen wirklichen Welt zu dem bloßen Wahrnehmen von Objekten, so daß nun nicht mehr der außerhalb des Wahrnehmungsaktes existierende Baum, sondern nur der gesehene Baum als unbestreitbarer Inhalt eines Sehaktes in seiner Realität als gesichert erschien.

Was man gewöhnlich als den Subjektivismus der modernen Philosophie bezeichnet, kann man auch als die im Begriff vorweggenommene Artikulation der Weltentfremdung moderner Menschen sehen. Es hat Jahrhunderte gedauert, bis diese Weltentfremdung, die in dem Zweifel an der Realität der Außenwelt und dem daraus folgenden Außer-Kurs-Setzen des sogenannten gemeinen

Menschenverstandes erst einmal sich nur in der gelehrten Welt fühlbar machte, ein politisch und historisch handgreifliches Phänomen in der gesamten Menschenwelt wurde. In der antizipierenden Philosophie am Anfang der Neuzeit sehen wir mit großer Klarheit, daß derjenige, dem seine Sinne nicht mehr zuverlässig eine Welt vermitteln, sich unweigerlich in sein eigenes Selbst wie in ein Gefängnis gesperrt sehen muß. Realität offenbarte sich nicht mehr als die selbstverständliche Entsprechung sinnlicher Wahrnehmungen, sondern hatte sich gleichsam aus der Welt zurückgezogen und konnte verläßlich nur noch erfahren werden in dem Wahrnehmen der Wahrnehmungen selbst.

Die kürzeste und großartigste Formulierung dieser Weltentfremdung ist das Descartes'sche »De omnibus dubitandum est«. Denn dieser Grundsatz, daß an allem gezweifelt werden muß, hat gar nichts mehr zu tun mit jener Skepsis oder jenem Selbstzweifel, der in der Tat allem echten Denken innewohnt. Descartes meinte etwas viel Spezifischeres. Er zog mit dieser Formel gleichsam das Fazit der gerade gemachten Entdeckungen, insofern in der Tat sowohl die Vorstellung von »eingeborenen Wahrheiten« wie das Vertrauen auf ein »inneres Licht der Vernunft« hinfällig werden, ist erst einmal das selbstverständliche Zutrauen in die Adäquatheit unserer fünf Sinne für die Erfassung der Welt erschüttert. Die Erschütterung dieses Zutrauens mußte den Glauben an Gott gleichermaßen erschüttern wie das Vertrauen in die Vernunft, weil das Erfassen sowohl göttlicher wie menschlicher Wahrheit immer stillschweigend im Bilde der sinnlichen Offenbarung der Welt verstanden worden war: ich öffne die Augen und erblicke das Licht, ich lausche und höre den Ton, ich bewege meinen Körper und berühre die Dinge der Welt. Bezweifelt man die grundsätzliche Wahrhaftigkeit und Zuverlässigkeit dieses Bezugs – der natürlich Irrtümer und Illusionen nicht ausschließt, sondern im Gegenteil die Voraussetzung ihrer Korrigierbarkeit ist –, dann verlieren alle traditionellen Metaphern für das menschliche Erfassen übersinnlicher Wahrheiten ihren Sinn; wenn unsere Augen uns täuschen, dann haben wir auch den Sinn verloren, mit dem wir den platonischen »Himmel der Ideen« wahrnehmen, und wenn wir uns auf unsere Ohren nicht mehr verlassen können, können wir auch nicht mehr die Stimme des Gewissens vernehmen, die in unserem Herzen spricht.

Die Abhängigkeit des modernen Denkens von den tatsächlichen Entdeckungen der Naturwissenschaften zeigt sich naturgemäß am eklatantesten im siebzehnten Jahrhundert. Sie zeigt sich vor allem auch in der Vehemenz, mit der zum Beispiel Hobbes, der sich ausdrücklich auf die kürzlich erfolgten Entdeckungen von Kopernikus und Kepler, Galilei, Gassendi und Mersenne berief, alle frühere Philosophie als baren Unsinn anprangerte. Niemand nach ihm hat mit größerer Radikalität die geistig-intellektuellen Fähigkeiten des Menschen von aller direkten Welt- und Wirklichkeitsfassung getrennt. Der Begriff der Wahrheit selbst spielt in seinem System überhaupt keine Rolle mehr, da für ihn jegliches Denken in der Fähigkeit besteht, aus bestimmten evidenten Voraussetzungen oder Axiomen zu schlußfolgern, und Schlußfolgern für ihn nichts anderes ist als ein in sich stimmiges logisches Rechnen. Vernunft ist, wie er sagt, »the faculty of reckoning with consequences«, die Fähigkeit, mit Folgen zu rechnen. Sie kann also weder Wahrheit rezipieren noch Geschehenes oder Vorliegendes als solches beurteilen. Der katastrophale Schwund an Urteilskraft, der sich in der modernen Welt überall zeigt, begann deutlich mit einem Mißtrauen gegen Urteile und der Hoffnung, durch logisches Folgern Urteilen überflüssig zu machen. Es ist immer noch das gleiche, wenn auch unvergleichlich großartigere und tiefere, Folgern und Schlüsseziehen, das die Hegelsche dialektische Begriffsentwicklung durchherrscht; und die Verachtung der deutschen idealistischen Philosophie für den gesunden Menschenverstand hängt aufs engste mit Hegels ausdrücklicher Verachtung für die von Kant so gepriesene menschliche Urteilskraft, das eigentlich höchste Vermögen der Vernunft, zusammen.[14]

So hat auch niemand nach Descartes so großartig die Angst geschildert, die unmittelbar aufsteigt, wenn man sich vergegenwärtigt, daß des Menschen erdgebundene Erfahrung ihn unweigerlich täuscht über alle Vorgänge in dem die Erde umschließenden Universum, so daß man schon auf den Gedanken kommen kann, daß ein böser Geist die Welt regiere und absichtlich alle Wahrheit von einem so offenbar dem Irrtum unterworfenen Wesen wie dem Menschen fernhalte. Dies grundsätzliche Mißtrauen äußert sich noch am harmlosesten in dem Sensualismus und Empirizismus der englischen Philosophie der Zeit, welche die Bedeutungsfülle des sinnlich Gegebenen in Data von Sinneswahrnehmungen auflöst, um eine wahre Nicht-Welt von bezugslosen und sinnlosen Sensationen entstehen zu lassen, in welche weder Wirklichkeit noch Wahrheit zu dringen vermögen. Denn der Sensualismus ist das gerade Gegenteil einer Rechtfertigung der Sinne, und es ist kein Zufall, daß er in der gleichen Zeit entsteht wie der extrem sinnenfeindliche Puritanismus. Es ist schließlich noch das gleiche fundamentale Mißtrauen, das Kants gigantischen Versuch inspirierte, die menschlichen Fähigkeiten so zu untersuchen und zu erhellen, daß die Frage nach dem »Ding an sich«, das heißt die Frage danach, ob der Mensch Wahrheit in einem absoluten Sinne zu erfahren vermöge, außer Betracht gelassen werden konnte.

Wären die Folgerungen, welche die Philosophie des siebzehnten Jahrhunderts aus den Entdeckungen der Naturwissenschaften zog, die einzig möglichen, so wäre die fortschreitende Weltentfremdung der modernen Menschen verständlich, aber niemals die ja mindestens ebenso evidente neuzeitliche Beherrschung der Natur und Entwicklung aller herstellend-technischen Fähigkeiten. In der Tat hat erst der Pragmatismus in mehr oder minder vulgärer Weise die Formel in Umlauf gebracht, deren eigentlicher Inhalt den Fortschritt der Naturwissenschaften durch das Experiment von vornherein bestimmte und der auch die ursprüngliche Grundlage für den modernen Geschichtsbegriff bildete. Die Formel lautet, daß der Mensch nur das wissen kann, was er selbst gemacht hat. Mit anderen Worten, wenn der Mensch auch unfähig sein mag, die gegebene Welt zu erkennen, die er ja nicht selbst geschaffen hat, so bleibt ihm doch noch immer die Möglichkeit, das zu erkennen, was nachweislich das Gebilde seiner eigenen Hände ist. Diese pragmatistische Folgerung liegt ebenso nahe wie die unmittelbar subjektivistische; die eine widerspricht nicht der anderen, vielmehr ergänzen sich beide. Daß die spezifisch technische Entwicklung der neuzeitlichen Naturwissenschaften aufs engste mit dieser pragmatischen Haltung zusammenhängt, ist oft betont worden; höchst bemerkenswert aber ist, daß sie uns zum ersten Mal voll bewußt und artikuliert bei dem Manne entgegentritt, den wir gewohnt sind, als den Ahnherrn des modernen geschichtlichen Bewußtseins anzusehen, nämlich bei Vico.

Vicos Abwendung von den Natur- und seine Zuwendung zu den Geschichtswissenschaften hat sehr wenig mit ausgesprochen humanistischen Motiven zu tun. Den Grund für seine Abwendung hat er klar ausgesprochen in einem, für ihn ganz entscheidenden Satze: »Das Geometrische beweisen wir, weil wir es hervorbringen; wenn wir das Physikalische beweisen könnten, würden wir es hervorbringen.« (»Geometrica demonstramus quia facimus; si physica demonstrare possemus, faceremus.«[15]) Vico war der Meinung, daß die Geschichte von Menschen gemacht werde in genau dem gleichen Sinn, in dem die Natur von Gott geschaffen ist. Geschichtliches kann daher von Menschen gewußt und erkannt werden, ihm kann eine »neue Wissenschaft« gewidmet werden, während wirkliche Naturerkenntnis Gott vorbehalten bleiben muß, nicht so sehr, weil er überhaupt allwissend ist, als vielmehr deshalb, weil er als der eigentliche Hersteller, der Schöpfer des Universums anzusehen ist.

Man hat oft und mit Recht geltend gemacht, daß die moderne

Wissenschaft und die ihr eigentümliche Methodik aufs engste zusammenhängen mit einem neu erwachenden Interesse für das Wie, im Unterschiede zu der traditionellen Wissenschaft, die sich um das Was der Dinge bemühte. Diese entscheidende Akzent-Verschiebung des Wissenwollens muß allerdings in dem Augenblick eintreten, in dem man annimmt, man könne nur wissen, was man selbst gemacht habe, weil diese Annahme impliziert, daß man eine Sache kennt und erkannt hat, sobald man weiß, *wie* sie entstanden ist. Aus dem gleichen Grund mußte sich das Interesse an den Dingen selbst auf das Interesse an Prozessen verschieben, das bald so vorherrschend in der naturwissenschaftlichen wie der geschichtswissenschaftlichen Forschung werden sollte, daß die Dinge wie zufällige Nebenprodukte von Prozessen erscheinen. Schon für Vico war es selbstverständlich, daß man das Mysterium des geschaffenen Universums nur verstehen könnte, wenn man den schöpferischen Prozeß selbst verstünde, während alle vormodernen Zeitalter es für ebenso selbstverständlich gehalten hatten, daß man sehr wohl die Schöpfung verstehen kann, ohne doch je erfahren zu können, wie Gott sie nun wirklich geschaffen hat, oder wie die Dinge der Natur, die griechischer Auffassung zufolge aus und durch sich selbst sind was sie sind, nun eigentlich entstehen. In der Geschichte der modernen Naturwissenschaften ist das sinnfälligste Beispiel für die Koinzidenz von Natur- und Geschichtsbewußtsein das Aufkommen solch neuer Disziplinen im 19. Jahrhundert wie der Anthropologie, Biologie und Geologie, in denen man den Menschen oder das Leben oder die Erde dadurch wissenschaftlich zu verstehen suchte, daß man ihrer Entwicklungsgeschichte, also dem Prozeß, durch den sie entstanden waren, nachging. In der Mitte des vorigen Jahrhunderts, in der eigentlichen Blütezeit des Entwicklungs- und Fortschrittsbegriffes, konnte es fast so aussehen, als ob die Naturwissenschaften auf ihre Weise zu historischen Disziplinen werden würden.

Dies Interesse für Prozesse, das aller modernen Wissenschaft seit Beginn der Neuzeit eignet, ist in keiner dieser Wissenschaften selbst, sondern erst in der ihr eigentümlichen Technik voll zum Ausdruck gelangt. Die moderne Technik wiederum, die mit dem Beginn der industriellen Revolution sich vor allem der Arbeits- und Herstellungsprozesse bemächtigte, hat heute damit geendet, Naturprozesse zu entfesseln, die ohne das Eingreifen des Menschen nie zustande kommen würden. Würde Vico heute leben, so brauchte er sich nicht mehr von den Naturwissenschaften ab- und den Geschichtswissenschaften zuzuwenden; denn in der modernen Technik, in der wir, verschworen mit den Elementen, natürliche Prozesse in die Natur und die von Menschen erbaute Welt loslassen, tun wir genau das, was nach Vicos Meinung Gott im Bereich der Natur und der Mensch im Bereich der Geschichte tat.

Jedermann weiß, daß es so etwas wie moderne Naturwissenschaft nie zuvor gegeben hat. Aber auch was wir seit dem 18. und 19. Jahrhundert unter Geschichte verstehen und die Art und Weise unserer Geschichtsschreibung hat es nie zuvor gegeben. Denn die Geschichte ist für die Geschichtswissenschaft nicht mehr die Dimension der Vergangenheit, in welcher die Taten und Leiden der Menschen verzeichnet sind, und unsere Geschichtsschreibung erzählt nicht mehr die zahllosen, vielfältigen Geschichten, von denen das Leben der Menschen auf der Erde seit Anbeginn bestimmt wurde. Geschichte ist vielmehr, zumindest seit Hegel, der ungeheure, allumfassende Prozeß, in dem alles Einzelne auftaucht und verschwindet und in welchem jegliche Tat und jegliches Ereignis nur dadurch einen Sinn und eine Bedeutung erhalten, daß sie einen verstehbaren Teil dieses einheitlichen Gesamtprozesses bilden. Dieser Geschichtsprozeß unterscheidet sich von den Naturprozessen der Physiker lediglich dadurch, daß er von Menschen »gemacht« und nur im Medium menschlicher Existenz zustande kommen konnte.

Aber auch dieser Unterschied zwischen Natur und Geschichte, der unser Denken so lange beherrscht hat, ist heute eine Sache der

Vergangenheit. So wie wir dachten, Geschichte zu machen, nämlich durch unser Handeln bestimmte Prozesse loszulassen, deren Folgen letztlich unvorhersehbar sind, die aber dennoch den Geschichtsprozeß im ganzen bestimmen, so können wir auch Natur »machen«. Dies Stadium haben wir allerdings erst mit der Atomphysik erreicht, das gerade darum weit über all das hinausgeht, was die Technik je vermochte, und zwar nicht nur die Technik vor der industriellen Revolution, die Wind und Wasser benutzte, um menschliche Arbeitskraft zu steigern, sondern auch über die Technik, die sich aus der industriellen Revolution ergab und in der seit der Dampfmaschine und dem Verbrennungsmotor die Kräfte der Natur nicht nur genutzt, sondern nachgeahmt und direkt als menschliche Produktionsmittel verwandt wurden. Mit der Technik aber, die sich aus der Atomphysik ergibt, haben wir einerseits begonnen, in die Natur selbst einzugreifen, neue, von der Natur nicht vorgesehene Prozesse zu erzeugen; und wir beginnen andererseits, diese von uns selbst entfesselten Naturgewalten in die von Menschen bewohnte und hergestellte Welt zu leiten, uns auf sie zu verlassen, unsere ganze Existenz auf der Erde von ihnen abhängig zu machen – während es eines der Hauptanliegen aller früheren Zeiten war, sich zwar von den Früchten der Erde zu nähren, aber die ungeheuren Elementargewalten der Natur von der Menschenwelt abzuhalten und diese vor ihnen zu schützen.

III

Der gemeinsame Nenner des modernen Natur- und Geschichtsbegriffes ist der Prozeß, und die Grundvorstellung, die von Anfang an beide Wissenschaften durchherrschte, war und ist immer noch ein Denken in Prozessen. Die menschliche Grunderfahrung aber, die dem Begriff des Prozesses zu Grunde liegt, ist nicht eine Erfahrung der Natur, sondern eine Erfahrung, die der Mensch mit sich selbst, bzw. innerhalb des Bereiches macht, der ausschließlich von Menschen und den zwischen ihnen waltenden Bezügen und Beziehungen konstituiert ist. Von Prozessen wissen wir, weil wir handeln können; oder umgekehrt, ein Prozeß, der, hat er erst einmal begonnen, weitgehend nach seinen eigenen Gesetzen verläuft und weitgehend der Kontrolle dessen sich entzieht, der ihn begonnen hat, ist das unweigerliche Ergebnis jeder menschlichen Handlung. Dies ist der Sinn der oft gehörten Feststellung, daß dasjenige, was einmal getan ist, nicht wieder rückgängig gemacht werden könne; wobei man sich vergegenwärtigen muß, daß diese Erfahrung in schroffem Gegensatz zu unserer uneingeschränkten Freiheit im Verkehr mit allen Dingen der Welt steht, die ihr Dasein dem Herstellen verdanken, das wir jederzeit »rückgängig« machen können, indem wir das Hergestellte wieder zerstören. Wenn die Griechen die eigentümliche Flüchtigkeit des lebendig gesprochenen Wortes und die tragische Vergänglichkeit der lebendig getanen Tat entdeckten und es darum als die höchste menschliche Aufgabe empfanden, diesem Flüchtigsten und Vergänglichsten Bestand und Dauer zu verleihen durch eine Verwandlung in Hergestelltes, durch ποίησις im weitesten Sinne, so hat die Neuzeit umgekehrt gerade die eigentümliche Resistenz und Unzerstörbarkeit aller durch menschliches Handeln entstandenen Prozesse empfunden, nämlich die Tatsache, daß der handelnde Mensch, im Unterschied zu dem herstellenden homo faber, das Ende dessen, was er begonnen hat, weder vorhersagen noch das Begonnene wieder zerstören kann.

Anders als im Herstellen, dessen Prozeß des Verfertigens einen klar erkennbaren Anfang und ein ebenso klar sich abzeichnendes Ende hat – er kommt zu Ende in dem Fertigfabrikat –, hat der Prozeß, der durch das Handeln entsteht, eigentlich überhaupt kein Ende, jedenfalls nicht eines, das der Handelnde vorhersagen und vorausbestimmen könnte. Denn der Handelnde, im Unterschied zu dem Herstellenden, ist niemals mit dem eigentlichen

Ziel seines Handelns, wie der Herstellende mit dem herzustellenden Ding, allein und ungestört; er handelt in eine Menschenwelt hinein, in welcher ihm, da sich sein Handeln ja notwendigerweise auf andere Menschen bezieht, alles was er tut, immer schon aus der Hand geschlagen wird, bevor er »fertig« ist. Das Äußerste, was er tun kann, ist die Dinge in eine gewisse Richtung zwingen; aber auch dessen kann er nie sicher sein, denn jedes neue, von einem anderen Menschen herrührende Handeln ändert mit einem Schlage alles, und zwar nicht nur in dem Sinne, daß nun das Getane sich als vergeblich erwiese, sondern so, daß es in dem Gesamtprozeß gleichsam an eine andere Stelle zu stehen kommen, also einen anderen Sinn erhalten kann.

Verglichen mit der Vieldeutigkeit und Flüchtigkeit der einzelnen menschlichen Tat oder des lebendig gesprochenen Wortes, errichtet Herstellung eine Welt von großer Dauerhaftigkeit und Einstimmigkeit. Verglichen aber mit dem Prozeß, den ein flüchtig hingeworfenes Wort oder eine kaum bedachte Handlung über den Kopf des Täters loslassen und weiterrollen lassen kann, sind die hergestellten Dinge ihres eigenen, von Menschen unabhängigen Daseins erheblich weniger sicher. Sie entwachsen nie ganz und gar der menschlichen Kontrolle, wiewohl auch sie, hat sie die Hand ihres Erzeugers erst einmal losgelassen und der gemeinsamen Dingwelt als einen Gebrauchsgegenstand unter anderen eingefügt, nun in eine Art geschichtlichen Prozeß hineingezogen werden, in einen Prozeß des Brauchens und Verbrauchens, dessen Verlauf nicht mehr voraussagbar ist und der sich auf jeden Fall der Kontrolle des Erzeugers entzieht. Aber dies bedeutet nur, daß der Mensch niemals ausschließlich ein nur herstellendes Wesen ist, daß selbst der homo faber immer auch eine handelnde Person bleibt, die, was immer sie tun und wie immer sie sich verhalten mag, Prozesse einleitet, deren Ende und Ausgang niemand vorherweiß.

Die sprichwörtliche Regel, daß Getanes und Geschehenes nicht wieder rückgängig und daher eigentlich nicht wiedergutgemacht werden könne, gilt zwar für die Prozesse, auf die sie sich immer bezog, nämlich für dies uns bekannte geschichtlich-politische Handeln zwischen Menschen, das wesentlich unübersehbar ist, aber sie gilt doch nur im begrenzten Sinne. Die Unvorhersehbarkeit menschlichen Handelns ist zwar erst in der Neuzeit und erst durch die Akzentverschiebung von der getanen Tat oder dem daseienden Ding auf den Prozeß, der seine Entstehung einleitete und seine Existenz als ein Einzelwesen überdauert, voll ins Bewußtsein gerückt. Ihr Entdecker aber ist nicht die Neuzeit, sondern Jesus von Nazareth, der aus der Erfahrung des »Denn sie wissen nicht, was sie tun«, die Konsequenz zog, daß nicht nur Gott den Menschen verzeihen müsse – was für uns hier ganz außer Betracht bleiben muß –, sondern daß die Menschen einander verzeihen müssen, siebenmal und siebenmal siebzigmal, also eigentlich unaufhörlich; und zwar durchaus deswegen, weil sie ohne dies Verzeihen sich dauernd in den von ihnen selbst losgelassenen Prozessen, die nun automatisch weiterrollen, verfangen und sich also infolge ihres Handelns um die Fähigkeit bringen würden, in Freiheit weiterzuhandeln.

Innerhalb des menschlichen Bereichs im engeren Sinn, und ganz abgesehen von religiösen Implikationen, entspricht also der Fähigkeit des Handelns die Fähigkeit des Verzeihens, durch die Gehandeltes wieder rückgängig gemacht werden kann; genauso, wie der Fähigkeit, Dinge herzustellen, die Fähigkeit entspricht, sie auch wieder zu zerstören. Die Tatsache, daß dies im politischen Handeln niemals zu irgendwelchen Konsequenzen geführt und daß man die Entdeckung Jesu ihrer religiösen Herkunft wegen politisch nicht sonderlich ernst genommen hat – selbst das Privileg der grundlosen Begnadigung von zum Tode Verurteilten, das in den meisten westlichen Staaten dem Staatsoberhaupt zusteht und das man geneigt ist, dem Christentum zuzuschreiben, ist vermutlich römischen Ursprungs –, ist kaum ein Argument gegen die

Echtheit der Erfahrung selbst; beweist sie doch nur, daß diese Erfahrung privater Natur blieb, nicht ins Politische transponiert wurde und keine ihr entsprechende Verwirklichung im öffentlichen Raum fand. Der Mensch aber ist ein handelndes Wesen nicht nur im öffentlich-politischen, sondern bereits in seinem Privatleben, wiewohl der öffentlich-politische Raum ausdrücklicher und ausschließlicher gerade durch das Handeln konstituiert wird.

Wie immer es damit bestellt sein mag, mit wirklich irreversiblen, nicht wieder rückgängig zu machenden Prozessen, die wir doch selbst entfesseln, scheinen wir es erst jetzt zu tun zu bekommen, da wir nicht mehr nur in den geschichtlichen und politischen Raum, sondern in den Bereich der Natur hineinhandeln. Seit die Elemente mit uns verschworen sind, scheint wirklich alles auf Zerstörung hinauszulaufen, und hier sehen wir vorläufig noch keinerlei Möglichkeit eines Wiederrückgängigmachens. Denn die heutige Technik, vor allem auch die Technik, die im letzten Jahrzehnt auf Grund der Atomphysik planend entworfen wird, ist nicht mehr primär mit der Industrialisierung und Motorisierung von reinen Herstellungsprozessen befaßt, in denen des Menschen Haltung zur Natur immer noch wesentlich die des homo faber bleibt, dem die Natur das Material liefert, aus dem er das Gebäude seiner Welt errichtet. Schon heute leben wir in einer Welt, die weit mehr vom menschlichen Eingreifen in die Natur selbst, dem Erzeugen und Lenken von Naturprozessen, bestimmt ist als von dem technisierten Aufbauen und Erhalten dieser Welt als eines relativ beständigen Gebildes. Bis in unsere jüngste Gegenwart hinein war menschliches Handeln mit seinen von Menschen entfesselten Prozessen immer auf die eigentliche Menschenwelt beschränkt geblieben, während des Menschen praktisch-technischer Umgang mit der Natur darin bestand, ihr das notwendige Material für Herzustellendes zu entnehmen und das von Menschenhand geschaffene Weltgebilde gegen die Elementargewalt der Naturkräfte zu schützen und zu verteidigen. Seit der Spaltung des Atoms hingegen greifen wir handelnd in die Natur ein und erhöhen damit nicht nur unsere Macht über die Natur oder tun ihr mehr Gewalt an als irgendein Geschlecht vor uns, sondern beginnen zum ersten Mal, die Naturprozesse direkt in die Menschenwelt hineinzuleiten und die festgelegten und schützenden Grenzen zwischen Naturgewalt und Menschenwelt, welche alle früheren Zivilisationen eingeschlossen und eingehegt hatten, niederzureißen.

Die unmittelbar auffälligste Folge dieser in Prozessen denkenden, planenden und herstellenden Technik ist die außerordentliche und sich immer noch steigernde Geschwindigkeit, mit der sich das äußere Bild der Welt verändert; es ist, als sei die Welt in einen proteischen Verwandlungsprozeß gerissen. In einem von der modernen Technik voll erfaßten Lande wie den Vereinigten Staaten zum Beispiel sind Straßen und Häuser und Landschaften, also all das, was früher vielen Generationen von Menschen Obdach und Heimat auf der Erde bot und in seiner Dauerhaftigkeit Jahrhunderte hindurch dem Ruin der Zeit standzuhalten vermochte, so ungeheuer veränderlich geworden, daß ihre Lebensdauer oft kaum noch mit der Spanne eines Menschenlebens zu konkurrieren vermag. Und dies nicht, weil unvorhersehbare Ereignisse ein auf Dauer Geplantes und Gebautes zerstörten oder weil man es nicht besser zu machen wüßte, sondern einzig und allein deswegen, weil man eine längere Lebensdauer gar nicht beabsichtigt und das Bauen selbst als ein Stadium in einem unendlichen Prozeß von Bauen, Verbrauchen, Einreißen und Neubauen versteht. Das Haus soll gar nicht mehr den Menschen, sondern der Mensch das Haus überleben.

Die am Beginn der Neuzeit einsetzende Akzentverschiebung von den Dingen selbst auf den Prozeß, in welchem sie entstehen und vergehen, hat also schließlich zu einer Technik geführt, welche die Geschwindigkeit dieses Prozesses und damit natürlich auch das Tempo des »normalen«, das heißt der Natur des Menschen und der Dinge ursprünglich inhärenten Verbrauchsprozesses, so steigert, daß es ist, als lebten die Menschen kaum noch in einer dinglichen Welt, als hätten sie sich in dem Produktions- und Konsumtionsprozeß selbst angesiedelt. Sieht man einmal ab von den spezifisch katastrophalen Aspekten der modernen Technik, wie sie sich in den Wasserstoff- und Kobaltbomben und der ungeheuerlichen Möglichkeit, einen Prozeß der Vernichtung allen organischen Lebens auf der Erde loszulassen, darbieten, so ist die vielleicht sinnfälligste Veranschaulichung der Veränderung unserer Welt im zwanzigsten Jahrhundert die Tatsache, daß menschliches Leben, das immer das Sinnbild des Flüchtigsten und Vergänglichsten, was es überhaupt gibt, gewesen war, heute dauerhafter und weniger vergänglich zu sein beginnt als die Stadt und die Straße, das Haus und die Landschaft, in welche es hineingeboren ist.

Will man sich den Abstand vergegenwärtigen, der diese moderne Realität von der antiken Welt trennt, durch deren Unvergänglichkeit die Sterblichen – das einzig Vergängliche, was es gab – hindurchgingen, so mag man sich an einen kurzen Vers von Rilke erinnern, der merkwürdig antizipierend und verdichtend diesen modernen Tatbestand und seine Umkehrung des Verhältnisses von Mensch und Welt wie in einer Formel zusammenfaßt. Die Verse lauten:

Berge ruhn, von Sternen überprächtigt;
aber auch in ihnen flimmert Zeit.
Ach, in meinem wilden Herzen nächtigt
obdachlos die Unvergänglichkeit.[16]

In unserem Zusammenhang heißt dies, daß die Welt der Dinge, die wir schon als vergängliche herstellen, als Teile eines gigantischen Produktions- und Konsumtionsprozesses, der sie immer schneller entstehen und vergehen läßt, ihrerseits von einer vergänglichen Natur umgeben ist, deren Hinschwinden sich nur in einem langsameren Tempo vollzieht – und auch dies nur so lange, als der Mensch die natürlichen Prozesse des Entstehens und Vergehens von Meeren, Kontinenten und Gebirgen sich selbst überläßt und nicht beschleunigend eingreift. Unvergänglichkeit jedenfalls ist aus der den Menschen umgebenden Welt wie aus der die Welt umgebenden Natur verschwunden; dafür hat sie ein unsicheres Obdach für die Nacht im Dunkel des menschlichen Herzens gefunden, das ja immer noch die Fähigkeit hat, sich zu erinnern und zu sagen: Für immer. Was also das Vergänglichste war, die Sterblichen, ist die letzte Zuflucht der Unvergänglichkeit geworden.

Wir stehen erst am Beginn dieser außerordentlichen Veränderung der Welt und der irdischen Natur, und ob das, was wir heute sehen oder zu sehen vermeinen, schließlich wirklich das Entscheidende sein wird, vermögen wir nicht zu sagen. Eines aber scheint mir schon jetzt evident: die Entwicklung von Naturwissenschaft und Technik ist nur dadurch zustandegekommen, daß der Mensch als ein handelndes Wesen (und weder als bloßer Hersteller oder homo faber noch als bloßer Arbeiter, aber sicherlich auch nicht als rein Betrachtender) in den Bereich der Natur eingegriffen hat, wie wir bisher dachten, er könne nur in den Bereich der Geschichte, in das nämlich, was zwischen Menschen sich ereignet, eingreifen. Das auffälligste Symptom dafür, daß wir es hier mit Handeln zu tun haben, ist, daß wieder wie zu Beginn des neunzehnten Jahrhunderts die Naturwissenschaftler in einer Sprache reden, von der man meinen möchte, sie sei direkt dem Vokabular der Geschichtswissenschaftler entlehnt. Immer häufiger hören wir, daß die Naturprozesse, die wir loszulassen vermögen und die ohne unser Eingreifen nicht zustande kämen, irreversible Prozesse seien, und dies nicht nur mit Hinblick auf den möglichen Vernichtungsprozeß organischen Lebens durch Atombomben und Radioaktivität, sondern auch im Hinblick auf scheinbar so harmlose wissenschaftliche Forschungen und Planungen wie die der künftigen Lebensmittelversorgung für eine immer gewaltigere und immer schneller sich vermehrende Erdbevölkerung. Auch da wird als Lösung ein nie wieder rückgängig zu machender Prozeß erwogen, »a process of no return«, für dessen Ankurbelung die gesamten Schätze der Erde gebraucht und verbraucht werden und der dann unabhängig von weiterer Zuführung von irdisch Vorgefundenem und Gegebenem weiter rollen und produzieren soll. Käme solch ein Prozeß aber einmal aus ganz gleich welchen Gründen zum Stillstand, so würde dies, so meinen die Forscher, eine endgültige Katastrophe im Erdmaßstab bedeuten, weil die Rohmaterialien nicht mehr da wären, die den Prozeß zum Anlaufen brachten.[17]

Für uns ist dies nur ein Beispiel, und es interessiert im Moment nicht, ob dies Phantasien oder real mögliche Entwicklungen sind. Wesentlich ist, daß wir von solchen nicht wieder rückgängig zu machenden Prozessen heute überall umgeben zu sein scheinen, aber eben nicht im historisch-politischen Bereich, wo die »List der Vernunft« uns ohnehin nicht mehr über automatisch abrollende Gesellschafts- und politische Prozesse trösten kann, sondern und vor allem in der Technik und im Bereich der Natur selbst. Erst damit können wir in allem Ernst erfahren, was es mit dem Nicht-wieder-rückgängig-machen auf sich hat, mit der Irreversibilität, die selbst im Bereich des zwischenmenschlichen Handelns, wo sie zuerst erfahren wurde, wie wir am Beispiel der Lehre von Jesus von Nazareth anzudeuten versuchten, in dieser Radikalität nie existiert hat. Es ist, als hätten wir unsere eigene Unvorhersehbarkeit, die Tatsache, daß kein Mensch je die Folgen seines Handelns voll übersehen kann, in die Natur selbst getragen und damit das alte Naturgesetz, auf dessen unbedingte Gültigkeit wir uns gerade darum so ausschließlich verlassen wollten, weil wir selbst die Unvorhersehbaren und niemals absolut Zuverlässigen par excellence sind, in den Bereich der ganz anders gearteten Gesetze menschlichen Handelns getragen, die ihrerseits niemals universal gelten und niemals unbedingt zuverlässig sein können.

So sind uns in der heutigen Entwicklung Geschichte und Natur wieder zu jener Entsprechung und in sich gegliederten Einheit zusammengewachsen, die den Bezug dieser beiden Bereiche und ihren Ursprung aus einer gemeinsamen Wurzel immer, wenn auch manchmal von uns unerkannt, durchherrscht haben. Dies besagt unter anderem, daß wir in das, was wir noch in einer etwas altertümlichen Begriffssprache das geschichtliche Schicksal der Menschen nennen, die gesamte Natur, ihre aus dem Universum genährte Elementargewalt, hineingenommen haben, ohne sie doch wirklich zu beherrschen und vielleicht ohne sie je zuverlässig beherrschen zu können. Dies sagt aber nur auf andere Weise, daß des Menschen wesentlicher Bezug zur Natur heute das Handeln ist, und weder das arbeitende Verzehren noch das herstellende Weltschaffen noch das betrachtende Staunen und Denken.

Damit rückt in der heutigen Zeit der Mensch als ein primär handelndes Wesen so entscheidend in das Zentrum aller Bezüge wie noch nie zuvor – was natürlich nicht heißt, daß Menschen nun nicht mehr herstellen oder nicht mehr kontemplativ denken oder nicht mehr einfach arbeiten könnten oder müßten. Nicht die Fähigkeiten des Menschen, wohl aber die Konstellation ihrer Bezüge zueinander und die Mitte, um die sie zentriert sind, können sich geschichtlich ändern. Und von diesen Veränderungen geben die ja immer höchst fragwürdigen Definitionen der Menschen-Natur Zeugnis, die zum mindesten über die jeweiligen Selbstinterpretationen bestimmter Epochen etwas aussagen. Wenn also, sehr schematisch gesprochen, die griechische Antike das Wesen des spezifisch Menschlichen in der Sprache und in der aus ihr resultierenden politischen Organisation der Polis erblickte, wenn die Römer und das ihnen hierin nachfolgende Mittelalter den Menschen als ein animal rationale bestimmten, wenn die Neuzeit in ihrem Beginn den Menschen wesentlich als homo faber, den Hersteller der Menschenwelt verstand und das neunzehnte Jahrhundert den Menschen zu einem arbeitenden Lebewesen, einem animal laborans, machte, so wäre vielleicht die unserer eigenen Zeit entsprechende Bestimmung des Menschen eine solche, welche alle menschlichen Kapazitäten um die des Handelns zentrierte.

Zweifellos ist die Fähigkeit zu handeln die gefährlichste aller menschlichen Fähigkeiten und Möglichkeiten, und zweifellos ist ja auch, daß die Menschheit noch nie ein solches Risiko eingegangen ist wie in unserer Zeit. Es liegt in der Natur von Erwägungen wie den hier vorgetragenen, daß sie Lösungen nicht bieten können und nicht einmal bieten dürfen. Aber sie können vielleicht etwas zu einer Selbstklärung beitragen und vor allem dazu ermuntern, dem Wesen und den Möglichkeiten des Handelns, das sich in seiner Größe und seiner Gefährlichkeit noch nie so offen und unverdeckt gezeigt hat, nachzugehen. Mit anderen Worten, sie möchten eine Besinnung einleiten, deren vielleicht noch in weiter Ferne liegendes Endresultat eine unserer eigenen Zeit und unseren Erfahrungen gemäße Philosophie der Politik sein würde.

Geschichte und Politik in der Neuzeit

Nichts trennt das neuzeitliche Denken entscheidender von dem der Tradition, als daß es ein Denken in Prozessen ist und daß daher sowohl die Geschichte wie die Natur von uns als Prozesse erfahren und begrifflich verstanden werden. Diese Prozesse mögen wissenschaftlich nachweisbar sein, unmittelbar anschaulich gegeben im Sinne der wahrnehmbar sinnlichen Gegebenheit eines Dinges oder eines Ereignisses sind sie nicht. Es handelt sich immer um unsichtbare Prozesse, also in der Geschichte um geheime, hinter dem Rücken der handelnden Menschen, wirkende Kräfte, durch welche der jeweilig greifbare Vorgang und das zu Tage tretende Ereignis Bedeutung und Sinn erhalten.

Dieser Prozeß-Begriff, wie er die moderne Wissenschaft der Geschichte wie der Natur durchherrscht, läßt in seiner vollen Ausprägung alle einzelnen Dinge und Ereignisse, überhaupt alles, was sichtbar und greifbar da ist, zu Exponenten werden, denen keine andere Bedeutung zukommt, als die Existenz unsichtbarer Kräfte anzuzeigen, und deren Sinn darin besteht, bestimmte Funktionen innerhalb des Prozesses zu erfüllen.[1] Die Bedeutung dieser Vorstellung wird am anschaulichsten in der modernen Physik, beziehungsweise in der Handhabung ihrer Instrumente, die nicht mehr wie noch das Mikroskop und das Teleskop das den menschlichen Sinnen unendlich Entfernte, das unendlich Kleine oder unendlich Große, in greifbare Nähe bringen sollen, sondern vielmehr so konstruiert sind, daß sie gleichsam Exponenten von Vorgängen und Prozessen sind, die als solche auch von diesen Instrumenten nicht zu fassen sind, deren Existenz nur erschlossen wird aus dem Ablesen der Instrumente, auf die sie einwirken. Der Prozeß-Begriff aber ist älteren Datums als die Physik des zwanzigsten und neunzehnten Jahrhunderts; die moderne Geschichtswissenschaft und vor allem die neuere Geschichtsphilosophie sind ohne ihn nicht denkbar. Seit Hegel Napoleon in Jena einreiten sah und in ihm nicht den Kaiser Frankreichs und nicht den Eroberer Preußens, nicht den Sohn und nicht den Zerstörer oder Überwinder der Französischen Revolution erblickte, also nichts von dem, was Napoleon in diesem Moment wirklich war, sondern den »Weltgeist zu Pferde«, – seither haben die Geschichtswissenschaft und die Geschichtsschreibung gemeint, nur dann mit der Erforschung und Darstellung eines Ereignisses fertig zu sein, wenn sie in ihm das funktionell Exponentenhafte entdeckt hatten, nämlich das, was selbst ungreifbar sich hinter dem Sichtbaren und Erfahrbaren verbarg. Dabei ist es in unserem Zusammenhang gleichgültig, welcher Art der Prozeß ist, dessen Exponent nun alles zu sein hat, – der Prozeß der Offenbarung des Weltgeistes, oder der Prozeß der Klassenkämpfe, oder der Prozeß des Aufstieges und Unterganges von Kulturen, oder der Prozeß der Rassenkämpfe und so weiter.

Die Ungeheuerlichkeit dieser Lage der Dinge, in der jedes greifbare Ding und jeder sichtbare Vorgang, also alles Tatsächliche, von übergeordneten und ungreifbaren Kräften aufgezehrt und aufgelöst erscheint, kommt zum Ausdruck und ist doch auch verdeckt durch solche allgemeinen und üblich gewordenen Redensarten wie der Entzauberung der Welt oder der Weltentfremdung des Menschen, hinter denen sich leicht ein banal romantisiertes Bild der Vergangenheit verbirgt. Es handelt sich nämlich gar nicht so sehr darum, daß die Welt ihren Zauber, als daß sie ihren eigentlichen, nämlich greif- und sichtbaren Sinn verloren hat, weil das Konkrete und das Allgemeine, das Einzelne in seiner besonderen

Gestalt und die Bedeutung, die ihm zukommt, sich voneinander geschieden haben. Der Prozeß, der alles und alle zu Exponenten erniedrigt – Napoleon zum Exponenten des Weltgeistes und Katharina die Große zum Exponenten feudaler Klassenkämpfe –, hat sich ein Monopol auf Sinn und Bedeutung angeeignet, so daß der Einzelne oder das Besondere nur dann und nur dadurch sinnvoll sein können, daß sie als bloße Funktionen verstanden werden.

In dieser Unterscheidung zwischen neuzeitlichem und traditionellem Denken liegt auch der wesentliche Unterschied zwischen dem modernen und dem antiken Geschichtsbegriff beschlossen. Denn für diesen Unterschied ist nicht wesentlich, wie man oft meint, ob die Antike einen Begriff von Weltgeschichte oder eine Idee der Menschheit besaß oder nicht. Viel aufschlußreicher ist die stillschweigende Voraussetzung griechischer wie römischer Geschichtsschreibung, daß die Bedeutung oder, wie die Römer sagen würden, die Lektion jedes Ereignisses, jeder Tat, jedes Geschehnisses in ihm selbst unmittelbar faßbar und für alle evident vorliegt. Man brauchte eigentlich nur zu erzählen, und alles andere ergibt sich von selbst. Dies schloß natürlich weder das Wissen um Zusammenhänge noch das Interesse an kausalen Verknüpfungen aus. Aber Ursache und Zusammenhang wurden in dem Lichte erblickt, das aus dem Ereignis selbst hervorleuchtet und dadurch einen bestimmten Ausschnitt des Geschehens mitbeleuchtet. Der ursächliche Zusammenhang hat kein von den Ereignissen zu trennendes, unabhängiges Dasein, dessen mehr oder minder zufälliger, mehr oder minder adäquater Ausdruck nun die Ereignisse sind. Jede Tat und jedes Ereignis in der Antike enthielt und zeigte auch seine »allgemeinere« Bedeutung in den Grenzen seines So-Seins, und es bedurfte für dieses Zeigen keines Entwicklungsprozesses und keines allumfassenden, weltgeschichtlichen Zusammenhangs. Herodot betonte immer wieder, daß er sagen wolle, was ist – τὸν ἐόντα λέγειν λόγον –, wobei dem Sagen und Schreiben die größte Bedeutung zukam, weil nur so das an sich

Flüchtige und Vergängliche jenes Maß an Dauer und Unvergänglichkeit erhalten konnte, durch das es erst eigentlich geschichtlich wurde. Aber daran, daß alles, was ist oder gewesen ist, seinen Sinn in sich selbst trägt und das Wort nur braucht, um offenbar zu werden, hätte er nie gezweifelt. Seine Aufgabe ist, das Gedächtnis herzustellen und sicherzustellen (μνήμην ποιήσεσθαι), mit Worten offenbar zu machen (λόγον δῆλον) und das Große in den Raum des Öffentlichen zu bringen (ἀπόδεξις ἔργων μεγάλων). Der Fluß seiner Erzählung ist so lose, daß eine schiere Unendlichkeit von Geschichten in ihm Platz hat, aber nichts findet sich in diesem Erzählen, was als ein Allgemeines ausgelegt werden könnte, das einem Besonderen Sinn und Bedeutung verleihen müßte.

Im Lichte dieser modernen Akzentverschiebung verblaßt der an sich sehr wesentliche Unterschied zwischen griechischer und römischer Geschichtsschreibung und Dichtung. Für die Griechen war entscheidend die Größe des Ereignisses, durch welches es sich wortwörtlich auszeichnete, nämlich gleichsam physisch hervorragte und alles andere überragte; nur dies, daß es schon groß war und von allen, die sehen und hören konnten, als Großes wahrgenommen wurde, rechtfertigte, es unvergänglich zu machen, das heißt ihm den unsterblichen Ruhm zuteil werden zu lassen, ohne den es nicht in die Geschichte eingehen konnte. Den Römern bot Geschichte einen Vorratsraum an Beispielen für konkretes politisches Verhalten; sie bildete die maßgebende Überlieferung, welche sich von der Autorität der Vorfahren herleitete und durch diese Tradition dem jeweils lebenden Geschlecht klar anzeigte, was von ihm verlangt wurde und wie es das Vorbild der Toten in der Gegenwart nutzen konnte. Für unsere Auffassung von Geschichte sind beide Begriffe gleich »überholt«, schon weil wir der bloßen Zeitfolge, in der sich eines aus dem anderen entwickelt und in welcher jedes Ereignis seinen einmaligen, unwiederholbaren Platz findet, eine Bedeutung und eine Würde zumessen, die sie vor der Neuzeit niemals gehabt hat.

I

Da Zeit, und zwar sowohl als Zeitlichkeit wie als Zeitfolge, eine so entscheidende Rolle in dem modernen Geschichtsbewußtsein spielt, wird zumeist angenommen, daß der neuzeitliche Geschichtsbegriff jüdisch-christlichen Ursprungs sei. Und es steht außer Zweifel, daß die Vorstellung von einer göttlichen Vorsehung und einem göttlichen Heilsplan, welcher alles, was sich je historisch ereignete, zu einer Einheit in der Zeit zusammenfaßt, einen linearen Zeitbegriff voraussetzt, der sich deutlich und prinzipiell unterscheidet von der Verabsolutierung einzelner Ereignisse des klassischen Altertums wie von den zyklischen Zeitspekulationen der Spätantike. Für die These, daß im modernen Geschichtsbewußtsein eine Säkularisierung ursprünglich christlich-theologischer Kategorien vorliege, hat man eine ganze Reihe von Tatsachen geltend gemacht: nur unsere religiöse Überlieferung wisse von einem Anfang und, zumindest in ihrer christlichen Form, von einem Ende der Welt; wenn das irdische Leben der Menschen von einem Heilsplan prädestiniert ist, dann kommt der bloßen zeitlichen Abfolge bereits eine Bedeutung zu, die von allen einzelnen Ereignissen unabhängig ist und sie transzendiert. So habe auch erst das Christentum »einen klar gezeichneten Umriß der Weltgeschichte« ersonnen, und in Augustins Civitas Dei meint man der ersten Geschichtsphilosophie zu begegnen. Und tatsächlich findet sich bei Augustin schon der Gedanke, daß Geschichte selbst, nämlich dasjenige, dem eigentlich Sinn und Bedeutung zukommt, sich trennen läßt von einzelnen historischen Begebenheiten, wie sie chronologisch nacherzählt werden können. Er sagt ausdrücklich: »Wenn auch der historische Bericht uns die menschlichen Einrichtungen der Vergangenheit überliefert, so darf doch Geschichte selbst nicht unter die menschlichen Einrichtungen gerechnet werden.«[2]

Diese scheinbare Verwandtschaft des christlichen und des modernen Geschichtsbegriffes beruht jedoch auf einer Täuschung. Sie ist vor allem daher entstanden, daß man begreiflicherweise und im Gefolge der christlichen Polemik gegen die heidnische Welt den christlichen Zeitbegriff an den zyklischen Zeitspekulationen der Spätantike maß und den klassischen Geschichtsbegriff mehr oder minder außer acht ließ. Augustins Polemik gilt in der Tat diesen Zeitspekulationen, auf die sich kein Christ einlassen konnte wegen der absoluten Einzigartigkeit der Geschichte von Geburt und Tod und Auferstehung Jesu. Wie Augustin betont: »Einmal starb Christ für unsere Sünden, und, auferstanden von den Toten, stirbt er nie wieder.«[3] Was aber die modernen Interpreten allzu leicht vergessen, ist, daß Augustin dieser Einmaligkeit eines irdischen Ereignisses, die uns so vertraut klingt, keinen anderen historischen Vorgang an die Seite stellt. Es handelt sich nicht um die Einmaligkeit historischer Vorgänge überhaupt, sondern um die Einmaligkeit eines einzigen und darum einmaligen Vorganges, in welchem einmal und nie wieder die Ewigkeit selbst gewissermaßen in den Ablauf irdischer Vergänglichkeit einbrach, um sie zu erlösen.

Auch sollte uns zu denken geben, daß das Problem der Geschichte im christlichen Denken sich erst bei Augustin stellte und daß Augustin sich ihm eigentlich zufällig zuwandte. Der Anlaß war der Fall Roms, der sich zu seinen Lebzeiten zutrug und der von Christen und Heiden als eine entscheidende Wende verstanden wurde. Was Augustin interessierte, war die Widerlegung dieser verbreiteten Meinung, und sein Hauptargument dafür bildete, daß kein weltliches Ereignis je wieder von Menschen zentral ernst genommen werden dürfe. Ihn interessierte das, was wir Geschichte nennen, so wenig, daß er nur ein einziges Buch in der Civitas Dei weltlichen Ereignissen widmete; und wenn er seinen Freund und Schüler Orosius damit beauftragte, eine »Weltgeschichte« zu schreiben, so hatte er damit nicht mehr im Sinne als ein »wahrheitsgetreues Compendium der Übel der Welt«.[4]

Denn Augustins eigene Haltung zu Geschichte ist im Grunde, trotz umgekehrter Vorzeichen, von der der Römer nicht grundsätzlich unterschieden. Auch er behandelt die Vergangenheit als eine Vorratskammer von Exempeln, und innerhalb weltlicher Geschichte spielt für ihn der zeitliche Ort eines Ereignisses gar keine Rolle. Säkulare Geschichte wiederholt sich und ist dauernd wiederholbar; der einzige geschichtliche Ablauf, der als Ablauf von einmaliger, unwiederholbarer Bedeutung ist, endet mit Tod und Auferstehung Christi. Danach sind wir wieder von den Auf- und Untergängen weltlicher Mächte umgeben, und zwar bis zum Ende der Welt. In ihnen wird sich nie wieder eine grundlegende neue Wahrheit offenbaren, und die Christen werden davor gewarnt, diesem ganzen Treiben irgendeine Bedeutung beizulegen.

Alle ursprünglich christliche Philosophie kann ja gar nicht umhin, den Menschen als einen bloßen »Pilger auf Erden« anzusehen, und dies allein würde genügen, den christlichen Geschichtsbegriff grundsätzlich von dem der Neuzeit zu scheiden. Aber der Christ hat mit dem Römer gemein, daß, wenn weltlichen Ereignissen überhaupt eine Bedeutung zukommen soll – etwa als Beweis für die Übel der Welt –, diese Bedeutung den Charakter von Exempeln hat, das heißt, daß ihre Bedeutung gerade darin liegt, daß Konstellationen sich wiederholen und man vergangenes Handeln und vergangene Erfahrung als Beispiel benützen kann. (Gewiß ist diese Haltung sehr weit auch von der griechischen entfernt, für welche die heroischen und wunderbaren Taten und Werke der Sterblichen, wie Dichter und Geschichtsschreiber sie berichteten, das Maß abgeben sollten, die eigene mögliche Größe zu messen. Verglichen mit dem sogenannten »agonalen« Geist der Griechen, für den nichts so galt wie das αἰὲν ἀριστεύειν, die nie endende Bemühung, der Beste von allen zu sein, sich vor allen auszuzeichnen, ist die römische wie die christliche Einstellung zur Geschichte eine moralische, deren Voraussetzung ist, daß man aus der Geschichte etwas lernen kann, was immer wieder gültig ist, weil es sich wiederholt.) Im Gegensatz dazu steht und fällt der spezifisch moderne Geschichtsbegriff damit, daß der geschichtliche Prozeß in seiner Weltlichkeit eine einmalige Geschichte erzählt und daß Wiederholungen sich in ihm eigentlich nicht ereignen können.

All dies scheint mir evident, aber es mag noch nicht entscheidend sein. Den Ausschlag für den nicht-christlichen Ursprung des modernen Geschichtsbegriffes gibt vielleicht, daß nichts gerade unser historisches Bewußtsein fremdartiger anmuten dürfte als die christliche Vorstellung von einem Anfang und einem Ende der Welt, daß die Welt in der Zeit geschaffen ist und schließlich zugrunde gehen muß, wie alle zeitlichen Dinge. Allerdings müssen wir, um dies zu verstehen, unseren gegenwärtigen Kalender ernster nehmen, als es gewöhnlich geschieht. Denn unser Geschichtsbewußtsein entstand nicht, als im sechsten Jahrhundert Dionysius Exiguus vorschlug, die historische Zeit vom Jahre der Geburt Christi zu rechnen, oder als die Juden, und zwar sehr spät, erst im Mittelalter, von der Erschaffung der Welt her ihre Zeitrechnung bestimmten. Wir kennen ähnliche chronologische Einrichtungen aus orientalischen Zivilisationen, und die christliche Chronologie tauschte nur die römische Zeitrechnung, die von der Gründung der Stadt Rom her rechnete, mit der christlichen ein, die von der Geburt Jesu her rechnet. Das Prinzip ist dasselbe. In prinzipiellem Gegensatz zu all diesen Zeitrechnungen steht unsere eigene, die erst Ende des achtzehnten Jahrhunderts eingeführt wurde und in der Christi Geburt als ein Wendepunkt gefaßt ist, von dem her man Zeit nach rückwärts wie nach vorwärts gleichermaßen berechnen kann.

Diese neuzeitliche Reform des Kalenders wird in den Geschichtsbüchern gemeinhin damit erklärt, daß es sich hier um eine notwendige technische Verbesserung handele, welche die genaue Festsetzung von Daten in der Geschichte des Altertums außerordentlich erleichtere, weil man nun nicht mehr von dem Durcheinander verschiedener Zeitrechnungen geplagt werde. Sie diene, mit anderen Worten, vorwiegend gelehrten Zwecken. Dieser Ausdeutung hat dann Hegel, maßgeblich für fast alle Späteren, seine Deutung zugefügt, derzufolge im modernen Kalender eine wahrhaft christliche Zeitrechnung zur Geltung komme, da in ihm die Geburt Christi zum Wendepunkt der gesamten Weltgeschichte geworden sei.[5]

Keine dieser Erklärungen ist befriedigend. Kalenderreformen für gelehrte Zwecke sind nichts Neues; sie wurden oft in der Vergangenheit versucht, ohne doch lebendig akzeptiert zu werden, und zwar gerade darum, weil sie nur gelehrten Zwecken dienten und nicht einem geänderten Zeit- und Geschichtsbegriff entsprachen. Gegen Hegels Deutung scheint vor allem zu sprechen, daß der Kalender eben in dem Moment »christlich« wurde, als Christi Geburt als Wendepunkt der Geschichte überhaupt weniger, zum mindesten weniger nachdrücklich, empfunden wurde als in all den Jahrhunderten zuvor. Entscheidender ist, daß diese Deutung das eigentlich Neue des modernen Kalenders übersieht, nämlich, daß nun zum ersten Male die Geschichte der Menschen ebenso in eine sich ins Unendliche erstreckende Vergangenheit greift, die wir nach Belieben anreichern können nach Maßgabe unseres Forschens, wie sie sich in eine unendliche Zukunft erstreckt. Diese zwiefältige unendliche Erstreckung in die Vergangenheit und die Zukunft macht alle Vorstellungen von Anfang und Ende unmöglich. Wenn wir sie ernst nehmen, können wir nur sagen, daß mit diesem Zeitgefühl es ist, als hätte die Menschheit sich in einer Art *möglicher* irdischer Unsterblichkeit etabliert. Was auf den ersten Blick wie eine Christianisierung der Weltgeschichte aussieht, scheidet in Wahrheit alle spezifisch christlich-religiösen Zeitspekulationen aus der weltlich-irdischen Geschichte aus.

Sofern es sich um weltlich-säkulare Geschichte handelt, leben wir seit dem Ende des achtzehnten Jahrhunderts in einem Prozeß, der keinen Anfang kennt und daher auch für eschatologische Erwartungen eines prädestinierten Endes keinen Raum hat. Was sich dabei herausgestellt hat, ist unter anderem, daß die alte Alternative zwischen linearem und zyklischem Zeitbegriff, wobei der erstere einen Anfang und ein Ende haben müsse, eben für unseren Zeitbegriff nicht mehr zutrifft, wiewohl sie die akademischen Auseinandersetzungen noch maßgeblich bestimmt. Wir leben durchaus in einer linearen Zeitvorstellung, und dennoch hat diese lineare Zeit weder Anfang noch Ende. Auf jeden Fall dürfte nichts der christlichen Tradition fremder sein als die mögliche irdische Unvergänglichkeit, die sie beinhaltet.

II

Die große Bedeutung des Geschichtsbegriffes für das moderne Bewußtsein ist ein verhältnismäßig spätes Phänomen, das man – trotz Vico, der ein Vorläufer war – nicht vor das letzte Drittel des achtzehnten Jahrhunderts ansetzen kann und das sehr schnell seine höchste begriffliche Ausprägung in der Hegelschen Philosophie fand. Der zentrale Begriff der gesamten Hegelschen Metaphysik ist Geschichte, und dies allein stellt diese Metaphysik in den denkbar schärfsten Gegensatz zu allen vorhergehenden Systemen und philosophischen Lehren, die seit Plato wohl nichts für vergeblicher und absurder gehalten hätten, als Wahrheit im Bereich der menschlichen Angelegenheiten zu suchen, den πράγματα τῶν ανθρώπων, von denen Plato mit solcher Verachtung spricht und die nicht ernst zu nehmen er so eindringlich rät, weil in der Wandelbarkeit und Unbeständigkeit alles rein Menschlichen nicht einmal Beständigkeit, geschweige denn das Wahre des Immer-Seins zu erwarten ist. Dem gegenüber dachte Hegel, daß Wahrheit dem Zeitprozeß selbst innewohne und in ihm sich offenbare, und von dieser Überzeugung ist in irgendeinem Sinne das gesamte moderne Geschichtsbewußtsein geprägt, ob es sich nun in Hegelschen Begriffen ausdrückt oder nicht. Geprägt ist von ihm vor allem auch der Humanismus des achtzehnten und neunzehnten Jahrhunderts und durch diese Prägung schon von allen früheren Renaissancen der Antike unterschieden. Denn nun, wie Meinecke einmal mit Recht betonte, begann man zu lesen, wie nie zuvor gelesen worden war, nämlich so, als könne die Geschichte selbst und nicht dieses oder jenes Buch die letzte göttliche Wahrheit offenbaren. Kein einziges oder einzelnes Buch zwar ersetzte die Bibel, aber die Geschichte, die Herder das »Buch der menschlichen Seele in Zeiten und Völkern« genannt hatte, wurde eine Art Bibel.[6]

Nun ist ja zweifellos, daß unser moderner Geschichtsbegriff aufs engste mit dem zusammenhängt, was wir gemeinhin als die neuzeitliche Säkularisierung der Welt zu bezeichnen pflegen, wobei wir hier nicht davon sprechen können, wie es zu dieser Säkularisierung, diesem plötzlichen Aufsteigen einer wesentlich weltlich, irdisch gebundenen und dem gleichzeitigen Absinken einer transzendenten und transzendent gebundenen Welt gekommen ist. Jedenfalls ist Säkularisierung ein handgreifliches, politisch-geschichtlich nachweisbares Phänomen, das im wesentlichen in der Trennung von Staat und Kirche, von Politik und Religion besteht. Durch diese Trennung verlor der religiöse Bereich, also die Kirche, ihre politischen Elemente, sie konnte nicht mehr, etwa durch Androhung einer absoluten, ewig währenden Strafe für die Zeit nach dem Tode, in die Politik eingreifen. Und der politische Bereich verlor seine religiösen Sanktionen, er konnte sich nicht mehr auf die Kirche berufen. Für diese Trennung von Religion und Politik aber ist die Frage des Glaubens oder Unglaubens ganz unerheblich; niemand kann entscheiden, ob die Neuzeit wirklich so glaubenslos ist, wie ihr oft vorgehalten wird. Sicher ist nur, daß der Glaube in ihr seine öffentlich-politische Geltung verloren hat.

So ist es auch kein Widerspruch, daß der neuzeitliche Säkularisierungsprozeß oft von Männern eingeleitet worden ist, die nicht im mindesten die Wahrheit der traditionellen religiösen Dogmen bezweifelten; selbst Hobbes starb noch in größter Angst vor der Hölle, und Descartes betete zur Jungfrau Maria. Nichts in unseren Quellen rechtfertigt die manchmal vertretene Meinung, daß alle diese Männer, die zweifellos die neuzeitliche, spezifisch säkulare Welt erdenken und etablieren halfen, darum auch geheime oder unbewußte Atheisten gewesen seien. Alles, was wir sagen können, ist, daß ihr Glaube oder Unglaube ohne jeden Einfluß auf die weltlich säkulare Sphäre blieben. Die politische Philosophie des siebzehnten Jahrhunderts trennte auf das entschiedenste das politische von allem theologischen Denken. Worauf es für sie ankam, war, ein von Gott unabhängiges Fundament im Weltlichen selbst zu finden, ein Fundament also, das selbst unter der Annahme, daß Gott nicht existierte, seine Gültigkeit behalten würde, und zwar genau so wie der Satz, daß zwei mal zwei gleich vier ist, ihrer Meinung nach selbst von Gott nicht geändert werden könne – wie Grotius es einmal formulierte.

Politisch war die vielleicht wichtigste Folge dieser Verweltlichung, daß der Glaube an die individuelle Unsterblichkeit – die Unsterblichkeit der Seele oder der Wiederauferstehung des Leibes – seine öffentlich allgemeingültige Verbindlichkeit verlor. Es ist mit Recht betont worden, daß es nun nachgerade unvermeidlich war, daß irgendeine Art irdischer Unsterblichkeit sich erneut der Hoffnung der Menschen bemächtigen würde, wenn auch hieraus keineswegs geschlossen werden kann, daß eine solche Haltung »im wesentlichen nur einer Umgruppierung christlicher Vorstellungen entspräche, die sie zu ersetzen trachtete«.[7] Was sich ereignete, war vielmehr, daß die ganze Sache des Politischen jene schwerwiegende und entscheidende Relevanz für menschliche Existenz wiedergewann, die sie seit den Tagen der Antike verloren hatte, weil eine solche Relevanz schlechthin unvereinbar ist mit einem konsequent christlichen Weltverständnis.

Trotz aller tiefgreifenden Unterschiede zwischen der griechischen Polis und der römischen Res publica gilt doch für beide, daß die Würde der Politik und der Ursprung politischer Körper in der ungeheuren Anstrengung beschlossen lagen, die Vergänglichkeit des sterblichen Lebens und die flüchtige Vergeblichkeit menschlichen Handelns zu überwinden. Denn im Unterschied zu aller neuzeitlichen Auffassung von Ursprung und Notwendigkeit des Politischen erschien der Antike das präpolitische Dasein der Menschen nicht primär deshalb unmöglich, weil es der Unsicherheit und der Gewalttätigkeit preisgegeben, sondern weil es bedeutungs- und würdelos ist, insofern der Mensch außerhalb des politischen Raumes unter keinen Umständen irgendwelche Spuren seines Seins und Tuns hinterlassen kann. Um seiner Bedeutungs- und Sinnlosigkeit willen erschien den Griechen das ἴδιον, das Privatleben, »idiotisch«, weil nämlich in ihm es um nichts anderes geht als um das schiere Leben, das Am-Leben-Bleiben und Weiterleben, das im Haushalt garantiert ist. Weil der politische Raum überhaupt erst die Möglichkeit schafft, etwas zu tun, was nicht der Vergänglichkeit und Vergeblichkeit anheimfällt, konnte Cicero meinen, daß im Gründen und Erhalten politischer Körper das menschliche Handeln sogar dem Walten der Götter nahekommt.[8]

So hatte die moderne Verweltlichung in der Tat zur Folge, daß eine Tätigkeit des Menschen erneut in den Vordergrund trat, die Aristoteles einmal ἀθανατίζειν genannt hat,[9] wörtlich unsterblich machen, ein Wort, das in keine unserer lebenden Sprachen übersetzt werden kann. Es kann bedeuten, und bedeutete zweifellos im frühen Griechenland, sich durch große Taten unvergänglichen Ruhm unter der Nachwelt erwerben; es kann bedeuten, mit sterblichen Händen etwas herstellen, was das eigene Leben überlebt und noch Kunde von ihm gibt, wenn es längst dahingegangen ist; es kann auch, wie bei den Philosophen, bedeuten, dies sterbliche Leben in der Nachbarschaft des Unsterblichen verbringen, sich als ein Vergänglicher in der Nähe des Unvergänglichen ansiedeln. Auf jeden Fall bedurfte jede dieser Formen des »Unsterblich-machens«

eines unvergänglichen Raumes, der Gewähr gab, daß die Bemühung selbst nicht vergeblich sein würde. Der antike Staat ist wesentlich dieser Raum.

Uns klingt vermutlich nichts unwahrscheinlicher, als daß der Drang nach Unsterblichkeit gerade das eigentlich Politische entscheidend bestimmen sollte. Denn wir sind gewohnt, bei dem Wort Unsterblichkeit entweder an ein Fortleben nach dem Tode oder im Falle einer irdischen Unsterblichkeit an die relative Unvergänglichkeit der großen Kunstwerke zu denken, die uns durch die Jahrtausende entgegenleuchten. Den Griechen aber dürfte der Gedanke, daß das eigentlich Unvergängliche die Polis sei und daß auf sie für die Sicherung des Andenkens menschlicher Größe besserer Verlaß sei als auf Kunstwerke, erheblich näher gelegen haben. Perikles erwähnt in seiner Ruhmrede auf Athen ausdrücklich, daß die Polis »nicht mehr eines Homer oder anderer seiner Kunst« bedürfe, sondern ohne solche Hilfe »unvergängliche Denkmäler« hinterlasse, wo immer sie hinkomme.[10] Gewiß, die Leistung Homers hatte darin bestanden, die Taten der Sterblichen unsterblich zu machen, aber die Polis konnte auf die Dienste der Dichter verzichten, weil sie jedem ihrer Bürger den politisch gesicherten, öffentlichen Raum bot, in dem seine Taten ohne alle Hilfe und Vermittlung unsterblich werden konnten. Die wachsende Apolitia, das Desinteressement an Politik in der Philosophie nach Sokrates' Tod, der Anspruch der Philosophen auf eine σχολή, eine Muße, die nicht nur Freiheit von Arbeit und Herstellen, sondern auch von politischem Handeln und Betätigung garantierte, hatte viele Gründe, und zwar philosophische sowohl wie politische. Zu den letzteren aber gehörte sicher auch der offensichtliche Verfall der Polis, die kaum noch geeignet schien, die für das schiere Leben benötigte Dauerhaftigkeit der Welt, geschweige denn Unvergänglichkeit für die Tätigkeit des Unsterblichmachens zu sichern.

Die apolitische Haltung der antiken Philosophen hat sich schließlich als ein Vorläufer der viel radikaleren, anti-politischen

Haltung des Urchristentums erwiesen, das die Forderung der Muße, der Freiheit von Politik auf alle Menschen ausdehnte und damit den abendländischen Freiheitsbegriff um einen unabdingbaren Bestandteil erweiterte. Das Urchristentum selbst brauchte für diese Haltung keine spezifischen Begründungen oder Ermahnungen; sie ergab sich unmittelbar aus dem zentralen Inhalt der urchristlichen Heilsbotschaft, die verkündete, daß das Leben unsterblich und die Welt vergänglich sei, also die Grundüberzeugung der antiken Welt, daß das sterbliche Leben der Menschen sich in einem unvergänglichen Kosmos abspiele, schlechterdings umkehrte. Wenn die Welt vergänglich war, konnte es keinen Sinn haben, sich mit Politik zu befassen, denn die Sache des Öffentlichen, der res publica, war ja gerade, ein irdisch-weltlich Unvergängliches den sterblichen Menschen zu garantieren.

Der Fall Roms und der Untergang des Römischen Reiches änderten alle diese Verhältnisse grundlegend. Einerseits standen die Christen mit ihrer Überzeugung von der Vergänglichkeit der Welt jetzt nicht mehr allein da; nach der Zerstörung der Ewigen Stadt hat eigentlich kein Mensch je wieder glauben können, ein Gebilde von Menschenhand könne unvergänglich währen, am wenigsten eine politische Gründung.

Andererseits aber fiel der katholischen Kirche, nachdem der politische Raum, in dem auch sie sich bewegt und ihre weltliche Sicherung gefunden hatte, nun eine Reihe von Aufgaben zu, die ausgesprochen politischer Natur waren. Damit mußte die Kirche selbst zu einer politischen Institution werden, und daß dies überhaupt möglich war ohne eine völlige Verkehrung des Evangeliums, ist beinahe ausschließlich das Verdienst Augustins, der, obwohl schwerlich der Vater des modernen Geschichtsbegriffes, höchst wahrscheinlich der geistige Urheber und sicher der größte Theoretiker christlicher Politik ist.

Dabei kam ihm zu Hilfe, daß er selbst noch fest in der römischen Tradition wurzelte, denn was bereits in dem Titel seiner politischen Hauptschrift, der *Civitas Dei*, dem Gottes*staat*, angedeutet ist, nämlich daß der Mensch auch im Jenseits in einer geordneten Gemeinschaft mit anderen Menschen leben werde, ist ein zutiefst römischer Gedanke. Wenn dem Lateinischen das Wort ›Leben‹ mit dem *inter homines esse*, ein Mensch unter Menschen sein, zusammenfiel, dann konnte die christliche Botschaft eines ewigen Lebens in römischer Auslegung nur bedeuten, daß der Mensch die Gesellschaft der Menschen auch im Tode nicht zu verlassen brauche. Christlich gesprochen, folgt aus der Position Augustins, daß die Pluralität der Menschen, die eine der grundlegenden Bedingungen für die Möglichkeit und Wirklichkeit alles Politischen ist, nicht zu den Merkmalen der menschlichen »Natur« gehört, die sich auf den Sündenfall zurückführen lassen. Die politische Qualität ist bei Augustin mit dem Menschsein überhaupt ursprünglich gegeben und ist unabhängig von aller Veränderung, die mit Adam in die Welt kam. *Socialis est vita sanctorum* – »auch das Leben der Heiligen ist ein Zusammenleben« – in diesem Satz formulierte Augustin seine grundlegende politische Überzeugung.[11]

Der faktische Untergang der antiken Welt gab wohl den Anstoß zu einer Politisierung des Christentums und einer christlich-politischen Theorie; er konnte und durfte aber als solcher keine eigentliche Bedeutung für christliches Denken haben, da er ja nur die christliche Überzeugung von der Hinfälligkeit der Welt überhaupt bestätigte. Diese Überzeugung verschwand keineswegs mit der neuzeitlichen Säkularisierung, sondern blieb auch für die Moderne durchaus maßgebend; aber sie machte sich jetzt sehr störend und beunruhigend bemerkbar. Die Trennung von Religion und Politik besagte, daß ein Mensch, was immer er als Mitglied einer Kirche glauben mochte, als Bürger unter der Voraussetzung individueller Sterblichkeit handelte, daß im politischen Bereich ein unsterbliches Leben nicht mehr gültig und maßgeblich garantiert war. Politisch gesprochen bedeutete also die moderne Säkularisierung nicht mehr und nicht weniger, als daß der Mensch wieder sterblich geworden war. Zwar hat diese Wendung zu jener Wiederentdeckung der Antike geführt, die wir Humanismus nennen und in der griechische und römische Quellen plötzlich eine vertrautere, den wirklichen Erfahrungen gemäßere Sprache zu sprechen begannen als je zuvor; aber der antike Glaube an eine Welt, die beständiger ist als das Menschenleben, und an politische Strukturen, die den Taten und Werken der Sterblichen eine irdische Unvergänglichkeit sichern können, kam damit nicht wieder. Die antike Vorstellung von einem sterblichen Leben in einer unvergänglichen Welt blieb der modernen Erfahrung so inadäquat, wie sie der christlichen gewesen war. In der Neuzeit waren beide: Welt und Leben vergänglich geworden.

Was dies bedeutete, daß die Welt vergänglich blieb und das Leben nicht mehr unsterblich war, zu verstehen fällt uns heute schwer. Es hat immerhin Jahrhunderte gedauert, bis die Menschen sich an diese absolute Vergänglichkeit gewöhnt hatten, so daß die alte Alternative zwischen einem unsterblichen Leben in einer vergänglichen Welt oder einem sterblichen Leben in einer unvergänglichen Welt für sie keinen Sinn mehr ergab. Mit dieser anscheinenden Gleichgültigkeit gegen das Problem der Unvergänglichkeit unterscheiden wir uns jedoch, wie in mancher anderen Hinsicht, radikal von allen Jahrhunderten vor uns. Auf jeden Fall verdankt unser Geschichtsbegriff, der ausschließlich ein neuzeitlicher Begriff ist, seinen Ursprung jener Übergangsepoche, in der das religiös fundierte Vertrauen auf ein unsterbliches Leben seinen Einfluß auf den weltlichen Bereich des Politischen verloren hatte, die neue Gleichgültigkeit aber gegen alle Fragen, die Unsterblichkeit und Unvergänglichkeit angehen, noch nicht geboren war.

Um den modernen Geschichtsbegriff zu verstehen, müssen wir diese erst unserem Jahrhundert eigentümliche Indifferenz beiseite lassen und uns die in unserer Tradition vorgezeichnete Alternative vergegenwärtigen, die Unsterblichkeit oder Unvergänglichkeit entweder dem menschlichen Leben oder der es umgebenden Welt zuschrieb. Dabei ist offenbar, daß ἀθανατίζειν, das Unsterblich-*machen* als eine menschliche Tätigkeit, nur dann Bedeutung haben kann, wenn eine Garantie für ein Fortleben nach dem Tod nicht besteht. Unter diesen Umständen aber wird es fast zu einer Notwendigkeit, solange nämlich, als der Gedanke an Unvergänglichkeit überhaupt noch Macht über die Menschen hat. Es liegt daher beinahe in der Natur der Sache, daß die Neuzeit im Zuge der Säkularisierung einer Welt, die sie in allen ihren einzelnen, von Menschen stammenden Bestandteilen doch nicht als unvergänglich ansetzen konnte, gleichsam auf den Gedanken verfiel, die Menschheit selbst als potentiell unsterblich anzunehmen. Dies ist der eigentliche Sinn und Inhalt unserer Zeitrechnung, wie es die eigentliche Substanz unseres Geschichtsbegriffes bildet.

Der sich in eine zwiefache Unendlichkeit, in eine unendliche Vergangenheit und eine unendliche Zukunft, erstreckende Zeitraum unseres Kalenders ist die Geschichte der Menschheit, in welcher eine irdische Unvergänglichkeit so garantiert erscheint, wie die griechische Polis oder das ewige Rom einst garantierten, daß das Leben und die Taten der Menschen in dieser Welt, sofern sich in ihnen nur Großes oder Beispielhaftes offenbarte, auf einen irdisch-unvergänglichen Bestand hoffen durften. Dabei hat unser Geschichtsbegriff vor dem politischen Denken der Antike noch den Vorteil, daß die doppelte Unendlichkeit einen Anfang, wie er immer in der antiken Gründung und ihrer Gründungslegende gegeben war, ausschließt und damit auch ein Ende zwar nicht undenkbar macht, aber prinzipiell nicht zwingend mitbeinhaltet. Sein Nachteil, wieder an antiker Auffassung gemessen, scheint offenbar darin zu liegen, daß Unvergänglichkeit hier einem Prozeß, also einem in dauerndem Flusse Befindlichen, sich ständig Verändernden anvertraut ist und daß das Währende und Dauerhafte seine Stätte nicht mehr in festen, selbst unveränderlichen Gebilden findet.

Als ein Geschichtsprozeß der Menschheit ist dieser Zeitraum, in welchem das Vergängliche eine irdische Unvergänglichkeit erhält, unabhängig geworden von den Geschichten von Städten, Staaten und Nationen. Er umfaßt die Menschheit als Ganzes, deren Geschichte Hegel dann als eine ununterbrochene, kontinuierliche Entwicklungsgeschichte des Weltgeistes deuten konnte. Damit hört der Begriff der Menschheit auf, ein Gattungsbegriff zu sein, und was den Menschen vom Tier unterscheidet, sind nicht mehr diese oder jene Merkmale – wie die Sprache in der aristotelischen Definition des sprechenden Lebewesens oder wie die Ratio in dem späteren animal rationale: was ihn von allem Tiersein unterscheidet, ist jetzt sein Leben selbst, also gerade dasjenige, was ihm in der überlieferten Definition mit den Tieren hatte gemeinsam sein sollen. Der Mensch als Glied einer geschichtlichen Menschheit ist weder *animal* noch ζῷον. In den Worten von Johann Gustav Droysen, dem vielleicht tiefsinnigsten Historiker des neunzehnten Jahrhunderts: »Was den Tieren, den Pflanzen ihr Gattungsbegriff – denn die Gattung ist ἵνα τοῦ ἀεὶ καὶ τοῦ θείου μετέχωσιν –, das ist den Menschen die Geschichte.«[12]

III

Nun mag es zwar evident sein, daß unser modernes Geschichtsbewußtsein gar nicht möglich gewesen wäre ohne den plötzlichen Aufstieg des rein weltlich-säkularen Bereiches zu einer neuen Würde und Bedeutung. Aber keineswegs so selbstverständlich, wie es uns heute erscheinen möchte, ist, daß es gerade der Geschichtsprozeß war, dem die Aufgabe zufiel, den Taten und Leiden der Menschen auf Erden erneut Sinn und Bedeutung zu verleihen. Am Beginn der Neuzeit deutete auf diese Entwicklung noch gar nichts hin; was in den Vordergrund der Aufmerksamkeit rückte, war vielmehr politisches Handeln und Politik überhaupt, so daß in der Tat kaum eine Epoche so reich an politischen Philosophien und Systemen ist wie das siebzehnte Jahrhundert. Und diese sind im weitesten Sinne unhistorisch, durchaus bemüht, die Vergangenheit ganz und gar zu entwerten und abzuschütteln, ausschließlich und einseitig mit der Zukunft beschäftigt, woraus sich, vor allem bei Hobbes, eine konsequent teleologische Interpretation des Denkens wie des Handelns ergab. Die Grundüberzeugung der Neuzeit, daß der Mensch nur erkennen kann, was er selbst gemacht hat, steht offensichtlich mehr im Einklang mit einer Verherrlichung des Handelns und Herstellens als mit der vorwiegend kontemplativen Haltung des Historikers und des geschichtlichen Bewußtseins überhaupt. So begründet denn auch Hobbes seinen Bruch mit der traditionellen Philosophie, also der aristotelischen Metaphysik, die im Sinne auch der scholastischen Überlieferung die Aufgabe hatte, die Ursache des Seienden zu bestimmen, vor allem damit, daß die Philosophie eine Anleitung zum Handeln geben solle; sie müsse befähigen, Ziele zu determinieren, Zwecke zu bestimmen, und schließlich eine vernünftige Teleologie des Handelns entwickeln. Diese Ausrichtung auf zukünftige Zwecke war für Hobbes so entscheidend, daß er erklärte, auch Tiere seien befähigt, Ursachen zu erkennen, implizierend, daß die aristotelische und traditionelle Philosophie nicht etwa der höchsten Möglichkeit des Menschen entspräche, sondern eigentlich ein recht »tierisches« Unternehmen sei. Denn was den Menschen in Wahrheit vom Tiere auszeichne, sei nicht die Fähigkeit, vernünftig zu verstehen, sondern die Fähigkeit, »die Wirkung gegenwärtiger oder vergangener Ursachen (zu berechnen)«, was kein Tier vermöge.[13]

Die Neuzeit hat ferner in ihrem Beginn nicht nur neue und sehr radikale politische Philosophien hervorgebracht – Hobbes ist nur ein Beispiel, wenn auch vielleicht das interessanteste; in ihr finden wir, was vielleicht noch erstaunlicher ist, die ersten Philosophen seit Sokrates, die gewillt waren, Politik so ernst zu nehmen, daß sie nicht nur nebenbei und, wie Pascal einmal treffsicher übertreibend von Plato und Aristoteles bemerkte, gleichsam zum Spaß auch politische Philosophien verfaßten, sondern die im Politischen gemachten Erfahrungen ihren Philosophien zugrunde legten. Diese neue politische Orientierung von Philosophen findet sich nicht nur in Hobbes, sondern ist auch der Schlüssel zu dem Verständnis von Locke und Hume. Man kann ohne jede Übertreibung sagen, daß der Hegelschen Verwandlung von Metaphysik in Geschichtsphilosophie erst einmal die Versuche zu einer Überwindung der Metaphysik durch eine politische Philosophie vorangegangen waren.

Die Entstehung des modernen Geschichtsbegriffes und des modernen Geschichtsbewußtseins im neunzehnten Jahrhundert ist an das Absinken der spezifisch neuen, das siebzehnte und achtzehnte Jahrhundert beherrschenden politischen Theorien eng gebunden. Sieht man einmal von Vico ab, dessen Einfluß sich erst zwei Generationen nach seinem Tode spürbar machte, so erwacht das spezifisch philosophische Interesse an Geschichte nicht vor dem letzten Drittel des achtzehnten Jahrhunderts und erfährt seine entscheidende begriffliche Ausprägung, in der es schließlich alle Produktivität auf dem Gebiet der politischen Philosophie überspielen und verdrängen sollte, erst in der Generation, für die Glanz und Elend der Französischen Revolution zur entscheidenden Jugenderfahrung geworden waren. Wo ein echtes Interesse an Politik und politischer Theorie noch lebendig blieb, endete es entweder in Verzweiflung, wie bei Tocqueville, diesem einzigen Nachfahren und Schüler von Montesquieu, oder in einer verhängnisvollen Verwechslung und Vermischung von Politik und Geschichte wie bei Marx, der immerhin der größte unter Hegels Schülern war. Tocqueville begann sein großes Werk über die Demokratie in Amerika, in welchem er weit über den aktuellen Anlaß hinaus »die

Gesellschaft der modernen Welt« gezeichnet hat, mit der in der Einleitung gestellten Forderung: »Eine neue Welt bedarf einer neuen Wissenschaft von Politik«; und er endete das gleiche Werk mit der an der eigenen Aufgabe verzweifelnden Feststellung: »Seit die Vergangenheit aufgehört hat, ihr Licht auf die Zukunft zu werfen, irrt der menschliche Geist in der Finsternis.«[14] Und bei Marx endet der Versuch, den Menschen als tätig handelndes Wesen zu verstehen, das heißt ihn zu politisieren, damit, daß er das Handeln schließlich doch nur als ein »Geschichte-machen« zu begreifen vermochte.

Obwohl von Tocquevilles großartigen konkreten Einsichten für das Wesen der Politik in der Neuzeit vermutlich sehr viel mehr zu lernen war, hat Marx, gerade weil er Politik im Licht des neuzeitlichen Geschichtsbegriffes verstand, einen viel entscheidenderen Einfluß auf das Denken des neunzehnten und zwanzigsten Jahrhunderts ausgeübt. Seine Überzeugung, daß Politik gleichzusetzen sei mit Geschichte-machen, diese scheinbare Glorifizierung von Handeln und Politik, ist maßgeblich geworden weit über den Kreis überzeugter Marxisten oder entschlossener Revolutionäre hinaus. Zwar mag es auf den ersten Blick scheinen, als setze sich hier nur praktisch Vicos Grundüberzeugung durch, die ihn ursprünglich zur Erforschung von Geschichte veranlaßt hatte, nämlich, daß man nur erkennen könne, was man selbst gemacht habe, und daß daher Geschichte, weil offenbar von Menschen vollzogen, der Erforschung des menschlichen Geistes offen stehen müsse, während die Natur, die von Gott erschaffen sei, eben auch nur von ihrem göttlichen Schöpfer erkannt werden könne. Aber die Ähnlichkeit ist doch nur scheinbar. Für Vico wie später für Hegel war das Entscheidende an dem Geschichtsbegriff, daß er eine Handhabe bot für theoretisches Erkennen, und es wäre ihnen schwerlich in den Sinn gekommen, diesen Begriff oder die im Geschichtlichen gefundenen Gesetze anzuwenden und als Prinzipien des Handelns zu benutzen. Wahrheit war ihnen noch wesentlich ein Gegenstand kontemplativer Betrachtung, und sie erschien dem rückwärts gewandten Blick des Historikers, wobei bereits Vico, ein Jahrhundert vor Hegel, die Wahrheit dadurch zu erkennen glaubt, daß er den Prozeß in seiner Gesamtheit sich vor Augen hält und so in der Lage ist, über die »beschränkten Zwecke« handelnder Menschen hinwegzublicken und die »höheren Ziele« zu erkennen, die sich hinter dem Rücken handelnder Menschen durch sie verwirklichen, aber ihnen nicht bewußt sind.

Marx verband den ihm durch Hegel vertrauten Geschichtsbegriff mit der früheren teleologisch-politischen Philosophie, so daß er die von Vico oder Hegel nur erschauten »höheren Ziele« des geschichtlichen Prozesses in unmittelbar geplante Endzwecke politischen Handelns umdeuten konnte. Entscheidend für diesen Entwurf blieb, daß bei Marx und allen, die ihm wissentlich oder unwissentlich folgten, es immer der Historiker war, der politisiert wurde, durchaus auf Kosten des handelnden Menschen selbst. Aus dem Interpretieren der Welt, aus dem Betrachten der Geschichte, aus der Erkenntnis eines alle geschichtliche Bewegung einheitlich durchherrschenden Gesetzes sollte die Veränderung der Welt, das Machen von Geschichte, der bewußte Vollzug des dem geschichtlichen Prozeß inhärenten Gesetzes folgen.

Dabei rächte sich wie nie zuvor eine alte, vielleicht die älteste Sünde aller politischen Philosophie des Abendlandes, nämlich die so außerordentlich naheliegende Verwechslung von Herstellen und Handeln, in der das Handeln immer im Sinne eines herstellenden Verfahrens erfahren und begriffen wurde. Diese Verwechslung oder Identifizierung zugunsten des Herstellens war um so schwerwiegender, als sie den eigentlichen theoretischen Boden abgab, auf dem man aus Geschichte unmittelbar Politik konstruieren konnte. Aus dem betrachtenden Blick, mit dem Vico oder Hegel den eigentlichen Sinn der Geschichte erschauten, wurde bei Marx der ja ebenfalls erst einmal betrachtende Blick, mit dem der

Handwerker das Modell seines Werkes erblickt, das als solches vor dem Prozeß der Herstellung schon dasein und ihn in seinem herstellenden Tun leiten muß. Dadurch wird das, was bei Vico erkennbare Wahrheit und bei Hegel der eigentliche Sinn der Geschichte gewesen war, zu einem handhabbaren, herstellbaren Zweck, für den bestimmte, im Wesen dieses Zweckes liegende Mittel mobilisiert werden müssen. Die verhängnisvolle Verwechslung von Sinn und Zweck: von dem Sinn, der sich erst offenbaren kann, wenn der Vorgang abgeschlossen ist, also in seiner vollen Bedeutung erst erfaßbar ist, wenn alle Handelnden tot sind, mit den Zwecken, welche die Handelnden verfolgen und um derentwillen sie handeln –, diese Verwechslung liegt der Anlage nach bereits in der Hegelschen Geschichtsphilosophie, insofern dort die Geschichte den allen Handelnden unbewußten, eindeutigen Zweck haben soll, die Entwicklung des Weltgeistes zu ermöglichen oder die Freiheit zu verwirklichen. Aber bei Hegel blieb diese Verwechslung von Sinn und Zweck, die auf eine Verwechslung von Handeln und Herstellen zurückgeht, ohne wesentliche Konsequenzen, weil er primär nicht am Handeln, sondern am Verstehen, an der Versöhnung des Geistes mit dem Wirklichen, interessiert war und an ihm sich orientierte.

Erst als der moderne Geschichtsbegriff bei Marx auf das Politische unmittelbar angewendet wurde, als das Verstehen von Geschichte zu einer Entdeckung der angeblich notwendigen Prinzipien menschlichen Handelns führen und das Interpretieren der Welt dazu dienen sollte, sie zu verändern, trat klar zutage, aus welchen Schwierigkeiten die neuzeitliche Theorie der Politik in eine Geschichtsphilosophie geflüchtet war und aus welchen wesentlichen Gründen das Handeln bereits von der Tradition im Sinne eines Herstellens verstanden und mißverstanden worden war. Marx' eigene Theorie ist von allen anderen, in denen Politik als ein »Machen von Geschichte« ausgelegt wird, dadurch ausgezeichnet, daß er als einziger die Konsequenz dieser Vorstellung zieht und

Geschichte als ein von Menschen Gemachtes und Hergestelltes in einer klassenlosen Gesellschaft an ihr Ende kommen läßt. Denn ein Herstellungsprozeß – im Unterschied zu den niemals voll übersehbaren Prozessen, die wir loslassen, wenn wir zu handeln beginnen – hat einen klar ersichtlichen Anfang und ein nicht minder klar absehbares Ende. Er ist am Ende, wenn das Objekt fertiggestellt ist. In der klassenlosen Gesellschaft stirbt nicht nur der Staat ab; in ihr ist auch die Geschichte an ihr Ende gekommen; sie hat ihr Endprodukt in die Welt gesetzt. Theoretisch ist dies nur in der Marxschen Konstruktion nachweisbar, aber die gleiche Gesinnung von Geschichte-machen mit allen hierin enthaltenen Konsequenzen ist am Werk, wenn immer wir von letzten, umfassenden und leider gar nicht utopischen Zwecksetzungen in der Politik hören, wie daß Politik dazu da sei, eine Gesellschaftsordnung zu errichten, in der Gerechtigkeit für immer garantiert ist, oder einen Krieg zu führen, der dem Kriegführen für immer ein Ende macht, oder einen Weltstaat zu errichten, in dem der ewige Friede verwirklicht ist.

Vergleichen wir nun diesen Geschichtsprozeß, wie er uns in den Geschichtsphilosophien des neunzehnten Jahrhunderts vorliegt, diesen Prozeß, der Anfang und Ende hat, dessen letzter Sinn als vorherbestimmter Zweck zu ermitteln ist, dessen Bewegungsgesetze (einem Wort von Engels zufolge) von Hegel in der Dialektik und dessen eigentlicher Inhalt oder Zweck (wieder Engels zufolge) von Marx als Klassenkampf entdeckt werden konnte, mit jenem Geschichtsprozeß, der sich in unserer Zeitrechnung kundgibt und sich in eine unendliche Zukunft und eine gleich unendliche Vergangenheit erstreckt, so wird offenbar, daß wir es hier mit zwei grundsätzlich, strukturell verschiedenen Prozessen zu tun haben, die doch beide nahezu dem gleichen historischen Moment ihren Ursprung verdanken, dem großen Wendepunkt der Französischen Revolution. Dabei ist es, als ob die gleichsam unwillkürlich und von allen akzeptierte Geschichtsvorstellung unserer modernen Zeitrechnung sich in dem Augenblick verwandelte, wo sie begrifflich artikuliert und verstanden werden sollte.

Was den Geschichtsprozeß unseres Kalenders angeht, so müssen wir uns vergegenwärtigen, daß er sich gegen einen ganz anders gearteten Vorschlag durchsetzte, der aus der Französischen Revolution selbst geboren wurde und demzufolge man zuerst einmal versuchte, das Jahr eins mit der Gründung der französischen Republik beginnen zu lassen. Der Versuch wurde nach einem Jahrzehnt fallengelassen, und mit ihm der Vorsatz, die politische Neugründung im Sinne römischen Geistes zu verstehen; und dieser Vorsatz lag nahe, denn die Französische Revolution war wirklich, wie Marx zu sagen pflegte, im römischen Kostüm auf die Bühne der Geschichte getreten. Hätte man es bei dem Revolutionskalender gelassen, so hätte sich implizite vielleicht die antike Überzeugung von der Bedeutung und Größe einer Tat und eines Ereignisses, das dann für alles Folgende maßgeblich wird, ebenso durchgesetzt wie die spezifisch römische Überzeugung von der Heiligkeit der Gründung politischer Körper. Das Aufgeben dieses Kalenders aber zeigte nicht nur die Verwandlung der Republik in das napoleonische Kaiserreich an und war auch nicht nur dem geschuldet, daß Napoleon als ebenbürtiger Kaiser unter den Königen Europas auftreten wollte (Napoleon hat eigentlich nie aufgehört, sich als einen legitimen Sohn gerade der Revolution und der Republik zu betrachten), es besagte auch, daß die Neuzeit nicht gesonnen war, irgendeinem noch so großen Ereignis eine Bedeutung zuzugestehen, die unabhängig war von der Gesamtheit des Prozesses, in dem es seinen Platz hatte.

Dieser Relativierung des Ereignisses der Französischen Revolution entsprach die häufig beschriebene tiefe Enttäuschung von ihren Ergebnissen, die sich gerade derer bemächtigte, die die Revolution am enthusiastischsten begrüßt hatten. Aber diese Enttäuschung blieb nicht eine Enttäuschung über ein einzelnes Ereignis. Sie wurde zu einer Enttäuschung an Politik, an den Möglichkeiten menschlichen Handelns überhaupt. Unter den vielfältigen Belegen, die aus der Zeit erhalten sind, greife ich einige Zeilen von Georg Büchner heraus, weil in ihnen die eigentlichen Probleme des Handelns, mit denen dann der moderne Geschichtsbegriff hoffte fertig zu werden, besonders eindringlich zur Geltung kommen. Büchner schrieb: »Ich studierte die Geschichte der Revolution. Ich fühlte mich wie vernichtet unter dem gräßlichen Fatalismus der Geschichte. Ich finde in der Menschennatur eine entsetzliche Gleichheit, in den menschlichen Verhältnissen eine unabwendbare Gewalt, allen und keinem verliehen. Der einzelne nur Schaum auf der Welle, die Größe ein bloßer Zufall, die Herrschaft des Genies ein Puppenspiel, ein lächerliches Ringen gegen ein ehernes Gesetz, es zu erkennen das höchste, es zu beherrschen unmöglich. Es fällt mir nicht mehr ein, vor den Paradegäulen und Eckenstehern der Geschichte mich zu bücken.«[15]

Die moderne Geschichtsphilosophie von Vico bis Hegel und Marx hat die revolutionäre Verzweiflung Büchners an menschlicher Größe auf ihre Weise mitgemacht und verwirklicht. Wenn Hegel in Napoleon zu Jena den »Weltgeist zu Pferde« erblickte, so beugte er sich eben nicht mehr vor dem Menschen Napoleon, sondern vor einer Verwirklichung des Weltgeistes oder, wie es später heißen wird, vor dem Exponenten eines geschichtlichen Prozesses, dem allein auch diese Wirklichkeit Sinn und Bedeutung verdankt. Will man aber dieser Abkehr von der Politik und dem handelnden Menschen zur Geschichte und zu dem die Geschichte betrachtenden Menschen in ihrer Wurzel und ihren ursprünglichen Motiven nachgehen, so hält man sich besser nicht an die Geschichtsphilosophie Hegels, sondern an die politische Philosophie Kants, in der gerade der spezifisch Hegelsche Geschichtsbegriff zum ersten Mal auftaucht.

Kant hatte bekanntlich in Rousseau den »Newton der moralischen Welt« begrüßt und war bereits von seinen Zeitgenossen als der eigentliche Theoretiker der von der Französischen Revolution proklamierten Menschenrechte gefeiert worden.[16] Der moderne Geschichtsbegriff war ihm verhältnismäßig neu und mag ihm durch Herders Schriften vermittelt worden sein. Er ist der letzte Philosoph, der sich ernsthaft über das »trostlose Ungefähr« historisch-politischer Ereignisse, die »Planlosigkeit« geschichtlicher Abläufe beklagt, kurz, über diese hoffnungs- und sinnlose »Mischung von Irrtum und Gewalt«, wie Goethe einmal das Wesen von Geschichte überhaupt genannt hat. Entscheidend nun ist, daß Kant, wie Vico vor ihm, verstand, daß, wenn man Geschichte »im ganzen« betrachtete, von einzelnen Ereignissen und den sich immer durchkreuzenden Absichten und Zwecken der handelnden Menschen absah, plötzlich alles wieder »sinnvoll« zuzugehen schien. Kant meinte daher bereits, der Geschichtsprozeß im ganzen werde offenbar durch eine »Absicht der Natur« gelenkt, die sich den handelnden Menschen verbirgt, so daß die Menschen nur glaubten, ihre eigenen Ziele zu verfolgen, in Wahrheit aber geführt würden an einem »Leitfaden der Vernunft«.[17] Es ist von einiger Bedeutung, sich klar zu machen, daß, was Hegel die »List der Vernunft« in der Geschichte nannte, schon Kant als eine List der Vorsehung oder der Natur bekannt war und daß auch Vicos »höhere Ziele« im Grunde auf das gleiche hinauslaufen. Selbst die Hegelsche Dialektik kommt in einer, wenn auch recht rudimentären Gestalt schon bei Kant vor, wenn er meint, daß die Natur ihre allgemeinen Ziele durch einen »Antagonismus in der Gesellschaft« verfolge, ohne welchen »die Menschen, gutartig wie die Schafe, die sie weiden [...] ihrem Dasein kaum einen größeren Wert verschaffen, als dieses ihr Hausvieh hat«.[18]

Alle diese Bestimmungen nämlich liegen im Wesen eines Geschichtsbegriffes beschlossen, der Geschichte als Prozeß versteht. Wir können uns dies leicht durch eine ganz alltägliche, uns allen wohlbekannte Erfahrung vergegenwärtigen. In jedem durch das Zusammenhandeln von Menschen erzeugten Vorgang durchkreuzen sich eine Fülle einander widersprechender Intentionen und

Zwecke, die sich gegenseitig aufzuheben scheinen, so daß dem Handelnsprozeß selbst etwas hoffnungslos Zufälliges, ein »trostloses Ungefähr« anzuhaften scheint, und zwar gilt dies für private Lebensvorgänge nicht weniger als für die Vorgänge und Geschehnisse im öffentlich-politischen Raum. Ist aber ein solcher Prozeß erst einmal irgendwie zu einem vorläufigen Abschluß gelangt, so hat der Vorgang selbst unweigerlich zum mindesten so viel »stimmigen Sinn«, daß er als zusammenhängende und verstehbare Geschichte erzählt werden kann, und dies auch dann, wenn überhaupt keine der im Spiel gewesenen Absichten oder Zwecke sich rein und ungestört hat durchsetzen können. Nimmt man nun an, daß gewollte Zwecke und verfolgte Absichten identisch seien mit Sinn und Bedeutung überhaupt, so muß es in der Tat so aussehen, als sei der historische Prozeß »im Großen« in seiner Sinnhaftigkeit gänzlich unabhängig von der Sinnlosigkeit, der Zufälligkeit, dem »trostlosen Ungefähr«, das über allem Einzelnen und separat Tatsächlichen waltet. Will man also in dem säkular-politischen Bereich des menschlichen Handelns sogar jenen letzten Sinn und jene allgemeine Bedeutung erfahren, welche die Neuzeit unweigerlich von ihm erwarten mußte, so scheint der einzige Ausweg der zu sein, sich von dem Handeln gerade abzukehren und sich rückwärts gewandt einzig dem Gehandelten, den in der Vergangenheit liegenden, abgeschlossenen geschichtlichen Prozessen zuzuwenden.

Der moderne Geschichtsbegriff diente ursprünglich dazu, dem in der Neuzeit wieder erschlossenen weltlich-politischen Bereich einen Sinn und eine Bedeutung zu geben, die er trotz der Bemühungen des siebzehnten und achtzehnten Jahrhunderts im Bewußtsein der Menschen nicht hatte erlangen können. Bei Kant, im Gegensatz zu Hegel, ist der Beweggrund für diese Zukehr zur Geschichte als eine Abkehr von der Politik noch ganz offenkundig; es ist eine Art Flucht in das »Ganze« vor der Sinn- und Hoffnungslosigkeit des Einzelnen, und ganz konkret eine Flucht aus der Verzweiflung an der Französischen Revolution und ihren Errungenschaften in eine Region, in welcher diesem wie allen anderen Ereignissen doch noch ein Sinn und eine währende Bedeutung zugestanden werden können. Da Kant auf dem Weg aus der Politik in die Geschichte gleichsam auf halbem Wege stehen blieb und da sein Hauptinteresse nach wie vor den Prinzipien politischen oder, wie er sagen würde, moralischen Handelns galt, war er, im Unterschiede zu seinen am Handeln nicht mehr interessierten Nachfolgern, in der Lage, den verhängnisvollen Irrtum des neuen Begriffes wenigstens zu bemerken, den schweren Stein des Anstoßes, den keine Geschichtsphilosophie und kein Fortschrittsglaube je hat aus dem Wege räumen können. »Befremdend« nämlich in Kants eigenen Worten, »bleibt es immer hierbei, daß die älteren Generationen nur scheinen um der späteren willen ihr mühseliges Geschäft zu treiben, [...] daß doch nur die späteren das Glück haben sollen, in dem Gebäude zu wohnen«, das von allen errichtet wurde.[19]

IV

Daß Kant trotz dieser Bestürzung und trotz seines Mißtrauens sich doch entschließen mußte, den Geschichtsbegriff in seine politische Philosophie einzuführen, zeigt mit seltener Genauigkeit die Natur der Schwierigkeit an, welche die Neuzeit veranlaßt hat, ihr Interesse an Politik und politischer Theorie, das doch ihrem Glauben an die Überlegenheit des Machens über das kontemplative Erkennen so viel angemessener schien, auf eine im wesentlichen wieder kontemplative oder doch, wie bei Marx, nur deriviert praktische Geschichtsphilosophie zu verlagern. Denn Kant war vielleicht der einzige unter den großen Philosophen, bei dem die Frage »Was soll ich tun?« nicht nur von gleichem Range war wie die eigentlich metaphysischen Fragen des »Was kann ich wissen?«

und »Was darf ich hoffen?«; diese Frage bildete sogar das eigentliche Zentrum seiner Philosophie. Dabei spielt für Kant die traditionelle, vor-moderne hierarchische Ordnung der menschlichen Fähigkeiten, der zufolge das reine Anschauen allem Tun prinzipiell überlegen ist, kaum eine Rolle, und die überlieferte Alternative zwischen einer Vita Activa und einer Vita Contemplativa hat ihn augenscheinlich weniger beunruhigt als irgendeinen seiner Nachfolger. Was sich hingegen in dem Kantschen Werk wohl geltend macht, ist eine andere, ebenfalls traditionelle Hierarchie, die aber von der Tradition eher verdeckt, jedenfalls nie klar ausgesprochen und begrifflich begründet wurde, und das ist die Hierarchie innerhalb der Tätigkeiten der Vita Activa selbst.

Marx hat für sich in Anspruch genommen, die traditionelle Hierarchie zwischen Denken und Tun, zwischen dem Interpretieren und dem Verändern der Welt, umgestoßen und umgekehrt zu haben. Was er nicht aussprach, was ihm vielleicht kaum bewußt, aber sicherlich von ebenso großem Belang war, ist, daß er im Zuge dieser Umkehrung sich veranlaßt sah, die Hierarchie innerhalb der Vita Activa, die Hierarchie von Handeln-Herstellen-Arbeiten ebenfalls umzukehren und die menschliche Arbeit, traditionell auf die unterste Stufe menschlicher Tätigkeit verwiesen, auf den obersten Platz zu heben. So erscheint schließlich bei ihm das politische Handeln, die traditionell höchste Fähigkeit des Menschen innerhalb der Vita Activa, nur noch als eine Funktion der gesellschaftlichen Produktionsverhältnisse, wie sie durch Arbeit und Arbeitsverhältnisse entstanden und bestimmt sind.

Dabei interessieren uns in diesem Zusammenhang nur die Gründe, welche die Neuzeit bewogen, sich vom Handeln abzukehren, und diese Gründe waren nicht neu, sie wurden nur wieder neu erfahren. Auch die traditionelle Hierarchie innerhalb der Vita Activa, wie ich sie eben erwähnte, bestimmt nur den Vordergrund, das ausdrücklich Gesagte und Überlieferte, nicht die verborgenere, und darum nicht weniger wirksame, eigentliche Beurteilung der menschlichen Fähigkeiten, wie sie sich in den Theorien der großen Denker geltend macht. Es gibt eigentlich kaum einen unter ihnen, dem gerade das Handeln nicht suspekt gewesen wäre und der, wenn er schon vom eigentlichen Tun der Menschen sprach, nicht wesentlich die Fähigkeiten des Menschen gemeint hätte, die wir in der Neuzeit mit dem Wort homo faber kennzeichnen.

Was die Neuzeit angeht, so mußte, vor allem nach der Französischen Revolution, offenbar sein, daß Handeln weder imstande war, dem Bereich der weltlich-menschlichen Angelegenheiten jenen Sinn zu verleihen, welche eine säkularisierte Welt in ihm suchen mußte, noch fähig, den Menschen jene irdische Unvergänglichkeit zu sichern, nach der sie verlangen mußten, nachdem der Glaube an ein Fortleben nach dem Tode nicht mehr öffentlich gültig war. Ja, Handeln erschien sogar besonders ungeeignet, eine dieser Forderungen zu erfüllen. Sah man auf seine Beweggründe, so schien offenbar, daß – in den Worten Hegels – »Leidenschaften, private Zwecke, und die Befriedigung egoistischer Begierden sich als die wirksamsten Motive des Handelns« erwiesen; sah man auf seine Resultate, so war, wie Vico meinte, nicht weniger offenbar, daß »die Tatsachen der uns bekannten Geschichte in sich selbst weder eine gemeinsame Grundlage noch eine Kontinuität noch einen Zusammenhang zeigen«.[20] Unter dem Gesichtspunkt einer dauerhaften, den Ruin der Zeit überstehenden Leistung hat das Handeln weniger Chancen in der Welt als das alltägliche Arbeiten und das primitivste Herstellen von weltlichen Dingen. Nichts ist flüchtiger und vergeblicher als menschliche Worte und Taten; wenn sie nicht erinnert werden, überleben sie kaum den Augenblick ihres Vollzugs. Da ferner das Handeln immer in ein Netz einander widersprechender Ziele und Absichten hineinhandelt, kann eine Tat niemals wirklich der Erwartung des Täters voll entsprechen, so wie etwa das hergestellte Ding den Erwartungen des herstellenden Handwerkers oder Künstlers entsprechen kann;

ja, der Urheber einer Tat kann diese seine Tat niemals mit der gleichen selbstverständlichen Gewißheit für sich in Anspruch nehmen und als sein Eigenes erkennen wie der Hersteller sein Produkt. Jeder, der anfängt zu handeln, muß wissen, daß er etwas begonnen hat, dessen Ende nicht mehr bei ihm steht, das er nicht mehr voraussagen kann, und dies schon darum nicht, weil gerade durch seine Tat sich alle bisher geltenden Konstellationen, unter deren Voraussetzungen er selbst handelte, völlig geändert haben. Wo immer wir wirklich tun, wissen wir nicht, was wir tun. Hatten die Philosophen seit Plato nicht Grund genug für ihr tiefes Mißtrauen gegen die durch menschliches Handeln erzeugten Angelegenheiten der Menschen? Und hat Nietzsche, der auf dies alte Mißtrauen zurückgriff, nicht recht, wenn er fragt: »Man weiß die Herkunft nicht, man weiß die Folgen nicht: – hat folglich eine Handlung überhaupt einen Wert?«[21] Ist es nicht eine moderne Torheit, zu erwarten, gerade in dem Bereich menschlicher Angelegenheiten würden sich Sinn und Wahrheit zeigen?

Eine geraume Zeit sah es so aus, als ob der Geschichtsbegriff des neunzehnten Jahrhunderts dieser Schwierigkeit Herr werden könnte, indem er einfach die spezifischen Charakteristiken des Handelns beiseite ließ und ignorierte. Dies ist die Bedeutung dessen, daß wir jedes Mal eine Geschichtsphilosophie bekamen, wenn wir mit Tocqueville oder mit Marx hoffen konnten, eine politische Philosophie, die den Anforderungen der neuzeitlichen Welt gerecht werden würde, zu erhalten. Und da diese Geschichtsphilosophien die Geschichte primär als Prozeß ansetzten, zeigten sie eine nur ihnen eigentümliche, Vertrauen einflößende Verwandtschaft mit dem menschlichen Handeln, das in der Tat und im Unterschied zu allen anderen Tätigkeiten vorerst im Einleiten und Loslassen von Prozessen besteht – ein Faktum, dessen sich die menschliche Erfahrung natürlich stets bewußt gewesen ist, wiewohl das alte Mißtrauen der Philosophie gegen das Handeln und ihre heimliche Voreingenommenheit für das Herstellen als der höchsten Möglichkeit menschlichen Tuns die Ausarbeitung einer angemessenen Terminologie und präzisen Beschreibung verhindert haben. Was den Prozeßbegriff, der für die modernen Naturwissenschaften im gleichen Maße charakteristisch ist wie für die Geschichtswissenschaften, so eminent »modern« machte, das heißt so geeignet erscheinen ließ, gerade der Säkularisierung der neuzeitlichen Welt Rechnung zu tragen, liegt darin, daß er seinen eigentlichen Ursprung höchstwahrscheinlich in den grundlegenden Erfahrungen menschlichen Handelns hat, und das heißt in Erfahrungen, die erst in der Neuzeit nach Jahrtausenden wieder in das Zentrum irdisch-menschlicher Existenz rückten.

In der heutigen Grundlagenkrise nun hat sich herausgestellt, und zwar in den Natur- wie in den Geschichtswissenschaften, daß der so vielversprechende Ausweg aus dem »trostlosen Ungefähr« des Einzelnen und Tatsächlichen in einen übergeordneten rettenden Prozeß, in dessen Entfaltung ein über allen Ereignissen waltender Sinn sich offenbare, auch nicht gangbar ist. Es sieht nämlich so aus, als ob es eine schier unendliche Fülle solch möglicher Sinnkonstruktionen gibt, die sich alle gleich stimmig und gleich überzeugend beweisen lassen. Wenn Heisenberg meint, daß der Mensch, wohin er auch in seinem Erforschen einer von ihm unabhängigen Natur sich wende, immer nur sich selbst begegne,[22] das heißt immer nur die Antworten erhalte, die seine Fragen bereits präjudiziert haben, so ist das eine Problematik, die uns aus den Geschichtswissenschaften nur allzu bekannt ist. Die Historiker wissen längst, daß die uns bekannten Tatsachen sich schematisch genauso gut durch den Sinnzusammenhang der Hegelschen Freiheitsdialektik oder die Marxistische Konstruktion von Klassenkämpfen, wie durch die darwinistisch oder anders gefärbten Rassetheorien und die Auf- und Untergänge von Zivilisationen erklären lassen. Wenn der menschliche Verstand solche Schemata entwirft, so hat er im Bereich des physisch Natürlichen oder des geschichtlich Menschlichen im Grunde nichts anderes getan als jene mathematische Kurve gezogen, die, wie Leibniz bemerkte, sich immer konstruieren läßt zwischen Punkten, die man zufällig auf ein leeres Blatt Papier wirft.[23] Ändert man die mathematische Formel, so »verliert« man keinen der Punkte, sie ändern nur ihre Stellung auf dem Papier; ändert man die Stellung der Punkte, so ergibt sich eine andere mathematische Kurve.

Hat man erst einmal die geschichtlichen Ereignisse oder die natürlichen Vorkommnisse so weit denaturiert – des Sinnes beraubt, den sie von sich her haben und, wenn es sich um Geschichtliches handelt, auch direkt aussagen –, daß sie gleich Punkten nur noch Einheiten einer Pluralität überhaupt darstellen, so kann man sie in der Tat beliebig zu allen Konstruktionen benutzen; sie werden in jedem Fall nichts Eiligeres zu tun haben, als diese zu »beweisen«. Nur gilt hier im Geschichtlichen genau das gleiche, was Bertrand Russell für die Physik feststellte: wenn man nachweisen kann, »that a mathematical web of some kind can be woven about any universe containing several objects [...], then the fact that our universe lends itself to mathematical treatment is not a fact of any great philosophic significance«.[24] Jede Betrachtung der Geschichte »im Großen« reduziert die in ihr enthaltenen Ereignisse auf solche schematisch erfaßbaren Geschichtspunkte, und aus dem sich nun ergebenden Schema zu schließen, eine »List der Vernunft« walte im Geschichtlichen oder eine »unsichtbare Hand« (Adam Smith) hätte die Hände der Menschen gelenkt, kommt im Grunde auf nichts anderes heraus, als wenn Leibniz aus den mathematischen Kurven, die er den zufällig hingeworfenen Punkten entnahm, geschlossen hätte, eine »List der Vernunft« hätte dem die Feder geführt, der die Punkte auf das Papier warf. In jedem Fall entsteht hier eine Situation, in welcher – um es wieder in den Worten eines großen Naturwissenschaftlers zu sagen – »unser Verständnis der Tatsachen in demselben Maße schwindet, wie diese sich mehren«.[25] Es ist mit anderen Worten, als hätte das »trostlose Ungefähr« uns eingeholt in den Raum, in welchen die Generationen vor uns geflüchtet waren, um ihm zu entgehen und sich mit dem Wirklichen aus der Distanz des Vergangenseins zu versöhnen.

Im Unterschied zu dem Prozeßbegriff der Neuzeit, der sich aus den Grunderfahrungen des Handelns ergibt, entstammen diese Schemata der Geschichtsphilosophie, mit denen man hoffte, dem Geschichtsprozesse einen »höheren«, den handelnden Menschen verborgenen Sinn zu verleihen, einer ganz anderen Erfahrungssphäre. Sie sind geboren aus der Verzweiflung am Handeln, aus der Einsicht in die Unmöglichkeit, Zwecke und Absichten eindeutig zu verwirklichen und im Politischen im gleichen Sinne etwas »herzustellen« wie in den sonst uns bekannten Gebieten menschlichen Tuns. In diesen vielfältigen und sich gegenseitig aufhebenden Sinnschemata wird in Wahrheit der Geschichtsprozeß wieder als das Produkt einer, wenn auch im Geheimen sich vollziehenden, Herstellung verstanden, bei dem nun das Subjekt, der Hersteller, weder der einzelne Mensch noch die zusammenhandelnden Menschen sind, sondern entweder ein hinter ihrem Rücken waltender Geist oder die Menschheit im ganzen. Mit dem Bankrott dieser höheren Sinnzusammenhänge, und dieser Bankrott macht sich heute im Denken der Naturwissenschaften ebenso geltend wie im Denken der Geschichtswissenschaften, sind wir wieder auf die Fragen zurückgeworfen, die sich am Beginn der Neuzeit stellten und für die, wiewohl sie sehr alte Fragen sind, es doch kaum aus der Tradition zur Verfügung stehende Antworten gibt. Die Fragen betreffen die Natur menschlichen Handelns und das Wesen dessen, was durch menschliches Handeln entsteht.

Bei solchen Betrachtungen, die nicht mehr geschichtsphilosophischer Natur sind, sondern in eine Theorie der Politik gehören, dürfte der Geschichtsbegriff, der die Geschichtsphilosophien des 19. Jahrhunderts beherrschte und in dem, vor allem von Hegel, versucht wurde, wesentlich neue Erfahrungen dem aus der Tradition stammenden philosophischen Kategorien-System anzupassen, uns nur im Wege stehen oder uns auf Abwege führen. Was den Geschichtsbegriff in diesem Zusammenhang so außerordentlich gefährlich erscheinen läßt, ist, daß er immer wieder dazu verführen möchte, Politik als ein Herstellen, ein Machen von Geschichte zu verstehen. Gerade dadurch aber gerät in unsere politischen Theorien ein eminent zerstörerisches Element, das sich auch konkret, in einer Analyse der politischen Erfahrungen und Katastrophen des 20. Jahrhunderts, nachweisen ließe. Wenn Geschichte gemacht, nämlich hergestellt werden kann, mag sie zwar schließlich dem Entwurf und den Zwecken der Politiker entsprechen; sie wird aber immer gerade durch die eindeutige Verwirklichung des Zweckes, durch die Herstellung des Fertigfabrikates, sich selbst aus dem Wege räumen. So könnte gerade das Geschichte-machen radikal jenen anderen geschichtlichen Prozeß, den in eine unendliche Zukunft und eine unendliche Vergangenheit sich erstreckenden Zeitraum, in dem wir in einer möglichen irdischen Unvergänglichkeit faktisch seit dem Ende des 18. Jahrhunderts leben, ruinieren und zerstören. Alle Theorien, in welchen Handeln als Geschichte-machen, und also als Herstellen, verstanden wird, führen letztlich zu der in Marx' Werk so klar ersichtlichen Konsequenz, in einer so oder anders beschaffenen, endgültig festgelegten Gesellschaftsordnung das Handeln, und damit das eigentlich Politische im Menschen, abzuschaffen. Die totalen Herrschaftssysteme, die Tyranneien und Diktaturen unseres Jahrhunderts, sind gerade deshalb so zerstörerisch, weil sie aus dieser Gesinnung entstanden sind und dies letztlich bezwecken.

Vielleicht hat es der Atombombe bedurft, das heißt des Wissens, daß die Zerstörung allen menschlichen und allen organischen Lebens auf der Erde in unsere Hand gegeben ist, um positiv zu vergegenwärtigen, daß die Menschheit möglicherweise irdisch unvergänglich ist. Nicht nur die Vernichtung, auch der mögliche unendliche Fortbestand, zwar nicht einer so oder anders beschaffenen Welt, aber der Menschheit ist in unsere Hand gegeben, weil nämlich die Menschen handelnde, zur Politik begabte Wesen sind.

Was ist Autorität?

I

Um Mißverständnisse zu vermeiden, hätte der Titel dieser Erwägungen eigentlich heißen müssen: Was *war* Autorität? Denn ich habe im Folgenden nicht die Absicht, Autorität zu »definieren« und dann auf Grund einer solchen Definition über »Autorität überhaupt« zu sprechen – etwa in dem Sinne, in dem wir mit Recht sagen, daß es ein geordnetes Gemeinwesen ohne Autorität oder eine Erziehung ohne Autorität nicht geben könne. Für diese »Autorität überhaupt« ist das Wort: Autorität eigentlich irreführend, denn es ist historisch durch eine ganz bestimmte Auffassung von Autorität geformt, nämlich von dem, was innerhalb der westlichen Welt durch einen sehr langen Zeitraum hindurch unter Autorität maßgeblich verstanden worden ist. Andererseits ist dies Irreführende selbst wieder gerechtfertigt, weil die konservativen Reaktionen, die zumeist eine ganz spezifische Autorität restaurieren wollen, sich auf diese »Autorität überhaupt« berufen; dann aber auch, weil die Autoritätskrise oder genauer gesprochen der Autoritätsverlust der modernen Welt weder vor der »Autorität überhaupt« noch vor präpolitischen Autoritätsphänomenen, wie sie in der Erziehung gegeben sind, haltgemacht hat.

Der moderne Autoritätsverlust, die Tatsache nämlich, daß wir in der modernen Welt kaum noch Gelegenheit haben zu erfahren, was Autorität eigentlich ist, hat natürlicherweise zu einer gewissen

Begriffsverwirrung geführt, und wenn wir uns auch hüten wollen, dieser Verwirrung eine Definition des Begriffes entgegenzuhalten, so mag es doch nützlich sein, wenigstens anzumerken, was Autorität *nicht* ist und niemals war.

Da Autorität immer mit dem Anspruch des Gehorsams auftritt, wird sie gemeinhin für eine Form von Macht, für einen Zwang besonderer Art gehalten. Autorität jedoch schließt gerade den Gebrauch jeglichen Zwanges aus, und wo Gewalt gebraucht wird, um Gehorsam zu erzwingen, hat Autorität immer schon versagt. Andererseits ist Autorität unvereinbar mit Überzeugen, welches Gleichheit voraussetzt und mit Argumenten arbeitet. Argumentieren setzt Autorität immer außer Kraft. Der egalitären Ordnung des Überzeugens steht die autoritäre Ordnung gegenüber, die ihrem Wesen nach hierarchisch ist. Will man also Autorität überhaupt definieren, so würde es sich vor allem darum handeln, sie klar sowohl gegen Zwang durch Gewalt wie gegen Überzeugen durch Argumente abzugrenzen. Denn die autoritäre Beziehung zwischen dem, der befiehlt, und dem, der gehorcht, beruht weder auf einer beiden Teilen gemeinsamen Vernunft noch auf der Macht des Befehlenden. Was beide gemeinsam haben, ist die Hierarchie selber, deren Legitimität beide Parteien anerkennen und die jedem von ihnen seinen von ihr vorbestimmten, unveränderbaren Platz anweist.

Diese Seite der Sache ist von historischer Bedeutung. Unser Autoritätsbegriff ist zum Teil platonischen Ursprungs, und als Plato die Einführung von so etwas wie Autorität in die öffentlichen Angelegenheiten der Polis zu erwägen begann, war er bewußt auf der Suche nach einer Regierungsform, welche weder in Überredung bestand, in πείθειν, wodurch in Athen innenpolitische Angelegenheiten entschieden wurden, noch in Gewalt, βία, die griechischer Auffassung zufolge legitim in allen Fragen der Außenpolitik verwandt wurde.

Historisch können wir sagen, daß Autoritätsverlust – das heißt der radikale Zweifel nicht an der Legitimität gerade herrschender Gewalten, sondern an der Legitimität von Autorität überhaupt – nur das letzte und dann allerdings entscheidende Stadium einer Entwicklung ist, in der Jahrhunderte lang nur Tradition und Religion wirklich erschüttert waren. Von diesen dreien: Tradition – Religion – Autorität, die, wie wir sehen werden, wesentlich zusammengehören, hat sich Autorität als das stabilste Element erwiesen. Erst mit dem Autoritätsverlust bemächtigte sich der allgemeine Zweifel der Neuzeit des politischen Bereiches, in dem nicht nur alles sich sofort radikaler ausnimmt, sondern wo die Dinge auch eine nur dem Politischen eigene Realität gewinnen. Was bis dahin vielleicht nur geistige oder ideengeschichtliche Relevanz gehabt hatte, ging nun wirklich alle an. Erst jetzt, so könnte man sagen, wurden Traditions- und Religionsverlust zu einem politischen Ereignis allerersten Ranges.

Die Unterscheidung zwischen Autorität und »Autorität überhaupt«, die ich vorschlage, wird vielleicht deutlicher, wenn ich sie an den beiden der Autorität so nahe stehenden Begriffen von Tradition und Religion exemplifiziere. So sind zum Beispiel auch Tradition und Vergangenheit nicht dasselbe. Traditionsverlust muß und darf nicht bedeuten, daß wir die Vergangenheit verlieren, wie uns die Traditionsgläubigen auf der einen und die Fortschrittsgläubigen auf der anderen Seite einreden wollen, wobei es gleichgültig ist, daß die Traditionsgläubigen dies beklagen und die Fortschrittsgläubigen uns zu dem Verlust gratulieren. Mit dem Verlust der Tradition haben wir den Ariadnefaden verloren, der uns durch die ungeheuren Reiche der Vergangenheit sicher geleitete, der sich aber auch als die Kette erweisen könnte, an die jede Generation neu gelegt wurde und durch die ihr die Vergangenheit in einem im vorhinein vorgezeichneten Aspekt erschien. Dabei ist aber nicht zu leugnen, daß ohne die Sicherung der Tradition – und der Verlust dieser Sicherung ist bereits einige hundert Jahre alt – der Raum der Vergangenheit selbst mitgefährdet worden ist, so daß

Traditionsverlust sehr wohl den Verlust der Vergangenheit bedeuten kann. Wir sind in der Gefahr zu vergessen, und solch Vergessen würde – ganz abgesehen von den Inhalten selbst, die verlorengehen könnten – bedeuten, daß, rein menschlich gesprochen, wir uns selber einer Dimension berauben würden, der Tiefendimension im menschlichen Dasein. Denn Gedächtnis und Tiefe sind dasselbe, jedenfalls kann es für Menschen Tiefe nicht geben ohne Gedenken und Erinnern.

Ganz ähnlich liegt es mit dem Religionsverlust, der für die Neuzeit seit den radikalen Religionskritiken des siebzehnten und achtzehnten Jahrhunderts trotz aller Reaktionen und Restaurationen charakteristisch geblieben ist. Dieser braucht nicht eine Krise oder einen Verlust des Glaubens zu implizieren, denn Religion und Glauben sind keineswegs dasselbe; aber wer wollte leugnen, daß der Glaube, der durch so lange Zeiträume hindurch sicher im Schoße der Religionen als öffentlicher Institutionen gehegt worden ist, durch das Descartes'sche »de omnibus dubitandum est« – durch die »Schule des Mißtrauens«, wie Nietzsche einmal die gesamte moderne Philosophie genannt hat – aufs schwerste gefährdet ist.

Ein ebenso naheliegendes Mißverständnis ergibt sich aus der oft gehörten Entgegensetzung von Autorität und Freiheit. Der Liberalismus, der in den Worten Lord Actons davon ausgeht, daß »die Konstanz des Fortschrittes [...] in Richtung organisierter und gesicherter Freiheit die charakteristische Tatsache moderner Geschichte ist«,[1] meint, daß jeder Autoritätsverlust eben von einer neugewonnenen Freiheit aufgewogen werde, und versteht die modernen Freiheitsbedrohungen und Freiheitsverluste, von denen wir allenthalben umgeben sind, nur als vorübergehende Abweichungen von diesem konstanten Prozeß, als Rückstöße und Reaktionen im wörtlichen Sinne. Dabei übersieht er die in der Wirklichkeit ausschlaggebenden Unterschiede zwischen einer autoritär beschränkten Freiheit, der tyrannischen Abschaffung der politischen Freiheit und der totalen Elimination jeder Spontaneität, wie wir sie nur in totalitär beherrschten Ländern finden. Das geschichtliche Prozeßdenken, das zudem noch meint, den historischen Prozeß im ganzen und in seiner Direktion überblicken zu können, sieht hier nur Gradunterschiede und verfehlt dabei die eigentlich politischen Phänomene. Ein autoritär geleitetes Gemeinwesen wie die katholische Kirche ist nicht totalitär, und totale Herrschaft, wie wir sie von den Hitler- und Stalinregimen kennen, hat mit Autorität nicht das geringste zu tun. Aufgabe der Autorität ist immer gewesen, die Freiheit zu begrenzen und gerade dadurch zu sichern, so daß eine autoritäre Staatsform ihre eigentliche Substanz verliert, wenn sie die Freiheit schlechterdings abschafft. Sie ist dann eben nicht mehr autoritär, sondern tyrannisch.

Ganz ähnlich steht es mit dem für alles Autoritätsdenken entscheidenden Unterschied zwischen legitimer und illegitimer Macht. Der Liberalismus war so überzeugt davon, daß alle Macht korrumpiert und daß daher die Konstanz des Fortschritts an einen konstanten Machtverlust gebunden ist, daß er sich um die Frage nach dem Ursprung der Macht oder nach ihrer Legitimierung wenig kümmerte. Wo immer Macht und Gewalt gleichgesetzt werden, ist das Verständnis für das, was Autorität ist oder vielmehr war, bereits erloschen. Denn es ist gerade eines der Hauptmerkmale jeder autoritären Herrschaft, daß ihre Autorität sich immer legitimiert, und zwar dadurch, daß sie sich auf eine Quelle beruft, die außerhalb und über der Machtsphäre derer liegt, die gerade die Gewalt innehaben – also auf ein Gesetz, das entweder von Menschen überhaupt nicht erlassen wurde (wie das Naturrecht oder die Gebote Gottes oder die platonischen Ideen) oder auf uralte, durch Tradition geheiligte Bräuche, die zumindest nicht von denen gemacht sind, die gerade regieren.

Mit anderen Worten: Autorität und Freiheit sind keineswegs Gegensätze, und einem Autoritätsverlust entspricht kein automatischer Freiheitsgewinn. Vielmehr leben wir bereits seit geraumer Zeit in einer Welt, in welcher dem fortschreitenden Autoritätsverlust eine ebenso evidente fortschreitende Freiheitsbedrohung entspricht. Oder anders gewendet: Wir leben in einer Welt, in der weder der traditionelle Begriff von Autorität noch der traditionelle Begriff von Freiheit ohne weiteres Gültigkeit haben. Es ist, scheint mir, evident, daß in keiner traditionellen politischen Philosophie, wie immer sie Freiheit definieren mag, diejenige Freiheit vorgesehen ist, über die wir seit rund einem Jahrzehnt verfügen, nämlich das organische Leben auf der Erde zu vernichten. Unserer Frage: Was war Autorität?, die davon ausgeht, daß es im politischen Feld echte Autorität nicht mehr gibt, würde die Frage entsprechen, über die wir hier nicht reden können, nämlich: Was ist unter modernen Bedingungen eigentlich Freiheit?

Politisch gesprochen ist das evidenteste Zeichen des modernen Autoritätsverlustes natürlich das Aufkommen der totalitären Herrschaftsapparate, die sowohl ideologisch wie praktisch-moralisch den Zusammenbruch aller traditionell gesicherten Autoritäten im politischen wie gesellschaftlichen Bereich voraussetzen. Denn der Zusammenbruch der traditionellen Maßstäbe für politisches Handeln und politische Organisation ist nirgends das Ergebnis der politischen Propaganda der Bewegungen oder der staatlichen Maßnahmen der totalitären Herrschaft. Die Sache liegt vielmehr umgekehrt so, daß die Anziehungskraft der Bewegungen und die anfängliche Popularität der aus ihnen entstehenden Herrschaftsform darauf beruhen, daß sie sich besonders gut unter diesen modernen Bedingungen auskennen und besonders geeignet scheinen, unter diesen Bedingungen politisch zu handeln.

Autoritätsverlust ist ein viel älteres und auch viel allgemeineres Phänomen als die totalitäre Bedrohung. Es tritt in den verschiedenen Ländern in verschiedenen Formen auf, wie es überhaupt der globalen modernen Situation eigentümlich ist, daß sich die

Aspekte der spezifischen Modernität der modernen Welt in den verschiedenen Ländern und Kontinenten verschieden zeigen, ihre Extreme verschieden entwickeln, wobei man sich hüten muß, diesen Verschiedenheiten zu große Bedeutung beizumessen. Grundsätzlich gilt, daß, was immer in einem Lande der Erde möglich ist, in allen anderen auch möglich ist. So braucht der Autoritätsverlust, auch wenn er sich sehr radikal äußert, keineswegs immer zu einer Katastrophe im Sinne einer totalitären Entwicklung zu führen. Vielmehr ist ein, wie mir scheint, sehr charakteristischer Aspekt dieses Phänomens in seinen extremsten Konsequenzen in Amerika ausprobiert worden, also einem Lande, das sich wenigstens bisher als verhältnismäßig immun gegen die totalitären Strömungen des Jahrhunderts erwiesen hat. Hier nämlich stehen wir der merkwürdigen Tatsache gegenüber, daß der Zweifel an der Legitimität von Autorität auch nicht vor derjenigen haltgemacht hat, die anscheinend von der Natur selbst vorgezeichnet ist, nämlich der Autorität der Eltern über die Kinder, und allgemeiner: der Älteren über die Jüngeren, oder spezieller: der Lehrer über die Schüler. Auch dies ist nicht spezifisch amerikanisch, sondern modern, denn das Gerede von dem »Jahrhundert des Kindes« stammt aus Europa, und zwar aus dem ersten Jahrzehnt unseres Jahrhunderts, also aus einer Zeit, da politisch noch alles in bester Ordnung schien.

Man muß sich demnach hüten, solche allgemeinen und vermutlich unausweichlichen Bedingungen wie Autoritätsverlust, unter denen politisches Handeln in unserer Zeit steht, als eindeutig wirkende Ursachen mißzuverstehen. Kausal läßt sich aus ihnen weder etwas herleiten noch etwas erklären. Weder das erste Jahrzehnt unseres Jahrhunderts noch die allgemeine, durch Autoritätsverlust gekennzeichnete Situation in den Vereinigten Staaten sind in irgendeinem Sinne »prätotalitär«. Andererseits aber ist natürlich nicht zu übersehen, daß eine Autoritätskrise, die selbst vor offenbaren Naturnotwendigkeiten nicht haltmacht und die

Autorität des Erwachsenen über das Kind erschüttert hat, außerordentlich radikal ist.

Um uns dies Phänomen zu vergegenwärtigen, müssen wir erst einmal davon absehen, daß das Eltern-Kinder-Verhältnis, wie überhaupt die Tatsache des Vorhandenseins der Jungen und der Alten, seit eh und je, und sicher seit Aristoteles, das Modell geliefert hat für alle Demonstrationen einer naturgegebenen Notwendigkeit, menschliches Zusammenleben so einzurichten, daß es in ihm immer Befehlende und Gehorchende, Herrscher und Beherrschte gäbe. Der politische Gebrauch dieses von der Natur vorgezeichneten Verhältnisses ist in der Tat höchst fragwürdiger Natur, und zwar nicht erst in allen konservativen und neokonservativen Argumenten, sondern, wie wir sehen werden, bereits dort, wo er zum ersten Mal auftritt, bei Aristoteles selbst. Aber ganz abgesehen von Brauch und Mißbrauch (ganz abgesehen vor allem auch von der Frage, ob wir das, was wir Autorität im politischen Sinne nennen, bereits in dieser gleichsam präpolitischen Sphäre menschlichen Lebens vorfinden), ist es ja höchst merkwürdig, daß eine so elementare Form der Beziehung, die bisher noch von keiner historisch bekannten Gesellschaft je in Frage gestellt wurde, plötzlich nicht mehr gelten oder jedenfalls nicht mehr über allen Zweifel erhaben sein soll, daß also dies uralte Modell für die Notwendigkeit von Autorität nicht mehr plausibel ist. Dies impliziert zweifellos mehr als die uns ja auch aus anderen Phänomenen genugsam bekannte Tendenz der Zeit, alle Einsichten des gesunden Menschenverstandes einfach nicht zu beachten, in unserem Falle also die unausweichliche Tatsache der Hilflosigkeit und Hilfsbedürftigkeit des Kindes, das unter keinen Umständen tun kann, was es will, weil es noch nicht wollen kann.[2]

Soweit es sich hier überhaupt bereits um etwas Politisches handelt, kommt in diesem Extrem der Autoritätsfeindlichkeit eine Art Abdankung der Zeitgenossen zum Ausdruck, die sich als Eltern und Erzieher gewissermaßen weigern, eine der allerelementarsten Funktionen in jedem Gemeinwesen, das Hinleiten derer, die durch Geburt neu in die Welt gekommen und daher in ihr notwendigerweise Fremdlinge sind, zu übernehmen und so die Kontinuität dieser gemeinsamen Welt zu sichern. Es ist, als wollten die Eltern ihren Kindern gegenüber die Verantwortung für die Welt, in die sie sie hineingezeugt und hineingeboren haben, nicht mehr übernehmen. Wir haben es hier nur mit einem besonders extremen und oft grotesken, wenn auch verhältnismäßig harmlosen Beispiel einer spezifisch modernen Weltentfremdung zu tun, die sich keineswegs immer in einem aktiven Weltvernichtungswillen zu äußern braucht.

Die Frage: Was ist Autorität? empfängt ihre Relevanz einerseits aus der Autoritätskrise der Zeit und andererseits aus der Tatsache, daß abendländisches politisches Handeln und Zusammenleben seit den Römern unter der Kategorie der Autorität gestanden haben. Sie ist trotz der relativen Distanz, in der wir zu echtem Autoritätsdenken stehen und die es uns leichter machen sollte, gewisse historisch gegebene Tatbestände zu erkennen, nicht leicht zu beantworten. In der allgemeinen Unsicherheit, die sich natürlicherweise unser aller gerade im politischen Bereich und Denken bemächtigt hat, begegnen wir ständig sehr verständlichen und sehr achtenswerten Restaurationsversuchen, denen eine Tendenz entspricht, die Ruhezeiten, welche sich zwischen die Katastrophen des Jahrhunderts schieben, dazu auszunutzen, die Krise selbst zu verharmlosen und die Katastrophen nach Möglichkeit zu bagatellisieren. Man braucht nur, meinen die Liberalen, den Strom der Entwicklung in sein natürliches Bett zurückzulenken, und die Bedrohung der Freiheit, die sie als vorübergehende Reaktion auf die Konstanz des Fortschritts verstehen, werde von selbst nachlassen. Man braucht nur, meinen die Konservativen, die alte Autorität wieder herzustellen und mit ihr die zügellos gewordene Freiheit zu begrenzen und zu sichern, und der Prozeß, der unausweichlich in den Untergang zu führen scheint, wird aufgehalten sein.

Diese liberalen und konservativen Meinungen stehen sich nur scheinbar diametral entgegen; bei näherem Zusehen stellt sich immer heraus, daß Liberalismus und Konservativismus nicht nur gleichzeitig und als Reaktion aufeinander entstanden sind, sondern auch ihrem Gehalt nach eigentlich zusammengehören, insofern sie beide alle Phänomene im Horizont des Geschichtsbegriffes des neunzehnten Jahrhunderts und seines Prozeßdenkens erblicken, so daß Fortschritt und Untergang, beziehungsweise die ihnen entsprechenden Stimmungen eines liberalen Optimismus und eines konservativen Pessimismus, nur die beiden möglichen Aspekte der gleichen Sache, die Kehrseiten derselben Medaille sind. Was die aus diesen Gesinnungen entspringenden Restaurationsversuche angeht, so kennen wir sie im Politischen seit der Französischen Revolution. Vielleicht haben die seit jener Zeit periodisch auftretenden Stimmungsumschwünge und Wiederherstellungen die Gesamtentwicklung einigermaßen verzögert; wahrscheinlicher ist, daß sie nichts restauriert haben außer den Fassaden, hinter denen sich das eigentlich Geschehende mehr und mehr verbarg, um dann in gelegentlichen und immer katastrophaleren Ausbrüchen diejenigen, die verantwortlich auf der Bühne des Öffentlichen und Sichtbaren standen, immer unvorbereiteter zu überfallen.

Die Schwierigkeiten, welche die Debatte zwischen Liberalen und Konservativen über bestimmte politische Grundbegriffe uns für eine Neubesinnung in den Weg stellt, sind legitim, insofern sie durchaus in der politischen Wirklichkeit verankert sind, wenn auch diese Wirklichkeit nicht mehr die unsere ist und es uns daher oft scheinen möchte, daß wir uns mit Gespenstern herumschlagen. Anders steht es mit einer Schwierigkeit neueren Datums, die, wiewohl sie vor allem akademischer Natur ist, doch erheblich dazu beigetragen hat, die ohnehin bestehende Begriffsverwirrung weiter zu verwirren. Ich meine die neueren Methoden der Sozialwissenschaften, durch die sie sich von den historischen Wissenschaften emanzipiert haben und glauben, sich als eine objektive Wissenschaft etablieren zu können. Dies soll dadurch erreicht werden, daß alle Begriffe und Ideen auf den Gesellschaftsprozeß hin funktionalisiert werden, so daß sich Unterscheidungen, wie wir sie vorschlagen, überhaupt erübrigen.

Ich möchte dies an der heute weitverbreiteten Meinung illustrieren, daß der Kommunismus, seines offenen Atheismus ungeachtet, eine »Religion« sei, und zwar entweder eine »neue Religion« oder ein »Religionsersatz«. (Das Argument selbst ist so alt wie der organisierte neuere Atheismus; »donc, l'athéisme c'est votre religion!« pflegte man schon in den vierziger Jahren des vorigen Jahrhunderts zu sagen, und gewisse Materialisten, vor allem Feuerbach, sahen in der Tat in ihrer Philosophie eine neue Religion. Engels' Antwort auf diese Argumente ist so stichhaltig wie eh und je: Eine Religion ohne Gott ist wie Alchimie ohne den Stein der Weisen, und den modernen Materialismus für eine Religion zu halten läuft auf dasselbe heraus, wie moderne Chemie für die wahre Alchimie auszugeben.[3]) Diese Meinung ist heute nicht nur bei Soziologen vertreten, spielt aber in den Sozialwissenschaften eine Rolle, die über bloße Konfusion hinausgeht. Ihr Interesse nämlich gilt prinzipiell nicht dem, was der Kommunismus von sich selbst zu sagen weiß, sei es in Form seiner Ideologie oder in Form seiner Herrschaftsmethoden; ihr Interesse gilt nur dem Funktionieren an sich, und was immer die gleiche Funktion erfüllt, das heißt das gleiche bewirkt, ist für sie daher von vornherein dasselbe. So werden sie zum Beispiel geneigt sein, ein Gesetz als das zu definieren, was zum Gehorsam zwingt, und dann alle Zwangsmaßnahmen mit Gesetzen identifizieren. Auf diese Weise ist in der modernen Rechtswissenschaft bereits der so entscheidende Unterschied zwischen Gesetz und (Not-) Verordnung ganz verwischt worden; im Grunde aber läuft es darauf hinaus, den Gehorsam, den ich dem Gesetz leiste, mit dem Gehorchen zu identifizieren, das auch dadurch erfolgen kann, daß mir einer die Pistole auf die Brust setzt. Es ist, als ob ich das Recht hätte, den Absatz meines Schuhs einen Hammer zu nennen, weil ich ihn, wie die meisten Frauen, zum Einschlagen von Nägeln in die Wand benutze.

Offensichtlich lassen sich aus diesen verwirrenden Gleichsetzungen, die heute gang und gäbe sind, ganz verschiedene Schlüsse ziehen. So wäre es für Konservative charakteristisch, daran festzuhalten, daß ein Absatz schließlich kein Hammer ist, aber zu meinen, daß der Gebrauch des Absatzes für das Einschlagen von Nägeln beweist, daß er ein Hammer-Ersatz ist und daß Hämmer daher notwendig sind. Sie werden mit anderen Worten ebenfalls meinen, daß der Atheismus dieselbe Funktion erfülle wie die Religion, daraus aber den Schluß ziehen, daß Religion eben eine Notwendigkeit ist und daß es nicht nur besser ist, zur »wahren Religion« zurückzukehren, sondern daß der atheistische Kommunismus überhaupt nur mit den Mitteln der wahren Religion bekämpft werden kann. (Dieses Argument ist natürlich nicht sehr überzeugend. Wenn es sich nur um die Funktion handelt, die einer Sache zukommt, dann können auf dieser Ebene die Anhänger der »falschen Religion« die ihre genausogut verteidigen, wie ich den Gebrauch meines Absatzes verteidigen kann, der schließlich auch gar nicht so schlecht funktioniert.) Die Liberalen auf der anderen Seite haben aus der gleichen Annahme, wir hätten es im Kommunismus mit einer neuen Religion zu tun, den Schluß gezogen, daß hier eine Art neumodischer Priesterherrschaft sich breitmache, daß der wahre Sozialismus verraten worden sei und daß wir uns vor solchem Verrat nur dadurch schützen können, daß wir entschlossen den Einfluß der Religion auf Politik überhaupt abwehren. Diese sich widersprechenden Empfehlungen an die Adresse der freien Gesellschaften, entweder zur »wahren Religion« zurückzukehren und religiöser zu werden (wie sie vor allem von Katholiken geäußert zu werden pflegen) oder aber uns von den Banden institutioneller Religion überhaupt zu befreien (wie sie vor allem von den entschlossenen Gegnern des Katholizismus gefordert werden), können kaum verbergen, daß die Gegner in einem, für uns hier allein wesentlichen Punkte übereinstimmen: Beide sind der Meinung, daß, was immer die Funktion einer Religion erfüllt, eine Religion *ist*.

Der modernen Diskussion des Autoritätsbegriffes wie der Vorstellung von der sogenannten »autoritären Persönlichkeit« liegt nahezu immer eine Gleichsetzung von Zwang und Gewalt mit Autorität zugrunde, die ihrerseits auf dem gleichen Argument beruht: Wenn Autorität Gehorsam herbeiführt, also dasselbe bewirkt wie Zwang, dann ist Autorität eine Art von Zwang. Natürlich finden wir hier wieder dieselben Gegner: die einen empfehlen eine Rückkehr zur Autorität, weil ihrer Meinung nach nur eine Wiedereinführung von klaren Herrschaftsverhältnissen die Probleme einer Massengesellschaft meistern kann; die anderen sind der Meinung, eine Massengesellschaft könne sich ganz genauso gut selbst regieren wie jeder andere soziale Körper auch. Aus diesem Grund sind sich die Gegner auch darin einig, die modernen Diktaturen autoritär zu nennen oder gar die totale Herrschaft mit autoritären Herrschaftsformen gleichzusetzen.

Wenn es hier um nichts anderes ginge als akademische Begriffsverwirrungen, selbst wenn es um nicht mehr ginge, als daß die Sozial- und Staatswissenschaften es sich selbst unmöglich machen, das politisch wichtigste und neueste Phänomen unserer Zeit, die totale Herrschaft, in ihrer grundsätzlichen Unterschiedenheit von allen anderen und vor allem auch autoritären Herrschaftsformen zu erkennen, so könnte man vielleicht noch die Sache auf sich beruhen lassen. Leider aber hat diese Sache noch eine andere, praktisch-politische Seite, um derentwillen es sich schon lohnt, sich auf eine Polemik einzulassen. Die sogenannte religiöse Erneuerung, die seit Ende des Krieges in immer stärkeren Wellen die ganze westliche Welt ergriffen hat, orientiert sich wesentlich an dem Kampf gegen die totale Herrschaft des Kommunismus im Osten. Die Gefahr ist, daß die Gleichsetzung von Ideologie und Religion dazu führt, eine religiöse Ideologie zu produzieren, also nun wirklich das, was weder Atheismus noch Kommunismus sind, nämlich eine Ersatzreligion. Und so besteht auch die Gefahr, daß die Gleichsetzung von Autorität und Gewalt damit enden wird, eine Ersatzautorität in Form von Zwangsherrschaft heraufzubeschwören, also die Freiheit zu beschneiden unter der Vorgabe, daß es ohne Gewalt, Autorität genannt, nicht geht.

Meine Frage: Was ist Autorität? geht also davon aus, daß abgesehen von den meines Erachtens unerheblichen Restaurationsversuchen der Begriff der Autorität politisch kaum noch eine Rolle spielt, ja eigentlich nur noch in der Institution der katholischen Kirche heute echt repräsentiert ist – sicher aus guten Gründen, nur hat die Kirche natürlich trotz ihres gelegentlichen Einflusses auf Politik längst aufgehört, eine politische Institution zu sein. Meine Frage geht weiter davon aus, daß der Autoritätsverlust bereits so weit gediehen ist, daß er sich sogar der präpolitischen Bereiche menschlicher Beziehungen bemächtigt hat, in denen Autorität natürlichermaßen ihren Ursprung zu haben schien. Angesichts dieser Situation, in welcher die Präsenz von Autorität nicht mehr selbstverständlich ist, frage ich: Welches sind die politischen Erfahrungen, denen der Begriff der Autorität entsprach und aus denen er entsprang? Welcher Art ist eine öffentlich-politische Welt, die durch Autorität konstituiert ist? Hat es Autorität in einem spezifischen Sinne, der über das Befehl-Gehorsams-Verhältnis, wie wir es aus militärischen Erfahrungen kennen, hinausgeht, immer gegeben? Oder anders gewendet: Welche Art von Welt ist eigentlich an ihr Ende gekommen, wenn nicht diese oder jene Autorität in diesem oder jenem Lebensbereich fragwürdig geworden ist, sondern wenn der Begriff der Autorität selbst seine Geltung verloren hat?

II

Autorität als eine, wenn nicht *die* entscheidende Kategorie menschlichen Zusammenlebens hat es nicht immer, aber sehr lange gegeben, und die Erfahrungen, auf die dieser Begriff sich gründet, sind nicht die einzigen Erfahrungen politischer Art überhaupt, aber sie haben in ihrer Ausformung eines bestimmten Typus politischen Handelns eine außerordentlich lange und verhältnismäßig sehr stabile politische Ordnung zur Folge gehabt, außerhalb derer eigentlich erst die moderne Welt geraten ist. Wort und Begriff sind römischen Ursprungs. Weder die griechische Sprache noch die vielfältigen politischen Erfahrungen griechischer Geschichte wissen von Autorität.[4] Dies kommt am deutlichsten gerade in der Philosophie der beiden Denker zum Ausdruck, die in ganz verschiedener und verschieden betonter Weise, aber aus den gleichen politischen Erfahrungen versuchten, in das griechische politische Leben so etwas wie Autorität einzuführen, also bei Plato und Aristoteles, deren politische Philosophie natürlich alles weitere politische Denken auch dann und dort, nämlich bei den Römern und in der weiteren Tradition der politischen Theorie, beherrschte, wenn es auf ganz anders geartete politische Erfahrungen, als sie selbst hatten, angewandt wurde. Wollen wir also nicht nur den politischen Erfahrungshorizont des Autoritätsbegriffes, der zumindest in seinem positiven Aspekt ausschließlich römisch ist, verstehen, sondern auch Autorität so verstehen, wie die Römer sie verstanden und in diesem Verständnis der politischen Tradition des Abendlandes überlieferten, so müssen wir uns kurz diejenigen Züge griechischer politischer Philosophie vergegenwärtigen, die auf die begriffliche Ausprägung des Autoritätsgedankens einen entscheidenden Einfluß gehabt haben.

Als Plato und Aristoteles den Begriff der Herrschaft in die Politik einführten, konnten sie auf zwei Arten von Herrschaftsverhältnis zurückgreifen, die innerhalb der griechischen Erfahrung jedem zugänglich, die eine in der Privatsphäre des Haushalts und des Familienlebens, die andere im öffentlich-politischen Bereich der Polis, vorlagen. Die Polis, die ihrem Wesen nach eine Gemeinschaft von Gleichen war, kannte Herrschaft nur als Tyrannis, deren Hauptcharakteristiken die Gewaltherrschaft gegen die Bürger, die Leibwache des Tyrannen und die Verbannung der Bürger aus dem öffentlichen in den privaten Bereich waren; von diesen war die immer erwähnte Neigung des Tyrannen, das politische Handeln zu monopolisieren, griechischer Auffassung zufolge das Schlimmste, weil es den öffentlichen Raum der Polis überhaupt zerstörte und die Bürger der Tätigkeiten beraubte, die für sie das wahre Wesen der Freiheit ausmachten. Innerhalb des Politischen war ferner ein Gehorsamsverhältnis aus der Erfahrung des Kriegführens bekannt, wo die Tatsache, daß Entschlüsse sehr schnell und unter Bedingungen unmittelbarer Gefahr gefaßt werden müssen, langwierige Überredung unmöglich macht und daher der Etablierung von Autorität sehr günstig sein muß. Entscheidend nun für den Herrschaftsbegriff der griechischen politischen Philosophie ist, daß er weder an dem Heerführer noch an dem Tyrannen abgelesen ist. Der Tyrann blieb für Plato wie für Aristoteles der »Wolf in Menschengestalt«, und der militärische Befehlshaber war zu offensichtlich mit einer zeitweiligen Notlage verbunden, um als Modell für eine beständige Einrichtung dienen zu können.

Da also der politische Bereich eine gültige Erfahrung nicht hergab, auf die ein Anspruch autoritärer Herrschaft sich hätte gründen können, griffen Plato wie Aristoteles, wiewohl in sehr verschiedener Weise, auf Modelle und Beispiele menschlicher Beziehungen zurück, die dem griechischen Haushalts- und Familienleben entstammten, wo der Haushaltsvorstand, δεσπότης genannt, eine absolute Herrschaft über die Mitglieder seiner Familie und die Sklaven des Haushaltes ausübte. Dieser »Despot« war kein Tyrann, weil er die ihm Untergebenen nicht einer Freiheit beraubte, die sie zuvor gehabt hatten, und er war nichts weniger als ein König, ein βασιλεύς, der als Anführer von anderen Haushaltsvorstehern, die ihm im wesentlichen gleich waren, als ein primus inter pares, und das besagt bei Homer als ein König unter Königen, fungiert hatte. Ihm eignete eine unumschränkte Gewalt zu zwingen, und gerade diese Eigenschaft beraubte ihn aller politischen Möglichkeiten, da sie alle Beteiligten, ihn selbst nicht ausgeschlossen, der Freiheit beraubte. In der Beziehung zwischen Herrn und Sklaven ist nach griechischer Auffassung weder Herr noch Sklave frei, und dies hat mit der Hegelschen Dialektik des Verhältnisses zwischen Herr und Sklave nicht das geringste zu tun. Als Plato nach vielen Versuchen, eine legitime Herrschaft für die Polis zu erdenken, schließlich im Alter in den Gesetzen selbst die Eigenschaften zu finden hoffte, die sie zu unbestrittenen Herrschern des gesamten öffentlichen Raumes machen würden, konstruierte er nicht nur diese Herrschaft in einer offenbar despotischen Form, er ging so weit, die spezifisch griechische Terminologie für Haushaltsangelegenheiten auf die Verwaltung der Polis zu übertragen und zu sagen (wahrscheinlich in einer Variation von Pindars Νόμος ὁ πάντων βασιλεύς, »ein Gesetz ist König über alles«): νόμος [...] δεσπότης τῶν ἀρχόντων, οἱ δὲ ἄρχοντες δοῦλοι τοῦ νόμου, »das Gesetz ist der Herr und Despot der Herrscher, die Herrscher sind Sklaven des Gesetzes«[5] – wobei zu beachten ist, daß eben nicht nur das Wort »Sklave«, sondern auch das Wort »Herr« oder »Despot« der Haushaltssprache entnommen ist.

Bei Plato blieb dieser aus dem Haushalt herrührende Despotismus und die ihn unweigerlich begleitende Zerstörung des politischen Bereiches, wie die Antike ihn verstand, utopisch. Aber es ist auch für unsere Betrachtung immerhin von einigem Belang, festzustellen, daß, als in den letzten Jahrhunderten des römischen Reiches die Zerstörung des öffentlichen politischen Raumes sich wirklich ereignete, dies Ereignis sprachlich seinen Ausdruck darin fand, daß nun zum ersten Mal das Wort dominus, dem im Lateinischen dieselbe Bedeutung zukommt wie dem griechischen »Despot«, auf den Herrscher des Reiches angewandt wurde. Caligula war der erste römische Kaiser, der sich »dominus« nennen ließ, also bereit war, einen Namen anzunehmen, »den Augustus und Tiberius noch als Verleumdung und Schimpf von sich gewiesen hätten«,[6] und zwar ausschließlich, weil er einen Despotismus beinhaltete, der im privaten Bereich wohl nur allzu vertraut, aber aus dem politischen sorgsam ferngehalten worden war.

Nirgends ist griechisches Denken dem Autoritätsdenken so nahe gekommen wie in Platos politischer Philosophie, die man in ihrer Gesamtheit am besten dadurch kennzeichnet, daß in ihr eine utopische Tyrannis der Vernunft der Wirklichkeit der Polis entgegengehalten wird. Das Motiv, die Vernunft zur Herrschaft im Bereich des Politischen zu berufen, war ausschließlich politisch, wenn auch die Folgen dieser Zumutung an die Vernunft, sich so zu entwickeln, daß sie andere Menschen zwingen könne, für die Tradition abendländischer Philosophie nicht weniger entscheidend gewesen sind als für die Tradition abendländischer Politik. Der Anlaß hierzu war der Konflikt zwischen Philosophie und Politik, die Feindseligkeit der Polis gegen das Philosophieren, deren unmittelbare Gefährlichkeit für Leib und Leben der Philosophen sich im Prozeß des Sokrates erwiesen hatte. Aber der wirkliche Grund, warum Plato in seiner Suche nach Autorität eine Tyrannei der Vernunft ersann – und eine Tyrannis der Vernunft ist nicht weniger tyrannisch als die uns geläufigere des Willens und der Macht –, liegt gerade in der eigentümlichen Strukturiertheit des griechischen politischen Lebens, in welchem es Autorität nicht gab. Entscheidend ist, daß die politischen Erfahrungen, auf die Plato den Herrschaftsanspruch der Vernunft gründete, negativer Art bleiben mußten, weil die Polis das Phänomen der Herrschaft nur aus der Erfahrung des Tyrannen kannte.

Politisch zeigt Platos Philosophie die Rebellion des Philosophen gegen die Polis an; der Philosoph meldet seinen Anspruch auf Herrschaft an, aber dies nicht eigentlich um der Polis oder um der Politik willen, sondern vor allem um der Philosophie willen und im Interesse der Sicherung des Philosophen. Dennoch scheint Aristoteles bereits die fatale Ähnlichkeit zwischen Platos Philosophen-König und dem Tyrannen griechischer Provenienz und Erfahrung aufgefallen zu sein, insofern beide offenbar im Sinne des eigenen Interesses regieren, was für Aristoteles, aber nicht für Plato, eines der auszeichnenden Merkmale des Tyrannen ist.[7] Aber daß diese Kombination von Vernunft und Herrschaft auch eine Gefahr für die Philosophie enthielt, ist, soviel ich weiß, nur in Kants Antwort an Plato betont worden: »Daß Könige philosophieren oder Philosophen Könige würden, ist nicht zu erwarten, aber auch nicht zu wünschen, weil der Besitz der Gewalt das freie Urteil der Vernunft unvermeidlich verdirbt«,[8] und selbst diese doch gewiß großartige Antwort geht am Kern der Sache vorbei.

Plato brauchte die Ähnlichkeit zwischen seinem Philosophen-König und dem Tyrannen nicht aufzufallen, weil für ihn wie für die griechische Polis allgemein das Hauptmerkmal des Tyrannen darin lag, daß er den öffentlichen Bereich, innerhalb dessen der Bürger erscheinen und sich zeigen kann, um zu sehen und gesehen, zu hören und gehört zu werden, nach Möglichkeit abschaffte, das ἀγορεύειν und πολιτεύεσθαι verbot und die Bürger auf ihr Privatleben innerhalb ihrer Haushalte verwies, was allgemein griechischer Meinung zufolge einer grausamen Beraubung der spezifisch menschlichen Möglichkeit menschlicher Existenz gleichkam. Gerade das, was uns so unmittelbar von dem Zwangscharakter der platonischen Konstruktion überzeugt, die völlige Absorption des privaten Lebens und die Allgegenwärtigkeit politischer Institutionen, hat vermutlich Plato daran gehindert, das Tyrannische seines Ideal-Staates zu erkennen; für ihn wäre es eine contradictio in adjecto gewesen, das als Tyrannis zu brandmarken, was nicht nur den Bürger nicht auf sein Privatleben verwies, sondern im Gegenteil von einem solchen Privatleben überhaupt nichts mehr übrig ließ.

Platos politische Philosophie, seine Antwort auf den Prozeß des Sokrates, geht davon aus, daß Überreden und Argumentieren für die Leitung von Menschen und die Ordnung öffentlicher Angelegenheiten sich als völlig unzureichend erwiesen haben. Es handelte sich für ihn also darum, etwas zu finden, was Menschen nötigen konnte, ohne daß sie durch βία, durch die Anwendung von Gewaltmitteln, die innenpolitisch von der Polis verpönt waren, gezwungen wurden. Auf dieser Suche muß er sehr früh entdeckt haben, daß Wahrheit, d. h. jene Wahrheiten, die sich uns als evident aufdrängen, den Verstand in gewisser Weise zwingen, sie anzuerkennen, und daß dieser Zwang, dem gar keine äußere Gewalt zu Hilfe kommt, nicht nur stärker wirkt als Überreden und Argumentieren, sondern eine ganz außerordentliche Macht über Menschen haben kann. Der Haken an diesem Verstandes-Zwang ist nur, daß sich ihm keineswegs alle Menschen fügen, sondern nur die wenigen, denen es um Wahrheit überhaupt zu tun ist; so daß sich das Problem ergibt, wie man wohl die »Vielen«, nämlich die ungeheure Mehrheit derer, aus denen der politische Körper zusammengesetzt ist, der gleichen Art Wahrheit unterwerfen könne, obgleich sie für ihren Zwangscharakter nicht empfänglich sind. Zweifellos ist, daß sie durch andere Mittel gezwungen werden müssen, wobei wieder der Zwang durch die Anwendung von einfachen Gewaltmitteln vermieden werden muß, wenn das politische Leben der Polis nicht zerstört werden sollte.[9] Hier liegt das zentrale Problem von Platos politischer Philosophie, und dies Problem ist weder von ihm noch in einem der späteren Versuche, eine Vernunft-Herrschaft zu errichten, gelöst worden. Plato selbst schlägt verschiedene Lösungen vor. Im »Staat« und im Gorgias liegt die »Lösung« in den abschließenden Mythen von einem Fortleben nach dem Tode, in welchem Belohnungen und Strafen verteilt werden – wobei es offensichtlich ist, daß Plato selbst an diese Geschichten nicht geglaubt und auch nicht gewollt hat, daß Philosophen ihnen Glauben schenken sollen. Für diese gilt vielmehr als Wahrheit das Höhlengleichnis, das für die Thematik des »Staates« entscheidender ist als die Idee der Gerechtigkeit, insofern es die Wahrheit der Wenigen oder der Philosophen politisch mitteilt, während das Höhlengleichnis am Ende des Werkes mit den Vielen rechnet, die philosophischer Einsicht unfähig sind. In den »Gesetzen« schlägt Plato eine andere, gewissermaßen entgegengesetzte Lösung vor; die Einleitungen, die jedem Gesetz vorangehen sollen, um den Bürgern seine Zwecke und Absichten darzulegen, sind gleichsam ein Ersatz für Überredung und Argumentieren.

In seinen Versuchen, ein legitimes Prinzip für Herrschaft und Zwang zu finden, ist Plato ursprünglich von einer ganzen Anzahl von Modellen geleitet worden, die er dem alltäglichen Leben der Menschen entnahm. Immer wieder erwähnt er die Beziehungen, die zwischen dem Hirten und seiner Herde, dem Steuermann eines Schiffes und den Passagieren, dem Arzt und seinen Patienten, dem Herrn und den Sklaven sich ergeben. Charakteristisch für diese Beispiele ist, daß in ihnen entweder überragende Sachkunde solches Vertrauen gebietet, daß weder Gewalt noch Überredung notwendig sind, um Gehorsam zu erzielen, oder daß Herrscher und Beherrschte durch einen solchen Abgrund voneinander geschieden sind, daß sie ganz verschiedenen Kategorien von Lebewesen angehören, wie dies der Fall ist in der Beziehung zwischen dem Hirten und seiner Herde und, jedenfalls antiker Auffassung zufolge, dem Herrn und seinen Sklaven. Auffallend ist ferner, daß alle Beispiele aus Gebieten genommen sind, die für die Griechen in die private Lebenssphäre gehörten. Dabei kommt der Beziehung zwischen Herrn und Sklaven eine besondere Bedeutung zu, die im »Staatsmann« erörtert wird: Der Herr weiß, was getan werden muß, und gibt seine Befehle, während der Sklave, der gehorcht, sie ausführt. Auf diese Weise wird es möglich, das Wissen, was zu tun ist, von dem tatsächlichen Tun ganz und gar abzutrennen, so daß sie sogar als gegenseitig sich ausschließende Funktionen auftreten, die dann im »Staat« zu den Merkmalen werden, durch die zwei verschiedene Klassen von Bürgern unterschieden werden.

Platos Beispiele sind gewählt, um die Notwendigkeit von Herrschaft einleuchtend darzustellen. Das, was sie dazu befähigt, ist die natürliche Ungleichheit, die in allen von ihm erwähnten Bezügen obwaltet; sie ist am auffälligsten in dem Beispiel vom Hirten und seiner Herde, aus dem Plato selbst (im »Staatsmann«) den ironischen Schluß zieht, daß er versucht habe, einen Menschen zu finden, der befähigt und berechtigt ist, über andere zu herrschen, und leider einen Gott gefunden habe. Nicht nur hier ist es ganz offensichtlich, daß Plato von seinen eigenen Beispielen nie recht überzeugt ist. Dennoch kehrt er immer wieder zu ihnen zurück, wo er die Autorität des Philosophen über die Polis etablieren möchte, weil er selbst sich nur in Fällen ausgesprochener Ungleichheit dazu verstehen konnte, Herrschaft zu rechtfertigen, und weil außerdem nur in diesen Fällen eine Herrschaft möglich war ohne Machtergreifung und ohne den Besitz der äußeren Gewaltmittel. Worum es ihm also ging, war, Verhältnisse zu finden, in denen das Zwangselement in der Beziehung selbst beschlossen liegt und so dem tatsächlichen Erteilen von Befehlen vorangeht. Dies ist der Fall bei der ärztlichen Autorität, der der Patient sich nicht erst zu unterwerfen braucht, der er bereits untersteht, wenn er krank wird; wie es, antiker Auffassung zufolge, der Fall ist bei dem Sklaven, der unter den Zwang des Herrn kam, als er Sklave wurde, und nicht erst, wenn dieser ihm einen Befehl erteilt.

Platos Vernunft-Herrschaft ist ganz und gar utopisch, und zwar in dem doppelten Sinne, daß weder eine Wirklichkeit noch eine politische Erfahrung ihr je entsprochen hätte. Dennoch hat diese frühe Identifizierung von Autorität mit einer tyrannisch gewordenen Vernunft eine fast noch entscheidendere Bedeutung für unseren Autoritätsbegriff gehabt als die politischen Erfahrungen der Römer, aus denen er schließlich entsprang, und zwar darum, weil die Römer und nach ihnen die in der römischen Tradition fest verwurzelte katholische Kirche Autorität wesentlich im Sinne der platonischen Philosophie verstanden, interpretierten und rechtfertigten. Dabei war vor allem die platonische Ideenlehre maßgebend, die wir hier nur in ihrem politischen Aspekt kurz skizzieren.

Wenden wir des Anachronismus nicht achtend das Wort Autorität auf Platos Philosophie an, so hat Autorität ihren eigentlichen Sitz in den Ideen, welche als Maßstäbe und Standards für menschliche Angelegenheiten benutzt werden können, weil sie selber die Sphäre menschlicher Angelegenheiten transzendieren. Der Himmel der Ideen im Höhlengleichnis wölbt sich über der Höhle menschlicher Existenz und kann darum deren Maßstab werden; aber der Philosoph, der die Höhle verläßt, um sich unter den reinen Himmel der Ideen zu begeben, geht dort ursprünglich nicht hin, um solche Maßstäbe zu gewinnen und »die Kunst des Messens« zu erlernen,[10] sondern um das wahre Wesen der Dinge zu schauen. Das eigentlich Autoritative der Ideen, das heißt diejenige Eigenschaft, welche sie geeignet macht, die dunklen Angelegenheiten der Menschen und dessen, was zwischen ihnen vor sich geht, zu beherrschen, ist keineswegs eine Selbstverständlichkeit. Die Ideen werden *herrschende* Begriffe im eigentlichen Wortsinn erst, wenn der Philosoph in Angst um sein Leben auf sie zurückgreift, um sie als Maßstäbe für Herrschaft und Macht zu benutzen.

Dabei kommt Plato eine Analogie aus dem praktischen Leben zu Hilfe, derzufolge es scheint, als richte sich alles handwerkliche Herstellen und Fabrizieren ebenfalls nach »Ideen«, nämlich nach einem von dem inneren Auge wahrgenommenen Gegenstand, demgemäß der wirkliche Gegenstand hergestellt wird.[11] Diese Analogie gibt die Handhabe dafür, die Transzendenz der Ideen in der gleichen Weise zu verstehen wie die außerhalb der herstellenden Tätigkeit liegende, also ihr transzendente Existenz des Modells, nach dem sie sich richtet und an dem schließlich Gelingen und Mißlingen gemessen werden. So können die Ideen politisch-moralisch zu den Maßstäben des praktischen Lebens werden. Ihre Transzendenz liegt weder in einem Jenseits des Irdischen noch in dem das Irdische überwölbenden Himmlischen, sondern in der gewissermaßen mechanisch-abstrakten Allgemeingültigkeit, durch die jeder Maßstab sich vor dem auszeichnen muß, was er messen soll. Zwischen dem Gebrauch der Ideen als Modelle des Herzustellenden und ihrem Gebrauch als tatsächliche Maßstäbe für praktisches Verhalten ist kein großer Unterschied, und Aristoteles vergleicht in einem seiner frühesten, noch unter direktem Einfluß von Plato geschriebenen Dialog das »vollkommenste Gesetz«, das heißt das Gesetz, das die nächstmögliche Annäherung an die Idee darstellt, schon mit dem »Senkblei, dem Maß und dem Kompaß [...] (welche) unter allen Werkzeugen hervorragen«.[12] Erst in dieser Anwendung verhalten sich die Ideen zu der Mannigfaltigkeit konkret existierender Dinge in der gleichen Weise wie der eine Maßstab zu der Mannigfaltigkeit des Meßbaren oder wie die eine Vernunft- oder Verstandesregel zu der Mannigfaltigkeit konkreter Begebnisse, die unter sie subsumiert werden können. Das, was noch Kant, wiewohl gerade er einen ganz anderen und sehr viel tieferen Begriff von der Urteilskraft des Menschen hatte, gelegentlich als die eigentliche Funktion des Urteilens erwähnt, nämlich das Subsumieren des Partikularen unter eine allgemeine Regel, geht noch auf diese Anwendbarkeit der Ideen in Platos politischer Philosophie zurück. Aber auch das eigentliche Merkmal spezifisch autoritärer Staatsformen, daß die Quelle ihrer Autorität, das, was Macht in ihrem Vollzug legitimiert, außerhalb und überhalb der Machtsphäre selbst sich befinden muß, also von Menschen nicht gemacht sein darf, wie das Naturrecht oder die Gebote Gottes, ist durchaus noch im Sinne der platonischen Maßstäbe konstruiert.

Gleichzeitig ergibt die Analogie zum handwerklichen Herstellen die willkommene Gelegenheit, die Vorstellung vom Experten, dem Sachkundigen, der in der platonischen Beispielswahl eine so große Rolle spielt, legitim auf den Bereich politischen Handelns zu übertragen, so daß es nun aussehen kann, als sei der Politiker im gleichen Sinne zuständig für menschliches Handeln und kompetent in den öffentlichen, alle gleichermaßen angehenden Angelegenheiten wie der Tischler für die Verfertigung von Holzwaren und Tischlerei überhaupt. Eng verbunden hiermit ist das Element der Gewalt, das in den politisch motivierten Höllenausmalungen am Schluß der politischen Dialoge so kraß hervortritt und alle Bemühungen Platos, uns davon zu überzeugen, daß in seinem utopischen Staat die Bürger »freiwillig gehorchen« würden, vereitelt. Wäre ihm die Begründung eines solchen freiwilligen Gehorsams geglückt, so hätte er zwar nicht in der Wirklichkeit, aber im Gedachten in der Tat das in der Hand gehabt, was wir seit den Römern Autorität nennen.

Die platonischen Höllenstrafen, die Möglichkeit, mit Gewalt zu zwingen, ohne doch Gewalt anzuwenden, haben in der Geschichte der Politik bekanntlich eine sehr große Rolle gespielt. Wichtiger aber in unserem Zusammenhang ist, daß ein Element von Gewalt-Tätigkeit allem Herstellen und Fabrizieren innewohnt, nämlich allen Tätigkeiten, in denen der Mensch sich der Natur direkt entgegenstellt, im Unterschied zu dem Tun, das sich im Handeln und Sprechen direkt an Menschen wendet. Das Errichten einer Welt von Menschenhand beruht immer auf einer Gewalt, die der Natur angetan wird – ein Baum wird geschlagen, um Holz zu gewinnen, und dem Material wird Gewalt angetan, um einen Tisch aus ihm zu zimmern. An den wenigen Stellen, wo Plato eine peinliche Vorliebe für tyrannische Regierungsformen zeigt, wird er durch seine eigenen Beispiele und Analogien dahin getrieben. Diese Verführung ist begreiflicherweise am größten, wenn er darüber spricht, daß seine utopische Republik ja erst noch gegründet werden muß, da eine solche Gründung besonders leicht im Sinne eines Herstellens verstanden werden kann. Nimmt man dazu noch an, daß der Staatengründer das politische Äquivalent des Handwerkers und Künstlers darstellt, der ebenfalls gemäß einer feststehenden δέα, gemäß den in seiner »Kunst« geltenden Regeln und Maßstäben verfährt, so ist der Tyrann in der Tat in einer besseren Position als irgendein anderer, einen Staat zu gründen und also Platos Idealstaat zu verwirklichen.[13]

Wir betonten bereits, daß die praktische Anwendbarkeit der Ideen als Maßstäbe, die die Ideenlehre auch für den Bereich des Politischen gültig erscheinen läßt, keineswegs eine Selbstverständlichkeit ist. Dies wird klar, wenn man sich vergegenwärtigt, daß bei Plato zwei ganz verschiedene »Ideen« den Platz der höchsten Idee, derjenigen nämlich, die alle anderen erst zu Ideen macht, einnehmen: es ist entweder die Idee des Schönen, wie im Symposion und im Phaidros, oder die des Guten, wie im »Staat«. Offenbar ist, daß Plato sich bei dieser Bestimmung auf das geläufige griechische Ideal des καλὸν κἀγαθόν stützte, auffallend aber, daß die Idee des Guten nur in seiner politischen Philosophie auftritt. Geht man den ursprünglichen philosophischen Erfahrungen, die der Ideenlehre zu Grunde liegen, nach (was wir hier nicht können), so ergibt sich, daß die Idee des Schönen als höchste Idee diesen Erfahrungen erheblich angemessener wäre; selbst im »Staat« wird der Philosoph noch definiert als Liebhaber des Schönen, nicht des Guten,[14] und erst im sechsten Buch wird die Idee des Guten als die höchste Idee eingeführt.

So liegt die Vermutung nahe, daß Plato selbst seine Ideenlehre geändert hat, und zwar aus politischen Gründen, beziehungsweise um sie für eine politische Theorie brauchbar zu machen. Denn für den politischen Bereich konnte die Brauchbarkeit der Ideenlehre nur mit der Idee des Guten gesichert werden, weil »gut« im griechischen Sprachgebrauch immer so viel heißt wie: »gut für« oder »tauglich«. Wenn die Idee, die alle anderen erst zu Ideen macht, die Idee der Tauglichkeit ist, dann können diese Ideen angewandt werden, und sie können in der Hand des Philosophen zu Regeln und Maßstäben oder, wie später in den »Nomoi«, unmittelbar zu Gesetzen werden. Der Unterschied ist nicht erheblich. (Was in dem »Staat« noch als direkter persönlicher Herrschaftsanspruch des Philosophen, eben des Philosophen-Königs, auftritt, ist in den »Gesetzen« zu dem unpersönlichen Herrschaftsanspruch der Vernunft und der von ihr gesichteten Idee geworden.) Die tatsächliche Konsequenz dieser politischen Interpretation der Ideen-Lehre wäre, daß weder der Mensch noch ein Gott das Maß aller Dinge ist, sondern das Gute selbst, eine Konsequenz, die zwar nicht Plato, aber offenbar Aristoteles in einem seiner frühen Dialoge gezogen hat.[15] Ursprünglich aber war die eigentliche Funktion der Ideen nicht, über die Angelegenheiten der Menschen zu herrschen, sondern als das Schöne über ihnen zu scheinen und das Irdische zu erleuchten.[16] Als solche haben sie mit Politik und politischer Erfahrung, das heißt mit dem Bereich der nur menschlichen Angelegenheiten, nicht das mindeste zu tun.

Man kann Platos politische Philosophie nicht verstehen, wenn man sich nicht ständig vor Augen hält, daß er einerseits wie kaum ein anderer Philosoph immer wieder davor gewarnt hat, diesen Bereich des nur menschlich Politischen wirklich ernst zu nehmen, und doch andererseits im Unterschied zu fast allen Philosophen nach ihm das Politische noch so ernst nahm, daß er bereit war, das eigentliche Zentrum seines Denkens zu revidieren, um es für eine politische Theorie brauchbar zu machen. Die Bedeutung des Höhlengleichnisses im »Staat« liegt darin, daß in ihm beide Tendenzen unentwirrbar miteinander verbunden sind. Das nicht Ernstnehmen des Politischen zeigt sich darin, daß die beiden Tätigkeiten, durch die Menschen als Menschen miteinander verbunden sind, nämlich das Sprechen – λέξις – und das Handeln – πρᾶξις – in ihm gar nicht erwähnt werden, daß die Höhlenbewohner vielmehr dadurch charakterisiert sind, daß sie aneinander gefesselt, aber nicht einander zugewandt, auf eine Wand starren, an der die Schatten und Abbilder der Dinge erscheinen. Die Philosophen unter ihnen sind dann diejenigen, die sich aufmachen für das »Hinsehen auf das Wahrste« (βλέπειν εἰς τὸ ἀληθέστατον), aber auch die anderen Höhlenbewohner sind so gekennzeichnet, als ob ihnen nur am Sehen gelegen wäre. Der ganze Raum der menschlichen Angelegenheiten in der Höhle wird mit anderen Worten vom Gesichtspunkt einer Philosophie aus angesehen, die annimmt, daß selbst diejenigen, welche die Höhle gewöhnlicher Menschen bewohnen, menschlich nur insofern sind, als auch sie zu sehen wünschen.[17] Das Ernstnehmen des Politischen wiederum zeigt sich im Höhlengleichnis darin, daß der Philosoph von seinem Auszug unter den freien Himmeln der Ideen eine Idee mitbringt, durch die die Angelegenheiten der Höhle in Ordnung kommen können, die Idee des Guten, und sie können in Ordnung kommen, weil das Messen und Subsumieren des Vielen unter das Eine Ordnung im Vielfältigen schafft.

Nun ist aber gerade das Herrschen, Messen, Subsumieren und Regeln den Erfahrungen, auf denen die Ideenlehre eigentlich beruht, ganz fremd; daran ändert auch nichts der unbezweifelbare geschichtliche Tatbestand, daß Plato selbst der erste war, der an der politischen Unbrauchbarkeit seiner Ideenlehre, so wie sie ursprünglich konzipiert war und wo nur die Idee des Schönen als höchste Idee fungieren konnte, Anstoß nahm und sie dementsprechend umzuändern suchte. Dieser Transformation liegt in der Tat eine echte politische Erfahrung zugrunde, aber sie ist nicht eine Erfahrung innerhalb des Politischen selbst, sondern der Konflikt zwischen Philosophie und Politik, beziehungsweise zwischen den Philosophen und der Polis. Es könnte sein, daß diese Transformation, die Heidegger als eine im Höhlengleichnis sich ereignende Umwandlung von Wahrheit in Richtigkeit nachgewiesen hat,[18] für die Philosophie nicht weniger verhängnisvolle Folgen zeitigt wie für die Politik, die auf dem Wege eines Kompromisses sozusagen den Maßstäben unterstellt wird, die aus dem philosophischen Bereich gewonnen sind und nur in philosophischer, nicht in politischer Erfahrung verifiziert werden können. Jedenfalls ist aus dem Konflikt zwischen Philosophie und Politik, wie er in dem Prozeß des Sokrates zum Ausbruch kam, unsere politische Philosophie entstanden. Der Konflikt, möchte man meinen, ist durch Plato nicht beigelegt, sondern von ihm nur diktatorisch zugunsten der Philosophie entschieden worden – was dann allerdings für nahezu die gesamte politische Theorie des Abendlandes maßgebend geworden ist.

In unserem Zusammenhang ist wesentlich festzuhalten, daß gerade das Herrschaftselement, das unter dem ungeheuren Einfluß platonischen Denkens den abendländischen Autoritätsbegriff so entscheidend bestimmt, auf einen Konflikt mit der Politik und nicht auf Erfahrungen, die spezifisch politische sind, zurückgeht. Herrschen soll der Philosophen-König, und unter seine Autorität sollen die menschlichen Angelegenheiten gerade deshalb gestellt werden, weil vom Standpunkt der Philosophie aus es unbedingt verhindert werden muß, daß sie so ernst genommen werden, daß sie autonom werden.

III

Der zweite, für die ganze Tradition maßgebende Versuch, einen Autoritätsbegriff im Sinne des Herrschens und Beherrschtwerdens zu etablieren, stammt aus der prinzipiell anders angelegten politischen Philosophie des Aristoteles. Hier nimmt die Vernunft keine diktatorisch-tyrannischen Züge an, und kein Philosophen-König unternimmt die Regelung der menschlichen Angelegenheiten ein für allemal. Hingegen hören wir in der »Politik« bereits, was dann später als Gemeinplatz immer wieder wiederholt worden ist, nämlich daß »jedes politische Gemeinwesen sich aus solchen, die herrschen, und solchen, die beherrscht werden, zusammensetze«, und zwar unter Berufung auf die »Natur«, die »den Unterschied [...] zwischen den Jüngeren und den Älteren bereitstelle und so die einen dazu bestimmt habe, beherrscht zu werden, und die anderen, zu herrschen«.[19]

So verführerisch selbstverständlich uns dies Argument erscheint, für Aristoteles war es offenbar gar nicht selbstverständlich, denn wir lesen in dem gleichen Traktat eine Definition der Polis, die im flagranten Widerspruch hierzu steht: »Die Polis ist eine Gemeinschaft von Gleichen«,[20] und wir lesen in einem anderen Zusammenhang, zu Beginn der zwar pseudo-aristotelischen, aber von einem seiner nächsten Schüler verfaßten »Ökonomik«, daß der wesentliche Unterschied zwischen einem politischen Gemeinwesen, der Polis, und dem Zusammenleben der Menschen in einem privaten Haushalt, der οἰκία, der sei, daß die letztere eine »Monarchie«, eine Ein-Herrschaft darstelle, während die Polis gerade umgekehrt »aus vielen Herrschern bestünde«.[21] Um die Bedeutung dieser Charakterisierung zu verstehen, muß man sich einesteils vergegenwärtigen, daß das Wort μοναρχία (im Unterschied zu dem Wort βασιλεία oder Königtum) vielfältig mit Tyrannis gleichlautend und gleichwertig gebraucht wurde und daß andererseits Aristoteles hier bei Vielherrschaft nicht etwa an eine Oligarchie oder gar Demokratie denkt, sondern meint, daß die Vielen, die einem Haushalt vorstehen und darum ἄρχοντες, Herrschende sind, sich eben zusammenfinden, um eine Polis zu gründen. Impliziert ist dabei lediglich, daß nur Haushaltsvorsteher, also »Monarchen« gewissermaßen, sich zu einer Polis zusammenschließen können, daß also das Herrschen selbst und die Unterscheidung zwischen Herrschern und Beherrschten in eine Sphäre fallen, die vor der politischen liegt. Was dann die politische vor der »ökonomischen« des Haushalts auszeichnet, ist gerade, daß es in ihr Herrschen und Beherrschtwerden nicht mehr gibt.

Diese uns fremdartig anmutende Art, das zu unterscheiden, was wir heute als privat und öffentlich bezeichnen würden, hängt damit zusammen, daß der Haushalt als dasjenige Instrument menschlichen Zusammenlebens erfahren wurde, durch das vorerst den eigentlich physisch-natürlichen Bedürfnissen der Menschen Rechnung getragen wird, daß sie sich also in Haushalten zusammenschließen, nicht sowohl, weil sie Menschen, als weil sie auch Lebewesen sind. Aristoteles artikuliert nur die in Griechenland geläufige öffentliche Meinung, gemäß derer jeder Bürger in zwei Lebensordnungen beheimatet ist, weil die Polis jedem Einzelnen zu seinem Privatleben eine Art zweiten Lebens dazuschenkt, seinen βίος πολιτικός.[22] Beide Ordnungen stellen Formen menschlichen Zusammenlebens dar, aber nur die Haushaltsgemeinschaft war mit dem Am-Leben-erhalten als solchem befaßt und hatte Sorge zu tragen für die physischen Notwendigkeiten (die ἀναγκαῖα), die der Aufrechterhaltung individuellen Lebens und der Gewährleistung des Überlebens der Gattung dienten. In charakteristischem Widerspruch zu moderner Auffassung obliegt diese Sorge für die Erhaltung der Gattung und die elementaren Lebensnotwendigkeiten nur dem privaten Haushaltsbereich, während in der Polis, im Politischen, der Mensch weder als Lebewesen noch als Vertreter der Gattung, sondern gerade als Individuum erscheint, nämlich κατ' ἀριθμόν.[23] Um zur Polis, zum Politischen, zu gelangen, muß das schiere Am-Leben-bleiben des Lebendigen, das Leben des Einzelnen und der Fortbestand der Gattung gesichert sein, und diese Sicherung geschieht durch Herrschaft. Während also das Ziel der Haushaltsgemeinschaft das schiere Leben ist, ist das Ziel der Polis das εὖ ζῆν, das gut Leben. Daß Aristoteles dann dieses »gut Leben« durchaus im Widerspruch zu den in der Polis gängigen Meinungen definiert, ist eine andere Sache und gehört nicht hierher. Der Unterschied zwischen dem präpolitischen, in dem es nur um das Am-Leben-bleiben geht, und dem eigentlich politischen »gut

Leben« entspricht noch durchaus dem allgemeinen griechischen Bewußtsein.

Die Haushaltsgemeinschaft ist eine Voraussetzung des Politischen, insofern in ihr erst einmal die Lebensnotwendigkeiten gemeistert sein müssen, bevor die Freiheit des »gut Lebens« beginnen kann. Die Herrschaft innerhalb ihrer ist doppelt zu verstehen: Es handelt sich erstens um die Beherrschung des Notwendigen, dessen, was im Sinne der Lebensnotwendigkeiten den Menschen zwingt und in seiner Gewalt hat. Diese Beherrschung der Notwendigkeit kann aber zweitens nur dadurch erfolgen, daß man durch Zwang andere Menschen beherrscht, die im Sinne der Sklavenwirtschaft den Freien das direkte Gezwungenwerden von den Lebensnotwendigkeiten abnehmen. Der freie Mann, der Bürger einer Polis, ist derjenige, der weder von den physischen Lebensnotwendigkeiten beherrscht wird noch durch den von anderen Menschen ausgeübten Zwang. Er darf nicht nur nicht Sklave sein, er muß Sklaven besitzen; er darf nicht nur nicht beherrscht werden, er muß selber herrschen. Die Freiheit des Politischen fängt genau da an, wo alles rein Notwendige durch Herrschaft gemeistert ist, so daß Herrschen und Beherrschtwerden, Befehlen und Gehorchen, zwar Voraussetzung des politischen Bereiches sind, aber gerade nicht ihr Inhalt.

Nun ist es ja keine Frage, daß Aristoteles, wie Plato vor ihm, eine Art Autorität in die Regelung öffentlicher Angelegenheiten und das Leben der Polis einführen wollte, und dies sicherlich aus sehr guten politischen Gründen. Fraglos scheint auch, daß unser Autoritätsbegriff und vor allem die Modelle, an denen wir uns vergegenwärtigen, was Autorität eigentlich ist und sein sollte, von der aristotelischen »Politik« nicht weniger bestimmt sind als von der platonischen Ideenlehre, wie sie im »Staat« vorgetragen ist. Der Widerspruch zwischen der in der »Politik« vorgetragenen Meinung, daß jedes politische Gemeinwesen aus Herrschenden und Beherrschten bestehe, und den Anfangsparagraphen der »Ökonomik«, derzufolge die Polis »aus vielen Herrschern« besteht, entspricht durchaus der Diskrepanz in der platonischen Ideenlehre zwischen der Idee des Guten und der Idee des Schönen als der höchsten Idee. Es ist charakteristisch für die durch die Römer bestimmte Tradition, daß in dem Weiterdenken der griechischen Theorien sich diejenigen Auffassungen durchgesetzt haben, die für die Begründung des römischen Autoritätsbegriffes besonders gut geeignet schienen, also die Idee des Guten als die höchste Idee und nicht die Idee des Schönen, die dem Maßstab und der Regel eigentümliche Transzendenz und nicht der Himmel der Ideen, der sich über der Erde wölbt und als solcher zu ihr noch gehört; die Unterscheidung schließlich zwischen Herrschen und Beherrschtwerden als grundlegend für die Konstitution jedes politischen Gemeinwesens, und nicht die Auffassung, daß die Polis und ihre Freiheit dort beginnt, wo alle Herrscher sind und es Beherrschte nicht mehr gibt.

Sachlich ergibt sich aus dem oben Gesagten kurz das Folgende: Es ist nicht selbstverständlich, sondern war eine Art Verlegenheitslösung, den politischen Autoritätsbegriff an der Unterscheidung zwischen Herrschen und Beherrschtwerden zu orientieren, denn die Erfahrungsgrundlage dieser Einteilung stammte gerade im Sinne griechischen Denkens aus der präpolitischen, privaten Sphäre des Haushalts und der Sklavenwirtschaft. Wenn Politik das ist, was überhaupt nur für Freie in Frage kommt, wenn die Polis derjenige Bereich menschlichen Zusammenlebens ist, der sich überhaupt nur gründen kann, wo Menschen weder den Notwendigkeiten des schieren Am-Leben-bleiben noch dem Zwang durch andere unterworfen sind, dann sind alle Kategorien, die dem Bereich der Lebensnotwendigkeiten entstammen, für Politik gerade nicht gültig. Dadurch, daß Aristoteles in der »Politik« versucht, die Kategorie des Herrschens und Beherrschtwerdens in die Angelegenheiten der Polis einzuführen, entpolitisiert er eigentlich die Politik, das heißt: er überträgt auf das Handeln und Zusammenleben der Polis Maßstäbe, die, wie er selbst an anderem Orte meint, eigentlich nur für das Handeln und Zusammenleben in der privaten Sphäre des Haushalts gelten.

Ferner ist das von Aristoteles und dann von der Tradition politischen Denkens immer wieder gewählte Rechtfertigungsbeispiel für die absolute Notwendigkeit einer solchen Autorität: die von der Natur selbst ja vorgezeichnete Unterscheidung zwischen Älteren und Jüngeren keineswegs so plausibel, wie sie uns nach all den Jahrtausenden der Gewöhnung erscheinen möchte. Es beruft sich auf den natürlichen Menschen, der nichts ist als ein Lebewesen, nicht auf den in der Polis agierenden Menschen, der das Leben gemeistert hat und nun »gut leben« will. Diese innere Unstimmigkeit kommt bei näherem Zusehen auch in dem Beispiel von den Alten und Jungen selbst zum Ausdruck, insofern es ja im Grunde für die Etablierung eines Herrschaftsverhältnisses innerhalb der Politik denkbar ungeeignet ist: hier erziehen offenbar nur die gegenwärtigen Herrscher die Herrscher der Zukunft, von einem eigentlichen Herrschaftsverhältnis kann gar keine Rede sein. Überhaupt ist damals wie heute nichts fragwürdiger als die politische Relevanz von Beispielen, die aus der Erziehung gewonnen sind. Zwar ist richtig, daß es in gewissem Sinne keine Erziehung geben kann ohne Autorität, und gerade darum ist, wie wir am Eingang sahen, es so charakteristisch für unsere Zeit, daß sie selbst diese höchst beschränkte Art von Autorität hat abschaffen wollen. Aber erstens hat Autorität, und sicherlich die in der Erziehung verwandte, mit Herrschen gar nichts zu tun, und zweitens haben wir es im Bereich des Politischen immer schon mit Erzogenen, nämlich mit erwachsenen Menschen zu tun. Erzieherischen Charakter kann Autorität im politischen Sinne nur gewinnen, wenn man mit den Römern voraussetzt, daß die Ahnen für jede nachfolgende Generation unbedingt das Vorbild des Großen überhaupt abgeben müssen, daß sie also, wie der lateinische Sprachgebrauch sagt, »die Größeren«, die maiores per definitionem sind. Wo unabhängig von dieser Grundüberzeugung das Beispiel der Erziehung durch Autorität auf das Politische übertragen wurde (und dies ist allerdings vor allem in konservativen Ideologien häufig genug), hat es immer nur dazu gedient, wirkliche oder erstrebte Herrschaftsverhältnisse zu verschleiern und vorzugeben zu erziehen, wo man eigentlich beherrschen wollte.

Die grandiosen Versuche der griechischen Philosophie, einen Autoritätsbegriff ausfindig zu machen, durch den der Verwahrlosung der Polis Einhalt geboten und das politische Leben der Zeit erneuert werden könnte, scheiterten daran, daß es im Bereich griechischer Politik ein auf eigenständig politische Erfahrung gegründetes Autoritätsbewußtsein überhaupt nicht gab, so daß all das, was spätere Zeiten dann im Sinne von Autorität verstanden, von Erfahrungen seine Evidenz bezog, die spezifisch unpolitisch waren, sei es, daß sie aus der Sphäre des Herstellens und Fabrizierens stammen, wo es Experten geben muß und Tauglichkeit das höchste Kriterium ist, wie bei Plato, oder daß sie aus der Sphäre des privaten Haushaltslebens bezogen sind wie bei Aristoteles.

Trotz der Großartigkeit dieser Versuche darf man bezweifeln, daß gerade diese Seite griechischer Philosophie von so außerordentlichem Gewicht für die politische Geschichte des Abendlandes geworden wäre, daß sie also den ihr inhärenten utopischen Charakter verloren hätte, wenn die Römer in ihrer unermüdlichen Suche nach Tradition und Autorität sich nicht entschieden hätten, griechische Philosophie, und vor allem die der sokratischen Schule, in allen Angelegenheiten des reinen Denkens und der Theorie einfach zu übernehmen und als ihre höchste Autorität anzuerkennen. Diese Absorption wiederum konnten sie nur deshalb leisten, weil, im Unterschied zu den Griechen, sowohl Autorität wie Tradition bereits eine entscheidende Rolle im politischen Leben der römischen Republik spielten.

IV

Im Zentrum römischer Politik, von dem Beginn der Republik fast bis zu dem Ende der Kaiserzeit, stand die Überzeugung von der Heiligkeit der *Gründung*, und zwar in dem Sinne, daß das, was einmal gegründet ist, bindend bleibt für alle künftigen Generationen. Politik treiben hieß immer vorerst die Gründung der Stadt Rom bewahren und vermehren. Dies ist auch der Grund, warum die Römer, in auffallendem Unterschied zu den Griechen, unfähig waren, die Gründung dieser einzigen Stadt in der Niederlassung von Kolonien zu wiederholen; sie konnten nicht sagen, wie die griechische Polis immer in Notzeiten, vor allem der Überbevölkerung, sagen konnte: Geht und gründet eine neue Stadt, denn wohin immer ihr kommen werdet, werdet ihr eine Polis sein.

Die Gründung von Rom – tantae molis erat Romanam condere gentem; »so viel Mühe bedurft's, das Volk der Römer zu gründen« (R.A. Schröder), wie Vergil in einer einzigen Zeile den immer gegenwärtigen Sinn der Äneis zusammenfaßt, wo alles Wandern und alle Leiden ihr Ende und ihr Ziel erreicht haben: *dum conderet urbem*, mit der Gründung der Stadt –, diese Gründung und die ebenfalls ganz ungriechische Erfahrung der Heiligkeit von Haus und Herd bilden den politischen Inhalt der römischen Religion. Religion meint hier (ganz anders als in Griechenland) wirklich religare,[24] Zurückgebunden- und Verpflichtetsein der ungeheuren, nahezu übermenschlichen und daher immer schon legendären Anstrengung, die Grundlagen zu schaffen, die Fundamente zu legen, für alle Ewigkeit zu gründen.[25] Religiös sein bedeutete, an die Vergangenheit gebunden sein, und Livius, der große Geschichtsschreiber vergangener Ereignisse, empfand: »Während ich diese alten Ereignisse niederschreibe, wird, ich weiß nicht durch welche Verknüpfung, mein Geist alt, und irgendeine religio hält (mich).«[26] Politische und religiöse Tätigkeit werden so nahezu ununterscheidbar, und Cicero kann sagen: »In nichts nähert sich menschliche Vollkommenheit so sehr den Wegen der Götter (numen) als in der Gründung neuer und der Bewahrung bereits gegründeter Gemeinwesen.«[27] Religion war die bindende Macht des Gegründeten selbst, das als Stadt auch den Göttern des Volkes eine Bleibe bot, ungleich auch in diesem den griechischen Göttern, die zwar die Städte der Menschen schirmten und sich in ihnen zeitweilig niederließen, aber ihre eigene Wohnung hatten, fern von den Stätten der Sterblichen, auf dem Olymp.

In diesem Zusammenhang war es, daß das Wort und der Begriff Autorität ursprünglich erschien. Das Wort »auctoritas« ist abgeleitet von dem Verb »augere«, vermehren, und was Autorität, oder diejenigen, die Autorität verwalten, beständig vermehren, ist die Gründung. Mit Autorität ausgestattet waren die Alten, der Senat oder die »patres«, die sie durch Herkunft oder Überlieferung (»traditio« von »tradere« wie das deutsche Wort) von denen erlangt hatten, die die Fundamente für alle kommenden Dinge gelegt hatten, den Ahnen, die die Römer daher die maiores, die Größeren, nannten.

Die Autorität der Lebenden war immer indirekter Natur, abgeleitet von den auctores imperii Romani conditoresque (Plinius), von der Autorität der Gründer, die nicht mehr unter den Lebenden weilten. Dabei ist zu beachten, daß häufig das Wort »auctor« in einen Gegensatz zu dem Wort »artifex« gerät, zu dem tatsächlichen Hersteller und Bildner, und dies gerade dann, wenn »auctor« nahezu dasselbe bedeutet wie unser »Autor«. »Wen«, fragt Plinius anläßlich eines neugebauten Theaters, »muß man mehr bewundern, den artifex oder den auctor (den Hersteller oder den Stifter), den Erfinder oder die Erfindung«, wobei er natürlich in beiden Fällen das Letztere meint. Hier bezeichnet der »Autor« den Stifter, denjenigen, der das ganze Unternehmen inspiriert und den Bau veranlaßt hat, im Gegensatz zu dem Erbauer und Architekten, der ihn errichtet hat; das Gebäude repräsentiert in römischer

Auffassung nicht den Geist des Künstlers, sondern den Geist des Stifters.

Zweifellos ist der Stifter dem Hersteller überlegen, aber die Beziehung zwischen ihnen hat gar nichts mit dem Verhältnis zwischen Herr und Diener zu tun, in dem in platonischer Ausdeutung der Herr weiß, was zu tun ist, und seine Befehle gibt, während der Diener über kein Wissen verfügt und Befehle lediglich ausführt, wobei der Herr die Macht haben muß, den Diener gegebenenfalls zu zwingen. Diese Macht aber, die Verfügung über die Gewalt, die für alles Herstellen und Ausführen notwendig ist, ob sie sich nun auf Personen oder auf Sachen erstreckt, kommt denen, die Autorität besitzen, gerade nicht zu; sie haben keine Macht: cum potestas in populo, auctoritas in senatu sit – »wie der Sitz der Macht im Volke, so liegt der Sitz der Autorität im Senat«.[28] Diese Trennung von Macht und Autorität ist für uns sehr schwer zu verstehen, die »Vermehrung«, die der Senat den politischen Entscheidungen des Volkes hinzufügen muß, erscheint uns merkwürdig ungreifbar, als hätte sie gar keine Realität, und Mommsen nannte sie daher »mehr als einen Ratschlag und weniger als einen Befehl«, nämlich »einen Ratschlag, dessen Befolgung man sich nicht füglich entziehen kann«.[29] Dabei ist die Vorstellung maßgebend, daß »der Willensakt der Gemeinde, dem Irren und Fehlgreifen ebenso ausgesetzt wie der Willensakt des unmündigen Knaben, der Mehrung und der Bestätigung durch den Rat der Alten« bedarf.[30] Der autoritäre Charakter der »Mehrung« durch die Alten liegt darin, daß es sich um einen bloßen Ratschlag handelt, der weder die Befehlsform noch irgendwelche Zwangsmittel benötigt, um sich Gehör zu verschaffen.[31] Die Autorität des Senats in Rom bestand also darin, daß sie sich in allen Entscheidungen geltend machte, obwohl der Senat weder die Macht hatte, dem Volk zu befehlen, noch die Gewaltmittel besaß, um seine Ratschläge durchzusetzen.

Der bindenden Kraft dieser Autorität im Politischen entspricht im Religiösen die bindende Kraft der Auspizien, die sich von den griechischen Orakeln dadurch unterscheiden, daß sie nicht den Gang zukünftiger Ereignisse andeuten, sondern nur enthüllen, ob die von Menschen getroffenen Entscheidungen auf göttliche Billigung oder Mißbilligung, auf das zustimmende Nicken der Götter, rechnen können.[32] Auch die römischen Götter haben nur Autorität unter den Menschen, nicht eigentlich Macht über sie, auch sie »mehren« und bestätigen menschliches Handeln, sie leiten es nicht. Entscheidend aber ist, daß sowohl die Autorität der Götter unter den Menschen wie die Autorität der Alten im Volk der gleichen Quelle entspringen, daß sie beide durch die Gründung der Stadt gestiftet wurden. Denn »alle Auspizien werden zurückgeführt auf jenes große Zeichen, wodurch die Götter dem Romulus die Ermächtigung gaben, die Stadt zu gründen, das römische Volk zu stiften, und ihm das Königtum desselben übertrugen«.[33] Dies ist das Fundament aller, der politischen wie der religiösen Autorität, und ihre Funktion innerhalb der lebendigen Geschichte ist, jede Handlung und jede Entscheidung an diesen geheiligten Anfang zurückzubinden, um jedem einzelnen Augenblick gleichsam das ganze Gewicht der Vergangenheit hinzuzufügen.

So ist und bleibt Autorität in Rom immer in der Vergangenheit verankert. Verpflichtend sind die Taten der Ahnen und die uralten Bräuche, die auf sie zurückgehen.[34] Jedes vergangene Ereignis, jedes überlieferte Handeln wurde den Römern zum Beispiel, und die auctoritas maiorum ist identisch mit maßgebenden Modellen für tatsächliches Verhalten, sie ist der moralisch-politische Maßstab schlechthin. Damit stimmt überein, daß für die Römer der Höhepunkt des menschlichen Lebens nicht in den erwachsenen Mannesjahren lag, sondern im Alter; und dies nicht, weil die Alten mehr Zeit gehabt hätten und an Erfahrung und Weisheit reicher waren, sondern weil sie den Ahnen näher gerückt waren und in der Gegenwart die Vergangenheit lebendig darstellten.[35] Im Unterschied zu unserer Vorstellung, derzufolge der Mensch in eine Zukunft wächst, erstreckt sich bei den Römern alles Wachstum in die Vergangenheit. Will man sich aus dieser Grundhaltung die hierarchische Ordnung vergegenwärtigen, die für alle autoritären Staatsformen charakteristisch ist, und stellt man sich diese Hierarchie unter dem geläufigen Bild einer Pyramide vor, so ist es, als ob die Pyramidenspitze hier nicht in die Höhe eines sich über der Erde erstreckenden Himmels ragt (wie bei Plato) und nicht in ein transzendentes Jenseits der Welt hinaufreicht (wie im Christentum), sondern gleichsam auf dem Kopf stünde und in die Tiefe einer irdisch-menschlichen Vergangenheit hinunterreiche.

Aus diesem wesentlich politischen Sachverhalt stammt auch der Begriff der Tradition, die Vorstellung von der Heiligung der Vergangenheit durch Überlieferung. Die Tradition bewahrt die Vergangenheit, indem sie von einer Generation zur nächsten das Zeugnis der Ahnen überliefert, die die Stadt gegründet, von dem Ereignis Zeugnis abgelegt und die Gründung dann durch ihre Autorität im Gang der Jahrhunderte vermehrt haben. Autorität war so lange unantastbar und unverletzlich, als der Faden dieser Überlieferung nicht abbrach; es war undenkbar, ohne Autorität und ohne Tradition zu handeln, ohne sich nach uralten Beispielen zu richten und ohne die Entscheidung an den überlieferten Maßstäben zu messen, das heißt ohne die Hilfe der »founding fathers«, der gründenden Väter, anzurufen. Aus diesem politischen Bereich sind die Vorstellungen von einer Tradition im Geistigen und von Autorität in Sachen des Denkens und der Ideen abgeleitet; als den Römern verhältnismäßig spät in ihrer Geschichte diese Dinge überhaupt aufgingen, konnten sie sich in dieser Welt gar nicht mehr anders bewegen, als sie gewohnt waren, sich in der Welt des Politischen und des Juridischen zu bewegen. Die auf sie zurückgehende Geltung von Tradition und Autorität im Geistigen ist daher genau so derivativ, aus einem dem Geistigen gerade nicht eigenen Erfahrungsbereich entnommen, wie bei Plato umgekehrt die Rolle von Vernunft und Ideen im Bereich des Politischen derivativ war, abgeleitet nämlich aus dem Erfahrungsbereich des Philosophen, der ausdrücklich als ein Raum definiert ist, der abgetrennt ist von dem Bereich nur menschlicher, nur politischer Angelegenheiten. Dabei bleibt historisch entscheidend, daß die Römer, weil sie meinten, in allen Dingen »gründender Väter« zu bedürfen, ihren politischen Autoritäts- und Traditionsbegriff auf die geistige Welt der Griechen übertrugen, wo sie nun ihre geistigen »Ahnen« suchten und fanden, die sie sogleich zu »Autoritäten« machten in der Kunst und der Poesie nicht weniger als im Denken und Philosophieren. Denn die großen Autoren Hellas' wurden zu Autoritäten in den Händen der Römer und nicht der Griechen. Undenkbar wäre in Rom die Art gewesen, mit der Plato, von anderen vor und nach ihm zu schweigen, mit Homer umsprang, dem »Erzieher von ganz Hellas«; wie es undenkbar für einen römischen Philosophen gewesen wäre, zu sagen, er habe »die Hand erhoben gegen seinen (geistigen) Vater«, wie Plato von sich selbst sagte, als er mit den Lehren des Parmenides (im »Sophisten«) brach.

Wie der abgeleitete Charakter der Ideenlehre im Bereich des Politischen nicht verhindert hat, daß platonisch politisches Denken zum Ursprung nahezu aller politischen Theorie des Abendlandes wurde, so hat auch der derivative Charakter von Autorität und Tradition im Bereich des Geistigen wenig daran geändert, daß diese Begriffe maßgeblich wurden für den größten Teil der Geschichte abendländischen Denkens und westlicher Kultur. In beiden Fällen wurden der politische Ursprung und die politischen Erfahrungen, die dem Gedachten und Begrifflichen zugrundelagen, vergessen, der ursprüngliche Konflikt zwischen dem Philosophen und der Polis nicht weniger als die Erfahrung der Gründung, in der die römische Dreieinigkeit von Religion-Autorität-Tradition ihre legitime Quelle hatte. Denn wiewohl die Stärke dieser Trinität in der bindenden Kraft eines maßgebenden Anfangs lag, an den die »religiösen« Bande der Überlieferung die Späteren zurückbanden, überlebte diese Haltung nicht nur die

Umwandlung der römischen Republik in das römische Reich, sondern drang überall hin, wo die Pax Romana abendländische Zivilisation auf römischer Grundlage erschuf.

Wie außerordentlich stark und dauerhaft dieser römische Geist war, oder was für ein außerordentlich verläßliches Fundament der Begriff der Gründung für die Schaffung politischer Gemeinwesen abgibt, zeigte sich erst nach dem Untergang des römischen Reiches, als der christlichen Kirche die politische wie die geistige Erbschaft Roms in den Schoß und auf die Schultern fiel. Vor diese sehr reale und unabweisbare Aufgabe gestellt, wurde die Kirche so römisch, glich sich so sehr der zutiefst römischen Denkweise in Sachen der Politik an, daß sie die Auferstehung Christi zu dem Eckstein einer neuen Gründung machte, auf deren wiederum heiligem Fundament sich eine neue menschliche Institution von ungeheurer Dauerhaftigkeit gründete. So konnte die Kirche, nachdem Konstantin der Große sie gerufen hatte, dem untergehenden Reich den Schutz des »mächtigsten Gottes« zu sichern, schließlich die anti-politischen und anti-institutionellen Tendenzen des christlichen Glaubens überwinden, die so deutlich und so scheinbar unüberwindlich im Neuen Testament und dem gesamten frühchristlichen Schrifttum uns begegnen. Diese Überwindung durch den römischen Geist ist wirklich wie ein Wunder; jedenfalls ermöglichte nur sie der Kirche, »den Menschen in der kirchlichen Gemeinschaft das Bewußtsein eines Bürgertums zu geben, das weder Rom noch die Stadtgemeinden ihnen zu jener Zeit noch geben konnten«.[36] Selbstverständlich änderte sich mit dieser Politisierung der Kirche auch die christliche Religion. Das eigentliche Fundament der Kirche als einer öffentlichen Institution war nun nicht mehr der christliche Glaube an Auferstehung oder der jüdische Gehorsam gegen die Gebote Gottes, sondern eben das Zeugnis von Leben, Tod und Auferstehung Jesu von Nazareth als einem geschichtlich bezeugten Ereignis.[37] Als Zeugen dieses Ereignisses konnten die Apostel zu *Gründern* werden, von denen die Kirche ihre eigene Autorität bezieht, solange sie ihr Zeugnis als Tradition von Generation zu Generation weitergibt. Daß diese Umwandlung gelingen konnte, ist weitgehend Augustin zu verdanken, dem einzigen großen Philosophen, wie man zu meinen versucht ist, den die Römer je gehabt haben. Denn der Grundpfeiler seiner Philosophie: sedis animi est in memoria, »der Sitz des menschlichen Geistes ist im Gedächtnis«, stellt durchaus die begriffliche Formulierung der spezifisch römischen Erfahrung bereit, welche die Römer, solange sie in Begriffen griechischer Prägung philosophierten, niemals finden konnten. Dadurch, daß in der Gründung der katholischen Kirche die Gründung der Stadt Rom nochmals wiederholt wurde, natürlich in inhaltlich radikal anderer Weise, konnte die römische Trinität von Religion, Autorität und Tradition in die christliche Ära mit übernommen werden, mit dem Resultat, daß sich auch das Wunder der Permanenz wiederholte; denn die Dauerhaftigkeit und Kontinuität der Kirche als einer öffentlichen Institution kann innerhalb unserer Geschichte nur mit dem Wunder der tausendjährigen römischen Geschichte im Altertum verglichen werden.

Römische Philosophie, sofern es so etwas überhaupt gibt, hat sehr frühzeitig platonische Begriffe und Vorstellungen verwendet, um die spezifisch römischen politischen Erfahrungen zu verstehen und zu interpretieren. Dennoch möchte man meinen, daß die nur dem geistigen Auge sichtbaren platonischen Maßstäbe, denen zufolge die sichtbaren Angelegenheiten der Menschen beurteilt und eingerichtet werden sollen, erst jetzt ihre volle politische Wirksamkeit entfalteten. Gerade diejenigen Teile der christlichen Lehre, welche sich nur mit Schwierigkeiten in die römische politische Struktur hätten einfügen und ihr sich assimilieren lassen, nämlich die geoffenbarten Gebote und Wahrheiten einer wahrhaft transzendenten, nicht nur wie bei Plato sich über der Erde wölbenden, sondern wirklich jenseitigen Autorität, konnten auf dem Umweg über Plato direkt in die Gründungslegende eingefügt werden. Gottes Offenbarung konnte nun politisch so verstanden werden, als wären jetzt jene von Plato geahnten Maßstäbe menschlichen Verhaltens und Grundsätze politischer Gemeinschaften direkt offenbart worden, so daß in den Worten eines modernen Platonisten die frühe platonische »Blickrichtung auf den unsichtbaren Maßstab nun bestätigt wurde durch die Offenbarung des Maßstabes selbst«.[38] Insofern die katholische Kirche griechische Philosophie dem Gebäude ihrer Lehren einverleibte, amalgamierte sie den römischen politischen Begriff von Autorität, der sich unausweichlich auf einen Anfang, eine Gründung in der Vergangenheit bezog, mit dem griechischen Bedürfnis für transzendierende Maßstäbe und Richtlinien, ohne welche nun eine politische Ordnung im allgemeinen so unmöglich schien wie ein sicheres Urteilen im einzelnen. Schließlich hat sich kaum etwas mit größerer Autorität durchgesetzt und ist maßgebender für alles Folgende geworden als diese Amalgamierung selbst.

Jedenfalls hat sich seither erwiesen, und dies spricht immerhin einigermaßen für die Solidität der Amalgamierung, daß, wo immer eines der Elemente der römischen Trinität: Religion oder Autorität oder Tradition in Zweifel oder außer Kurs gesetzt worden ist, die beiden anderen Elemente unweigerlich mitbetroffen waren. So war es Luthers Irrtum, zu meinen, daß seine Herausforderung der weltlichen Autorität der Kirche Tradition und Religion intakt lassen könnte; wie es der Irrtum von Hobbes und der politischen Theorien des siebzehnten Jahrhunderts war, zu hoffen, daß man Autorität und Religion ohne Tradition intakt belassen und sogar neu begründen könnte; wie es schließlich der Irrtum der Humanisten war, zu denken, man könne innerhalb einer ungebrochenen Tradition der abendländischen Zivilisation bleiben ohne Religion und ohne Autorität.

V

Eines jedoch ist in diesem Zusammenhang besonders auffallend: Während von der Überlieferung alle die Beispiele und Modelle legitimer Macht – der Staatsmann als Arzt und Hirte, als Steuermann und Experte, als Erzieher und der Weise –, wie sie von der griechischen Philosophie vorgegeben sind, getreulich aufbewahrt wurden, bis schließlich ein leeres Wiederholen sie zu den Gemeinplätzen erniedrigte, als die wir sie heute kennen, hat der Begriff der Gründung selbst in der Tradition kaum eine Rolle gespielt, obwohl er doch ursprünglich allein den Traditionsbegriff überhaupt bestimmte, demzufolge das Vergangene uns wie verloren erscheint, wenn es nicht durch Überlieferung gesichert ist. Dieser auffallende Tatbestand zeigt an, was auch anders nachweisbar wäre, nämlich daß die griechischen philosophischen Begriffe, als sie erst einmal durch Tradition und Autorität von den Römern geheiligt worden waren, alle politischen Erfahrungen, die sich nicht in ihren Horizont fügen konnten, einfach aus dem geschichtlichen Bewußtsein entfernten.

Diese Behauptung jedoch ist nur unter der Bedingung einer Einschränkung zutreffend. Einen Typus von Ereignissen gibt es in unserer politischen Geschichte, für den der Gründungsakt entscheidende Bedeutung hat, wie es in der Geschichte politischer Theorie einen Denker gibt, in dessen Werk der Begriff der Gründung eine zentrale, wenn nicht sogar die zentrale Rolle spielt. Die Ereignisse sind die Revolutionen der Neuzeit, und der Denker ist Machiavelli, der, wiewohl er dieser Neuzeit noch nicht angehörte, ja kaum erst auf ihrer Schwelle stand, als erster eine klare Vorstellung von der möglichen Rolle der Revolutionen hatte, auch wenn er das Wort selbst nicht kannte.

Zweifellos konnte Machiavelli nur darum auf den eigentlichen Ursprung römisch politischer Erfahrung zurückgreifen, weil er sich für alle bestehenden Traditionen, wie sie von der Kirche präsentiert, gehütet und uminterpretiert worden waren, auf Grund seiner Erfahrungen in den politischen Kämpfen der Zeit eine gründliche Verachtung erworben hatte. Diese Verachtung aber mußte er abgrenzen gegen ganz andere christliche Mächte, gegen die damals von den Franziskanern und Dominikanern ausgehenden Erneuerungsbestrebungen, und sie führte ihn daher zu viel weitertragenden Einsichten in die grundsätzliche Diskrepanz zwischen einem aufrichtig christlichen Leben und politischer Aktivität jeglicher Art, als sie auf Grund eines schematischen Antiklerikalismus möglich gewesen wären. Er war nicht nur der Meinung, daß eine korrupte Kirche das politische Leben Italiens korrumpiert habe, sondern auch, daß diese Korruption unausweichlich war wegen des christlichen Charakters der Kirche. Jede Berührung mit dem politischen Bereich muß die Kirche, sofern sie christlich ist, korrumpieren, und eine nicht korrupte Kirche würde zwar erheblich achtunggebietender, aber für die politischen Verhältnisse eher noch zerstörerischer sich erweisen als die gegenwärtige Korruption.[39] Es war im Zuge solcher Erwägungen, daß Machiavelli die für die Römer zentrale politische Erfahrung wiederentdeckte, und zwar so, wie sie sich ursprünglich einmal dargestellt hatte, gleich weit entfernt von christlicher Frömmigkeit wie von griechischer Philosophie. Machiavelli glaubte, daß es möglich sein müsse, die römische Entwicklung noch einmal, gleichsam von Anfang an, neu zu beginnen durch die Gründung eines geeinten Italiens, das nun ebenso der heilige Eckstein eines »ewigen« politischen Körpers für die italienische Nation werden sollte wie einst die Gründung der ewigen Stadt für das italische Volk.

Man pflegt vor allem seit Meinecke in Machiavelli den Vater der Staatsraison zu erblicken und damit implizite einen der Ahnen des modernen Nationalstaates. Dieses ist zweifellos zutreffend. Fast noch auffallender, aber weniger bekannt ist, daß Machiavelli und Robespierre so oft die gleiche Sprache zu sprechen scheinen.

Robespierres Theorien, die sich auf die Rechtfertigung des Terrors beziehen, hören sich manchmal an, als wiederholten sie Wort für Wort die berühmten Ausführungen Machiavellis über die Notwendigkeit der Gewalt für die Gründung neuer oder die Reformierung korrupter politischer Körper.

Diese Ähnlichkeit ist um so überraschender, als sowohl Machiavelli wie Robespierre in dieser Hinsicht darüber hinausgehen, was die Römer selbst über Gründung zu sagen hatten. Die Verbindung zwischen Gründung und Diktatur konnte gewiß von den Römern gelernt werden, und Cicero appelliert zum Beispiel ausdrücklich an Scipio, er möge sich zum dictator rei publicae constituendae machen, das heißt die Diktatur ergreifen, um die Republik wieder zu konstituieren.[40] Aber der Unterschied ist doch erheblich; denn die Gründung, die bei den Römern wie bei Machiavelli und Robespierre das Zentrum der Politik bildete, war für die Römer ein Ereignis der Vergangenheit, das auch Scipio nur wiederherstellen, nicht eigentlich wiederholen sollte. Sie blieb das eine große Ereignis und die eine große Tat, die den öffentlich politischen Raum überhaupt erst geschaffen und damit Politik möglich gemacht hatte. Erst für die Späteren war das Gründen ein Ziel der Politik, und sogar das höchste, dem darum alle anderen politischen Handlungen als Mittel unterstellt und für das alle Mittel, auch die Mittel des Terrors und der Gewalt, gerechtfertigt werden. Das aber bedeutet, daß hier der Gründungsakt nicht mehr im Sinne des Handelns oder im Sinne der das weitere Handeln ermöglichenden ersten Tat, sondern im Sinne eines Herstellens verstanden wurde. Für Machiavelli handelte es sich im wörtlichen Verstand des Wortes darum, ein geeintes Italien zu »machen«, und Robespierre wollte eine Republik herstellen.

Die Rechtfertigung der Gewalt, die beiden eigentümlich ist, beruht in ihrer Plausibilität auf der nur angedeuteten Argumentation: Man kann keinen Tisch zimmern, ohne einen Baum zu fällen; man kann kein Omelett machen, ohne Eier zu zerbrechen;

kurz, wo gehobelt wird, da fallen Späne, und wo ein neuer politischer Körper gebildet werden soll, müssen Menschen getötet werden. Diese Einschätzung der Gewalt, die in der Geschichte der Revolutionen eine so verhängnisvolle Rolle spielen sollte, aber war gerade ganz und gar unrömisch; für ihre Rechtfertigung hätten Machiavelli und Robespierre sich sehr viel eher auf Plato berufen können, der immerhin die Tyrannis als diejenige Regierungsform empfohlen hat, unter der eine Neugründung am leichtesten und schnellsten zu vollziehen ist.[41]

Machiavellis einzigartige Stellung unter den politischen Denkern hat wenig mit seinem oft gerühmten, aber gar nicht so fraglosen Realismus zu tun, und er war auch sicher nicht der Vater der politischen Wissenschaft, zu dem man ihn neuerdings gern ausruft. (Versteht man unter politischer oder Staatswissenschaft politische Theorie, so ist gewiß Plato und nicht Machiavelli ihr Vater; will man aber den wissenschaftlichen Charakter dieser Theorien unterstreichen – und dies meint man gewöhnlich, wenn man von Machiavellis Realismus spricht –, so dürfte es schwer halten, das Geburtsdatum der politischen Wissenschaft vor dem Aufstieg aller modernen Wissenschaft im siebzehnten Jahrhundert anzusetzen, ganz abgesehen davon, daß bei Machiavelli gerade ein wissenschaftlicher Geist kaum nachweisbar ist.) Selbst seine erstaunliche Freiheit von moralischen Urteilen und Vorurteilen ist nicht das Wesentliche, sie hat mehr zu seinem Ruhm als zum Verständnis seines Denkens beigetragen, weil die meisten seiner Leser damals wie heute zu schockiert waren, um ihn auch nur richtig zu lesen. Wenn er behauptet, daß im öffentlich-politischen Bereich Menschen »lernen müßten, nicht gut zu sein«,[42] hat er natürlich niemals gemeint, sie sollten lernen, schlecht zu sein. Schließlich hat kaum ein anderer politischer Denker mit so vehementer Verachtung von Methoden gesprochen, durch die man zwar Macht, aber nicht Ruhm erlangen könnte.[43]

Worum es bei Machiavelli wirklich geht, ist etwas ganz anderes als Realismus oder moralische Skrupellosigkeit in der Politik. Hier finden wir die bewußte und ausdrückliche Verwerfung der christlichen politischen Philosophie und ihrer platonischen Tradition, nämlich die Einsicht, daß innerhalb des Politischen die beiden Begriffe des »Guten«, die wir in unserer Tradition finden, keinen Platz haben, weder der platonische Begriff des Tauglichen noch der christliche Begriff einer absoluten Güte, die nicht von dieser Welt ist. Damit war seiner Meinung nach gar nichts über die Legitimität dieser Vorstellungen im privaten Lebensbereich ausgemacht, nur in dem öffentlichen Raum der Politik haben sie ebenso wenig zu suchen wie ihr Gegenteil, das Untaugliche und die Schlechtigkeit. Wie Virtù und Fortuna – diese Grundkategorie, mit der Machiavelli der traditionellen politischen Philosophie entgegentrat – sich zueinander verhalten, können wir vielleicht noch am besten verstehen, wenn wir uns erinnern, daß den Toren noch niemals eingefallen ist, wie sich Verdienst und Glück verketten. In der Tat kommt die »Gelegenheit«, wie Goethe sie verstand und pries, sachlich noch der reinen Weltlichkeit der Virtù und Fortuna am nächsten. Denn Virtù hat weder die moralische Nebenbedeutung der römischen virtus, noch meint sie die Vortrefflichkeit der griechischen ἀρετή. Virtù ist nie ohne Fortuna, und Fortuna gibt es nicht ohne Virtù; wer Fortuna hat, dem spielt die Welt ihre Bälle als Chancen zu, damit er sie auffange und mit ihnen jongliere; wer Virtù hat, dem hat sich die Welt in der Fortuna geöffnet und bietet ihm ihre Chancen an. In der Wechselwirkung zwischen diesen beiden zeigt sich eine Harmonie zwischen Welt und Mensch, die sich aufeinander einspielen und in der darum alles glückt. Die Überlegenheit dieses Menschen, des »Fürsten«, den die Toren nicht verstehen, liegt offensichtlich ebenso weit ab von der Weisheit des Staatsmannes wie von der Kompetenz des Experten.

Die Größe aber von Machiavellis Wiederentdeckung der römischen Erfahrung liegt in der Tatsache, daß er nicht nur eine bestehende Tradition wiederbelebte oder wieder auf sie zurückgriff, sondern daß er, um dies zu erreichen, erst einmal ausdrücklich machen mußte, was die Römer selbst nur gelebt, aber nicht eigentlich gedacht hatten, was sie vielmehr immer schon in Kategorien einer für diese Zwecke vulgarisierten griechischen philosophischen Vorstellungswelt ausgedrückt hatten.[44] Wenn Machiavelli überhaupt der Ahnherr von irgend etwas sein soll, so ist er noch am ehesten der Vater der modernen Revolutionen, für die alle das Wort von Marx über die Französische Revolution gilt, nämlich daß sie im römischen Kostüm auf der Bühne der Geschichte erschien. Entscheidender als das Kostüm war, daß sie alle von dem römischen Pathos der Grundsteinlegung, dem römischen Enthusiasmus für die Gründung eines neuen politischen Körpers beseelt waren. Wenn man dies nicht sieht, scheint mir, kann man weder die Größe noch die Tragik der abendländischen Revolutionen der letzten hundertachtzig Jahre verstehen. Denn wenn, wie ich glauben möchte, die Krise der Moderne oder der berühmte »Untergang des Abendlandes« wesentlich darin bestehen, daß in der Neuzeit die römische Dreieinigkeit von Autorität – Tradition – Religion als eine Dreieinigkeit untergegangen und dadurch das spezifisch römische Fundament westlicher Politik ins Wanken geraten ist, dann könnten die Revolutionen der letzten Jahrhunderte wie ein gigantischer Versuch erscheinen, mit den Mitteln der Tradition selbst den gerissenen Faden der Tradition wieder neu zu knüpfen, durch das Legen neuer Grundlagen das zu wiederholen, was für so lange Jahrhunderte dem gesamten politischen Bereich sein eigentümliches Pathos und seine eigentliche Größe gegeben hat.

Kein Mensch kann wissen, ob dieser Weg uns heute noch offen steht. Dagegen spricht die brutale Tatsache, daß alle Revolutionen unseres Jahrhunderts schlecht geendet haben; auch dort, wo sie nicht direkt in die totalitäre Herrschaft führten, haben sie doch zumindest ausgesprochen tyrannische politische Körper entstehen lassen. Von dem Aufkommen einer neuen Autorität, die als politische sich im öffentlichen Raum zu beweisen hätte und allgemein als gültig anerkannt werden müßte, zeigt sich mir wenigstens nirgends eine Spur. Immerhin darf man in diesem Zusammenhang nicht übersehen, daß es am Beginn der modernen Welt und mitten in der Neuzeit auch eine erfolgreiche Revolution gegeben hat, die amerikanische Revolution, in der charakteristischerweise die »Founding Fathers«, die gründenden Väter, mit Hilfe einer Konstitution einen durchaus neuen politischen Körper gegründet haben, der bisher wenigstens standgehalten hat, und dies obwohl die spezifische Modernität der modernen Welt sich in allen nichtpolitischen Bereichen kaum irgendwo so radikal äußert wie gerade in den Vereinigten Staaten.

Hier ist nicht der Ort, die Gründe für diese erstaunliche Stabilität zu diskutieren, die Stabilität einer politischen Struktur, die dem Ansturm der vehementesten und erschütterndsten sozialen Wandlungen standhält. Daß der relativ nicht-gewaltsame Charakter der amerikanischen Revolution, in der Gewalt mehr oder weniger auf reguläre Kriegführung beschränkt blieb, einen wichtigen Faktor zu diesem Erfolg beitrug, scheint mir sicher. Es wird dabei auch mitgespielt haben, daß die Founding Fathers, wie sie heute noch in Amerika genannt werden, da sie der Entwicklung in den europäischen Nationalstaat ferngeblieben waren, dem ursprünglich römischen Geist näher bleiben konnten als ihre europäischen Kollegen. Wichtiger war vielleicht noch, daß das Gründen selbst, nämlich die Kolonisation des amerikanischen Kontinents, der Unabhängigkeitserklärung vorausgegangen war, so daß die Einsetzung der Verfassung, die sich ja weitgehend an bereits bestehende Charters und Verträge anschloß und sich auf sie stützte, mehr der Bestätigung und Legalisierung eines schon existierenden politischen Gemeinwesens gleichkam als der Schaffung eines neuen.[45]

Wie immer es damit bestellt sein mag, Revolutionen, die wir

gemeinhin als den radikalen Bruch mit der Tradition anzusehen pflegen, nehmen sich in unserem Zusammenhang eher wie ein Handeln aus, das noch aus den Ursprüngen dieser Tradition kommt, gleichsam wie das einzige Rettungsmittel, das gerade diese römisch-abendländische Tradition für Krisenzeiten vorgesehen hat. Das heißt natürlich keineswegs, daß es einen anderen Weg nicht gibt. Man könnte sagen: Die Krise ist so radikal, daß selbst die von der Tradition noch vorgesehenen äußersten Rettungsmittel nicht mehr helfen beziehungsweise unzulänglich sind. Im Sinne unserer Erwägungen würde das heißen, daß wir uns auch von der Idee der Gründung und Neugründung und der, wie wir von Machiavelli und Robespierre wissen, mit ihr unausweichlich verbundenen Anwendung von Gewalt nichts versprechen können. Was sich in unserer Zeit durchzusetzen pflegt, ist nicht die Gründung, sondern die Gewalt. Sicher jedenfalls ist, und dies wußte niemand besser als Machiavelli: »Nichts ist so schwer zu vollbringen, nichts so ungesichert im Erfolg, und nichts so gefährlich, auch nur zu unternehmen, als eine neue Ordnung der Dinge.«[46]

Anmerkungen

Hannah Arendt: Fragwürdige Traditionsbestände im politischen Denken der Gegenwart

Tradition und die Neuzeit

1 Gesetze, 775.

2 Siehe die 10. der »Thesen über Feuerbach« und den 3. Band des »Kapitals«, in der Gesamtausgabe des Marx-Engels-Lenin-Instituts, Zürich, 1933, p. 48. – Worauf wir hier nicht eingehen, was aber für Marx entscheidend ist, ist, daß diese Vergesellschaftung dazu führen soll, daß der Mensch »in seinem individuellsten Dasein zugleich Gemeinwesen« oder »Gattungswesen« wird. (Siehe in den »Ökonomisch-Philosophischen Manuskripten« den Absatz über »Privateigentum und Kommunismus«.) Nur eine Analyse des Marxschen Arbeitsbegriffs könnte erläutern, inwiefern Marx Gesellschaft und Gattung, den gesellschaftlichen Produktionsprozeß und den Lebensprozeß der Gattung Mensch identifizierte.

3 Für Engels, siehe »Anti-Dühring«, Edition Zürich, 1934, p. 275. Für Nietzsche die nachgelassenen Aphorismen zur »Morgenröte« Nr. 17.

4 Daß Marx' Voraussagen sich in erstaunlichem Maße gerade überall dort bewahrheitet haben, wo keine Revolution die Entwicklung des Kapitalismus unterbrach, ist jetzt in einem der wichtigsten neueren Beiträge zur Marx-Interpretation von S. Landshut in ausgezeichneter Weise nachgewiesen worden. Siehe den Aufsatz »Die Gegenwart im Lichte der Marxschen Lehre« in den Hamburger Jahrbüchern für Wirtschafts- und Gesellschaftspolitik, 1. Band, 1956.

5 In der hier zitierten Form stammt der Satz aus der »Heiligen Familie«; für Marx siehe »Ökonomisch-Philosophische Manuskripte«, Absatz: »Privateigentum und Kommunismus«.

6 Siehe »Kapital«, 1. Band, 1923, Berlin, p. 680, und »Anti-Dühring«, p. 176.

7 Siehe »Zur Kritik der Hegelschen Rechtsphilosophie«.

8 Siehe »Ökon.-Philos. Manuskripte«, Absatz: »Kritik der Hegelschen Dialektik und Philosophie überhaupt«.

9 Siehe »Deutsche Ideologie« in der Marx-Engels-Gesamtausgabe, Berlin. 1932, Anhang zu p. 10.

10 Siehe den dritten Band des »Kapitals« in der oben zitierten Ausgabe, pp. 873/4.

11 »Deutsche Ideologie«, Gesamtausgabe, p. 373. Charakteristisch ist auch die etwas ausführlichere, ebenda vorkommende Beschreibung eines Tageslaufs des Menschen

in der kommunistischen Gesellschaft: in ihr wird es möglich sein, »heute dies, morgen jenes zu tun, morgens zu jagen, nachmittags zu fischen, abends Viehzucht zu treiben, nach dem Essen zu kritisieren, wie ich gerade Lust habe; ohne je Jäger, Fischer, Hirt oder Kritiker zu werden«, p. 22.

12 In den Worten Heideggers: »Die Absetzung des Übersinnlichen beseitigt auch das bloß Sinnliche und damit den Unterschied beider [...] Die Absetzung endet im Sinnlosen.« »Holzwege«, p. 193.

13 Siehe 3. Band des »Kapitals«, p. 870.

14 Ich setze hier natürlich voraus, daß die Heideggersche Entdeckung der ursprünglichen Bedeutung der griechisch verstandenen »Wahrheit«, seine Übersetzung des Wortes ἀλήθεια mit Unverborgenheit, bekannt ist.

15 Siehe 3. Band des »Kapitals«, p. 689.

16 »Das Elend der Philosophie«, Stuttgart, 1885, p. 4/5.

17 Dritter Band des »Kapitals«, p. 697/8.

18 Hier und im folgenden zitiere ich im wesentlichen nach Schleiermachers Übersetzung.

19 Siehe die »Kritik der Hegelschen Dialektik und Philosophie überhaupt« in den »Ökonomisch-Philosophischen Manuskripten«.

Natur und Geschichte

1 Werner Heisenberg, »Philosophic Problems of Nuclear Science«, New York, 1952, p. 24.

2 Heisenberg, »Das Naturbild der heutigen Physik«, p. 18.

3 So war es für Engels z. B. noch ganz selbstverständlich, Marx mit Darwin zu vergleichen und seine Bedeutung darin zu sehen, daß er das Entwicklungsgesetz der Geschichte entdeckt habe wie Darwin das Entwicklungsgesetz der organischen Natur. Siehe seinen englisch gehaltenen »Speech at the Graveside of Karl Marx« und das Vorwort zur 4. Auflage von »Vom Ursprung der Familie« (1891).

4 Cicero, De legibus I, 5; de oratore II, 55. Siehe auch Max Pohlenz, »Herodot, der erste Geschichtsschreiber des Abendlandes«, 1937. – In der neueren Literatur zum Ursprung des abendländischen Geschichtsbegriffs ist besonders interessant und anregend N. Cochrane, »Christianity and Classical Culture«, 1944, Kapitel 12. Für die Bemerkung Karl Reinhardts siehe »Herodots Persergeschichten«, in »Von Werken und Formen«, Godesberg, 1948. – Das Wort ἱστορία im Sinne von Erzählung und dann Geschichtsschreibung war Herodot noch unbekannt. Es ist wie εἰδέναι, wissen, von dem Stamm ἰδ, sehen, abgeleitet, und ἵστωρ ist ursprünglich der Augenzeuge, dann der Schiedsrichter, der Augenzeugen verhört und so die Wahrheit ermittelt, ἱστορεῖν heißt also sowohl bezeugen wie durch Verhör Bezeugtes ermitteln. Siehe Pohlenz, p. 44.

5 In den Worten von Gilbert Murray, »Five Stages of Greek Religion«: »Die Götter der meisten Völker nehmen für sich in Anspruch, die Welt erschaffen zu haben. Die olympischen Götter erheben solchen Anspruch nicht. Alles, was sie je getan haben,

war, die Welt zu erobern.« Dieser Behauptung wird manchmal entgegengehalten, daß Plato im Timaeus einen Weltschöpfer angenommen habe. Aber Platos Gott ist ein Demiurg, ein Weltbildner, kein Schöpfer, der aus dem Nichts schafft. Überdies handelt es sich in der Erzählung um einen von Plato selbst erfundenen Mythos, der gleich den anderen Mythen in seinen Werken nicht ohne weiteres mit dem gleichgesetzt werden kann, was Plato selbst geglaubt hat.

6 Siehe »De Anima«, 415b13 und vgl. »Oeconomica«, 1343b24 ff., deren Autor sich ganz im Sinne des Aristoteles ausdrückt.

7 Aristoteles sagt ausdrücklich: Was aus sich selbst entsteht (wie das organische Leben), bewegt sich im Kreise. [»De Generatione« 33a8.] Vgl. auch den Begriff der Wiederkehr: περίοδος in »Oeconomica«, loc cit.

8 »Wille zur Macht«, Nr. 217.

9 Die Natur sichert nur das Immersein der Gattung, nicht des Individuums: des Menschen, κατ' ἀριθμόν [»Oeconomica«, loc cit.]

10 Siehe »Poetik«, 1448b25 und 1450a16–22. Für den Unterschied zwischen Poesie und Geschichtsschreibung siehe ibidem, Kap. 9. Die Definition der Tragödie als Nachahmung von Praxis in Kap. 6, 1.

11 »Griechische Kulturgeschichte«, ed. Kröner, Band II, p. 289.

12 Erwin Schrödinger, »Science and Humanism«, 1951, p. 25–26.

13 Dieser Zweifel kann, wie schon Hamann bemerkte, nur durch den Glauben überwunden werden: »Unser eigen Daseyn und die Existentz aller Dinge außer uns muß geglaubt und kann auf keine andere Art ausgemacht werden.« (»Sokratische Denkwürdigkeiten«, Gesamtausgabe, Wien 1950, II, p. 73.) Aber dieser Glaube bleibt wie jeder Glaube, der nicht einfach Vertrauen ist, dem Zweifel ausgesetzt. Das moderne Mißtrauen ist nur ein Ausdruck dieses dauernden Schwankens zwischen Glauben und Zweifel.

14 Eines der zentralen Anliegen der Hegelschen Logik ist die Auflösung der Urteile in Schlußfolgerungen. Siehe vor allem »Wissenschaft der Logik«, Band II, p. 280–310, wo es darum geht, dass durch die »Erfüllung der Copula [...] das Urteil zum Schlusse geworden« ist, woraus dann folgen kann, daß »alles Vernünftige [...] ein Schluß« ist. Dem entspricht natürlich, daß Hegel das eigenständige Vorhandensein und die eigentümliche Kraft des Urteils selbst leugnet: »*Urtheile des Daseyns* fällen [...] wird schwerlich dafür gelten, daß es große Urteilskraft zeige.« Der polemische Ton gegen Kants Lehre von der Urteilskraft ist nicht zu übersehen, und Hegel wirft gelegentlich auch Kant direkt vor, die Urteilskraft überschätzt zu haben.

15 Vico, »Vom Wesen und Weg der geistigen Bildung«, übertragen von W. F. Otto, Godesberg, 1947, p. 41.

16 Aus dem Nachlaß des Grafen C. W., 1950, Erster Teil, X.

17 Das Beispiel ist einem Bericht über die Forschungsresultate des California Institute of Technology vom Mai 1956 entnommen, New York Times, May 21, 1956.

Geschichte und Politik in der Neuzeit

1 Leider ist die Anekdote nicht nur komisch, die aus einer sowjetrussischen Schule berichtet wird und derzufolge ein Kind, darüber befragt, wer Katharina die Große gewesen sei, antwortet: »Ein Exponent.«

2 »De Doctrina Christiana«, 2/28/44.

3 »De Civitate Dei«, XII, 13.

4 Siehe Theodor E. Mommsen, »St. Augustine and the Christian Idea of Progress« im »Journal of the History of Ideas«, Juni 1951. Aufmerksames Lesen des ausgezeichneten Aufsatzes zeigt eine auffallende Diskrepanz zwischen dem Inhalt und der im Titel ausgedrückten These. Diese ist am besten verteidigt in Cochrane's »Christianity and Classical Culture«, 1944, p. 474: Antike Geschichtsschreibung war in eine Sackgasse geraten, weil sie nicht vermochte, »ein Prinzip historischer Faßlichkeit« zu etablieren; Augustin löste das Problem, indem er den »Logos von Christus als Prinzip des Verstehens für den des Klassizismus« substituierte.

5 So auch neuerdings Oscar Cullmann, »Christus und die Zeit«, 1946, und Erich Franck, »The Role of History in Christian Thought« in dem Essayband »Knowledge, Will and Belief«, Zürich, 1955.

6 Siehe Friedrich Meinecke, »Die Entstehung des Historismus«, 1936.

7 So John Baillie in »The Belief in Progress«, 1931.

8 »De re publica.«

9 »Nikomachische Ethik«, X, 7 (1177b33). Wenn Nietzsche gelegentlich von den »äternisierenden Mächten der Kunst und Religion« spricht (in »Vom Nutzen und Nachteil der Historie für das Leben«), so hat er wohl diesen aristotelischen Terminus in Erinnerung.

10 Thukydides, II, 41.

11 »De Civitate Dei«, XIX, 5.

12 »Historik«, 3. Ausgabe von 1882, § 82. Die Quelle des griechischen Zitats ist nicht angegeben; es klingt aristotelisch.

13 Siehe »Leviathan«, Buch I, Kapitel 3.

14 Das erste Zitat stammt aus der Einleitung, das zweite aus dem letzten Kapitel des Werkes.

15 Aus den »Briefen an die Braut«, Frühjahr 1834.

16 So kurioserweise zum ersten Mal offenbar gerade von Friedrich Gentz in seinem »Nachtrag zu dem Räsonnement des Herrn Professor Kant über das Verhältnis zwischen Theorie und Praxis« in der »Berliner Monatsschrift« vom Dezember 1793.

17 Siehe die Einleitung zu »Idee zu einer allgemeinen Geschichte in weltbürgerlicher Absicht«.

18 Ebenda, 3. Satz.

19 Ebenda.

20 Das Hegelzitat aus dem Anfang der »Philosophie der Geschichte«; das Vicozitat aus der »Scienza Nuova«.

21 »Wille zur Macht«, Nr. 291.

22 »Das Naturbild der heutigen Physik«, Hamburg, 1955, p. 17/8.
23 »Discours de Metaphysique«, No. 6.
24 Zitiert nach J. W. N. Sullivan, »Limitations of Science«, 1933.
25 Erwin Schrödinger, »Science and Humanism«, 1951, p. 114.

Was ist Autorität?

1 Inaugural Lecture on the »Study of History«.
2 Die gegenwärtige Stimmung in den Vereinigten Staaten, die vielfach von ihren Vertretern als neokonservativ mißverstanden und von ihren Gegnern als antiliberal bekämpft wird, ist im wesentlichen eine Reaktion auf die Resultate der »progressive education«. Der amerikanische Neokonservativismus ist nicht wie der europäische sozial und politisch orientiert, sondern kulturpolitisch und pädagogisch.
3 Siehe Friedrich Engels, »Ludwig Feuerbach und das Ende der klassischen deutschen Philosophie«.
4 Dies hat schon der griechische Historiker Dio Cassius bemerkt, der, als er eine Geschichte von Rom verfaßte, das Wort »auctoritas« für unübersetzbar erklärte: ἐλληνίσαι γὰρ αὐτὸ καθάπαξ ἀδύνατόν ἐστι. Siehe Theodor Mommsen, »Römisches Staatsrecht«, 3. Aufl., Band 3, p. 952. Für die Unmöglichkeit, der Alternative von Zwang oder Überredung innerhalb des Rahmens der griechischen politischen Erfahrung zu entgehen, braucht man überdies sich nur den Unterschied zu vergegenwärtigen zwischen einer spezifisch autoritären Institution der römischen Republik, dem Senat, und Platos nächtlichem Polizei-Rat in den »Gesetzen«, der, da er aus den zehn ältesten Hütern der Verfassung bestand, denen eine ständige Überwachung des gesamten Staates oblag, auf den ersten Blick eine gewisse Ähnlichkeit mit dem römischen Senat, also einer autoritären Institution hat.
5 »Gesetze« 715.
6 H. Wallon, *»Histoire de l'Esclavage dans l'Antiquité«,* Paris, 1847, Vol. III, in dem man die immer noch beste Beschreibung des graduellen, durch den beständigen Machtzuwachs des kaiserlichen Haushalts verursachten Verlustes der römischen Freiheit unter dem Imperium findet. Da es der kaiserliche Haushalt und nicht der Kaiser selbst war, der an Macht gewann, begann der »Despotismus«, bis dahin charakteristisch für den Privathaushalt und das Familienleben, im öffentlichen Raum zu herrschen.
7 Ein Fragment des verlorenen Dialoges »Über das Königtum« sagt, »daß es nicht nur unnötig für einen König war, ein Philosoph zu werden, sondern ein tatsächliches Hindernis für seine Aufgabe; daß es indes nötig (für einen guten König) war, wahre Philosophen anzuhören und ihrem Rate geneigt zu sein«. Siehe Kurt von Fritz, »The Constitution of Athens and related texts«, 1950.
8 In »Zum ewigen Frieden«.
9 Kurt von Fritz, *op. cit.*, unterstreicht mit Recht Platos Abneigung gegen Gewalt, beleuchtet auch durch die Tatsache, daß er bei Versuchen, einen Wechsel politischer Institutionen in der Richtung seiner politischen Ideale herbeizuführen, sich immer an schon an der Macht befindliche Männer wandte. (p. 54)

10 Werner Jaeger meint, daß sich durch Platos ganzes Werk die Vorstellung von einer vollkommenen Meßkunst ziehe und daß er die philosophische Erkenntnis der »Werte« – φρόνησις – für die Fähigkeit, diese Maßstäbe zu beherrschen und anzuwenden, gehalten habe. Diese Behauptung trifft nur für Platos politische Philosophie zu. Allein das von Jaeger in diesem Zusammenhang erwähnte Wort: φρόνησις bezeichnet bei Plato und Aristoteles mehr die Einsicht des Staatsmanns als die »Weisheit« des Philosophen. Ich zitiere nach der amerikanischen Ausgabe des Buches »Paideia«, Band II, p. 416, Anmerkung.

11 Siehe besonders Timäus 31, wo der göttliche Demiurg das Universum nach einem Modell, einem παράδειγμα, herstellt, und »Staat«, 596ff.

12 »Protrepticus«, zitiert nach Kurt von Fritz, op. cit.

13 »Gesetze«, 710–711.

14 »Staat«, 475/6. – In der Tradition hatte die nur in den politischen Dialogen vorkommende Wahl des Guten für die höchste Idee zur Folge, daß das Schöne nicht unter die sogenannten Universalien der mittelalterlichen Philosophie aufgenommen wurde; sie waren bestimmt als ens, unum, alter, bonum. So ist es für die Tradition der Philosophie überhaupt bezeichnend, daß Platos politische Dialoge in ihr sehr viel stärker gewirkt haben als die eigentlich und rein philosophischen. In jüngster Zeit hat Jacques Maritain in einer besonders schönen Abhandlung über »Art and Poetry« dieses Versehen der Scholastik ausdrücklich angemerkt und vorgeschlagen, das pulchrum in die Bestimmung der Transcendentien, das heißt der Qualitäten, die jedem Seienden als Seiendem zukommen, neu aufzunehmen. (p. 162)

15 »Politicus«: »Denn das genaueste Maß aller Dinge ist das Gute.« Zitiert nach Kurt von Fritz, op. cit. Der Gedankengang muß gewesen sein, daß nur durch die Idee des Guten Dinge vergleichbar und dadurch meßbar werden.

16 Das Wort ἐκφανέστατον bezeichnet in »Phaedrus« 250 die Haupteigenschaft des Schönen. Im »Staat« wird eine ähnliche Eigenschaft für die Idee des Guten festgestellt, die φανότατον genannt wird (518). Beide Wörter sind abgeleitet von φαίνεσθαι, erscheinen und hervorleuchten, und in beiden Fällen wird der Superlativ gebraucht.

17 Der berühmte Satz zu Beginn der aristotelischen »Metaphysik«, daß alle Menschen von Natur aus zu wissen begehren, hat einen ähnlichen Sinn und steht in einem ähnlichen, wenn auch nicht so offenbaren Zusammenhang mit seiner politischen Philosophie.

18 Diese Darstellung ist der großartigen Interpretation des Höhlengleichnisses durch Heidegger in »Platons Lehre von der Wahrheit« verpflichtet. Heidegger erwähnt ausdrücklich die Gefahr, in die der Philosoph gerät, wenn er in die Höhle der Menschen zurückkehren muß, bringt aber diese Gefahr und das aus ihr entstehende negative Interesse des Philosophen an Politik nicht in Zusammenhang mit seinen Ausführungen. Bei Heidegger entspringt die Wandlung im Denken Platos vielmehr »aus dem Vorrang der ἰδέα und des ἰδεῖν vor der ἀλήθεια (sc. der Idee und des Sehens vor der Unverborgenheit)«.

19 »Politik« 1332b12 und 1332b36. – Sowohl die Behauptung, daß jedes Gemeinwesen aus Herrschern und Beherrschten bestünde, wie die Unterscheidung zwischen Jünge-

ren und Älteren geht auf Plato zurück – siehe »Staat« 412 und »Gesetze« 689/690, 714; die Berufung auf die Natur ist aristotelisch.

20 Ibidem, 1328b35.

21 »Ökonomik« 1343a1–4.

22 Jaeger op. cit., Bd. I, p. 111.

23 »Ökonomik« 1343b24.

24 Die Ableitung von religio aus religare ist bereits Cicero geläufig. Da wir hier nur die politische Selbst-Interpretation der Römer behandeln, ist die Frage, ob diese Ableitung etymologisch korrekt ist, irrelevant.

25 Viktor Poeschl, *»Römischer Staat und griechisches Staats-Denken bei Cicero«*, 1936, gibt eine gute Zusammenstellung römischer Quellen für den Glauben an die Ewigkeit der Stadt Rom.

26 Buch 43, Kapitel 13.

27 Cicero, *»De re publica«* I. 7.

28 Cicero, *»De Legibus«* 3, 12, 28.

29 Mommsen, *op. cit.* Seite 1034. – Ich bin Herrn Professor Carl J. Friedrich sehr dankbar, mich auf die wichtige Erörterung der Autorität in Mommsen *»Römisches Staatsrecht«* aufmerksam gemacht zu haben.

30 *Ibidem*, Seite 1038–39.

31 Diese Interpretation findet weitere Unterstützung durch den idiomatischen Gebrauch im Lateinischen von alicui auctorem esse für »beraten«.

32 Siehe Mommsen, op. cit. (2. Auflage) Band 1, Seite 73 ff. Das lateinische Wort »numen«, das nahezu unübersetzbar ist und »göttliche Befehle« ebenso bedeutet wie »göttliche Handlungsweise«, ist abgeleitet von »nuere«, zustimmend nicken. Demnach sind die Befehle der Götter und alle ihre Einmischung in menschliche Angelegenheiten auf Billigung oder Mißbilligung menschlicher Handlungen beschränkt.

33 Mommsen, op. cit. Band 1, Seite 87.

34 Siehe auch die verschiedenen lateinischen Idiome wie auctores habere für Vorgänger oder Beispiele haben, auctoritas maiorum mit der Bedeutung des maßgebenden Beispiels der Ahnen, usus et auctoritas im römischen Recht gebraucht für Besitzrechte, die sich aus der Nutzung herleiten. Eine ausgezeichnete Darstellung dieses römischen Geistes sowohl wie eine sehr nützliche Sammlung des wichtigeren Quellenmaterials findet sich bei Viktor Poeschl, op. cit., besonders p. 101 ff.

35 Dies kam besonders drastisch in der »wunderlichen Auferstehung der Toten« (Mommsen) zum Ausdruck, die zu dem Begräbnisritual vornehmer Römer gehörte. Die Vorfahren, von Schauspielern dargestellt, versammelten sich auf dem Marktplatz, um den jüngst Verstorbenen in ihren Kreis aufzunehmen, und die Leichenrede teilte dem Trauergefolge die Namen und Taten eines jeden der im Kreise sitzenden Ahnen mit.

36 R. H. Barrow, »The Romans«, p. 194.

37 Eine ähnliche Verschmelzung von römisch-imperialistisch politischen mit rein christlichen Elementen erörtert Erik Peterson, »Der Monotheismus als politisches Problem«, 1935, im Zusammenhang mit Orosius, der den römischen Kaiser Augustus

mit Christus in Verbindung gebracht hat. »Dabei ist deutlich, daß Augustus auf diese Weise christianisiert und Christus zum civis romanus wird, romanisiert worden ist.« Seite 93.

38 Eric Voegelin, »A New Science of Politics«, p. 78.

39 »Discorsi« III, Kap. 1.

40 »De re publica«, VI, 12.

41 »Gesetze«, 711 A.

42 »Il Principe«, 15.

43 Ibidem, Kapitel 8.

44 Es ist merkwürdig, wie sorgfältig Machiavelli in seinen Interpretationen römischer Geschichte jede Bezugnahme auf Cicero vermeidet.

45 Professor Norman Jacobson der University of California machte mich auf gewisse Bemerkungen von John Adams aufmerksam, die diese Annahme bestätigen würden.

46 »Il Principe«, 6.

Hannah Arendt und das Anthropozän – Nachwort

von Eva von Redecker

> *»Es ist, als hätten wir unsere eigene Unvorhersehbarkeit […] in die Natur selbst getragen.«*[1]

Im Symbolsystem der westafrikanischen Akan gibt es die Darstellung eines Vogels, der vorwärtsläuft oder -fliegt, seinen Hals aber nach hinten gebogen hat und kopfüber rückwärts schaut. In seinem Schnabel hält er ein Ei. Das Symbol, das auf Festtags- und Beerdigungskleidung gedruckt wird und bereits auf einem Stoff aus dem Jahr 1827 nachgewiesen ist, heißt »Sankofa«. Wörtlich bedeutet das: »Geh zurück und nimm es«.[2] Der raffinierte Rückgriff auf die Vergangenheit, der hier propagiert wird, steht im Zusammenhang mit einem Sprichwort der Akan, das lautet: »Es ist nicht tabu, umzukehren, um das, was man vergessen hat, einzusammeln.« Es geht also nicht um ein pauschales Lernen aus der Vergangenheit, sondern um einen gezielten Rückgang. Sankofa praktiziert, wer einer Erinnerung nachspürt und umkehrt, ja sich geradezu umkrempelt, um einer Sache willen, die fehlt. Und nicht irgendeine Sache: Was der Vogel behutsam mit dem Schnabel aufhebt, ist ein Ei, der Hort zukünftigen Lebens und zugleich sein eigenes Ausgangsstadium.

Als Arendt 1951 ihre monumentale Analyse totaler Herrschaft erstmals in englischer Sprache veröffentlicht hatte, deren Erfolg erlebte und aus der prekären Exilanten-Existenz in gesicherte Verhältnisse gelangte, übte sie sich in einer ähnlichen Geste. Sie sammelte ein, was fehlte. Das war zunächst und ganz konkret, was für Arendt zumeist an erster Stelle stand: eine Freundschaft.[3] Mit Walter Benjamin hatte Arendt eine spezielle Freundschaft verbunden. Die beiden fanden sich als deutsch-jüdische Emigranten in Paris und zu einer Zeit, wo sonst kaum jemand Arendt intellektuell bestärkte.[4] In Benjamin fand Arendt nicht nur einen politischen, sondern auch einen methodologischen Verbündeten.[5] Was er im *Passagenwerk* über die Stadt Paris versuchte,[6] hatte sie in Bezug auf Rahel Varnhagen unternommen: eine Biografie als Zitatcollage, in der sich exemplarisch eine ganze Epoche mit ihren speziellen Bruchlinien und Problemstellen sollte spiegeln können. Die extrem verdichtete »Anleitung« zu seiner Methode hatte Benjamin in seinen Thesen *Über den Begriff der Geschichte* zusammengetragen, von denen er Arendt 1940 ein handgeschriebenes Exemplar mit der Bitte anvertraute, es den Kollegen des exilierten *Instituts für Sozialforschung* auszuhändigen.[7] Arendt gelang die Flucht aus dem besetzten Frankreich; Walter Benjamin wurde von faschistischen spanischen Grenzbeamten aufgehalten und beging daraufhin Selbstmord.

Benjamins »Thesen«, die in schillernd poetischer Sprache verfasst sind, gehören heute zu den meistzitierten und mitunter bis zum Klischeehaften wiederholten Texten der kritischen Theorie. Anfang der 50er, als Arendt ihren beginnenden Ruhm als Autorin spürte, waren sie indessen vollkommen unbekannt. Sie waren sogar, zu Arendts glühendem Zorn, noch nicht einmal ordentlich veröffentlicht worden.[8]

In Arendts großer Totalitarismus-Studie, *Elemente und Ursprünge totaler Herrschaft* (1955), waren Benjamins geschichtsphilosophische Überlegungen aber bereits einmal kurz aufgetaucht.

Sie stehen am Ende des Kapitels »Die politische Weltanschauung der Bourgeoisie«, in dem Arendt Thomas Hobbes' 1561 verfassten *Leviathan* geradezu als Menetekel für alles folgende gesellschaftliche Machtstreben liest.[9] In ihrem Totalitarismus-Buch untersucht Arendt die Vorstufen totaler Herrschaft und Massenvernichtung in der konkreten Geschichte von Antisemitismus und Kolonialismus. Im Zuge ihrer Auseinandersetzung mit diesem Material entwickelt sie aber zugleich eine grundlegende, düstere Diagnose der modernen Welt. Die vollständige Ausschaltung menschlicher Spontaneität, als die Arendt den Totalitarismus interpretiert, sei der Höhepunkt einer Entwicklung, in deren Zuge Menschen isoliert und als überflüssig vorgezeichnet würden. Einer Entwicklung, die bereits in der frühen Neuzeit einsetzte. Dies jedenfalls entnimmt Arendt ihrer Auseinandersetzung mit dem Hobbes'schen Hauptwerk. Was der *Leviathan* abbilde, sei eine auf Besitzstandsmehrung versessene Gesellschaft – eine Gesellschaft, die Besitz nicht als etwas versteht, das man wahrt und genießt, sondern das man investiert und mehrt.[10] Diese Besitzstandsmehrung sei zur Sicherung und Verewigung darauf angewiesen, dass sich auch ständig die Herrschaftsgewalt intensiviere.[11] Solch ein Prozess simultaner Besitz- und Machtakkumulation, so versucht Arendt zu zeigen, könne nur in katastrophaler Selbstverzehrung enden.

Um dies zu begründen, wendet Arendt sich zunächst Rosa Luxemburg zu und argumentiert deutlich materialistischer, als sie es ansonsten tut. Insofern kapitalistische Nationalökonomien notwendig nach neuen Rohstoffquellen und Absatzmärkten trachteten, würden sie imperialistisch.[12] Arendt will aber mehr oder anderes als Luxemburg. Sie will nicht zeigen, wie kolonialrassistische Fremdherrschaft entsteht, sondern warum totalitäre Machtakkumulation notwendig auch in Selbstzerstörung umschlägt. Etwas an dem Trachten selbst berge bereits das Destruktionspotenzial. Um diese Dimension zu fassen, wechselt Arendt von der räumlichen Dimension der Expansion – also Luxemburgs Theorie der Landnahme – in das Register der Zeitlichkeit. Arendt ist zutiefst überzeugt, dass etwas an der Prozesslogik selbst fatal ist. Und es ist an dieser Stelle, dass sie Benjamins geschichtsphilosophische Überlegungen – ein wenig wie ein Kuckucksei – in ihr Buch über Antisemitismus und Imperialismus einfügt. In der englischen Erstausgabe von 1951 nimmt das entsprechende Zitat nur eine Zeile ein.[13] In der vier Jahre darauf folgenden, von Arendt überarbeiteten und zugleich zum Teil auf älteren Kapitelentwürfen basierenden deutschen Ausgabe steht dann aber die ganze Kernpassage von Benjamins Fortschrittskritik. Arendt wiederholt ihre reichlich apodiktische These des notwendig katastrophalen Ausdehnungsprozesses und lässt dann Benjamin sprechen:

> Für diesen Fortschrittsprozeß und alle von ihm beherrschten Geschichtsphilosophien gilt, was Walter Benjamin in seinen »Geschichtsphilosophischen Thesen« schrieb: »Der Engel der Geschichte [...] hat das Antlitz der Vergangenheit zugewendet. Wo eine Kette von Begebenheiten vor uns erscheint, da sieht er eine einzige Katastrophe, die unablässig Trümmer auf Trümmer häuft und sie ihm vor die Füße schleudert. Er möchte wohl verweilen, die Toten wecken und das Zerschlagene zusammenfügen. Aber ein Sturm weht vom Paradiese her, der sich in seinen Flügeln verfangen hat und so stark ist, daß der Engel sie nicht mehr schließen kann. Dieser Sturm treibt unaufhaltsam in die Zukunft, der er den Rücken kehrt, während der Trümmerhaufen vor ihm zum Himmel wächst. Das, was wir den Fortschritt nennen, ist dieser Sturm.«[14]

Das Bild des Engels, das Benjamin hier ausdeutet, ist durch eine *Angelus Novus* betitelte Zeichnung von Paul Klee inspiriert, die Benjamin bereits 1921 erworben hatte. Der Engel wendet wie der

Sankofa-Vogel das Gesicht entgegen seiner Bewegungsrichtung. Seine Aufgabe ist dabei deutlich aussichtsloser. Die umfassende Bergungsarbeit – Trümmer zusammenzufügen und sogar Tote zu erwecken – wird von dem Sturm verhindert, der den Engel unerbittlich weiter voran, in die Zukunft, drängt. Benjamin selbst identifiziert diese Macht mit dem modernen Geschichtsbegriff, und auch Arendt deutet: »Hier unter dem Bild des Sturmes ist die Geschichte als Prozeß [...] gesehen.«[15]

Dass Arendt 1957 ihre erste deutsche Essaysammlung *Fragwürdige Traditionsbestände im politischen Denken der Gegenwart* dem verstorbenen Freund Walter Benjamin widmet, verweist fraglos auf eine tiefe inhaltliche Verbundenheit. Ebenjenes Motiv der »Geschichte als Prozeß« macht den Kern ihrer vier Aufsätze aus. Die Texte, die aus diversen, meist zunächst auf Englisch gehaltenen Vorträgen aus den Jahren 1954–1957 hervorgingen, lösen Arendts Fortschrittskritik aus der Hobbes-Lektüre heraus und entkoppeln sie vom Pendant einer materialistischen Argumentation. Stattdessen verortet Arendt die fatale Prozessualität nun in dem, was sie die »abendländische Tradition politischen Denkens« nennt.[16]

Arendt hatte in den Jahren 1952 und 1953 zunächst ein Stipendium der Guggenheim-Foundation, um die totalitären Aspekte im marxistischen Denken zu erforschen. Dieses Projekt nahm aber eine neue Gestalt an. Das, was Arendt für Marx' Kardinalfehler hielt, die Verwechslung von Herstellen und Handeln, sah sie nun als »älteste Sünde aller politischen Philosophie des Abendlandes« überhaupt.[17] Es ist Arendts weiteren Analyse zufolge weder die Tradition selbst noch die Rebellion an deren Endpunkt – neben Marx' Werk diskutiert Arendt auch Kierkegaard und Nietzsche –, die das fatale Denken in übergreifenden Geschichtsprozessen bewirkt. Das Problem, das Arendt herausschält, besteht in einem Auseinanderdriften von moderner Erfahrung mit den überlieferten Kategorien, oder mehr noch darin, dass dieses Auseinanderdriften fehlgedeutet wird, weil traditionelle Kategorien gewissermaßen über ihr Verfallsdatum hinaus angewendet würden.

Diese Verwerfung von Deutungs- und Erfahrungshaushalt einer ganzen Geistesgeschichte bedurfte also breiterer Lektüre als der von Marx – und wenn man sich Hannah Arendts *Denktagebücher* anschaut, bekommt man auch den Eindruck, dass sie einfach mit sehr viel größerer Freude Platon gelesen und exzerpiert hat als den Linkshegelianismus.[18] Nicht zuletzt erlaubten ihr diese Lektüren auch einen Rückgriff auf Marburger und Heidelberger Diskussionen. Arendt hatte 1946 in ihrem Aufsatz »Was ist Existenzphilosophie?« die deutsche und französische Gegenwartsphilosophie für das amerikanische Publikum porträtiert und einer gründlichen »Entnazifizierung«, also einer Heidegger-Kritik, unterzogen.[19] Die nachfolgenden Studien dienen der Vergewisserung darüber, inwieweit ihre philosophiegeschichtlichen Studieninhalte und die Antike-Lektüren ihrer Lehrer Arendt weiterhin als Referenzmaterial dienen könnten.[20]

Aus ihrer neu gewonnenen intellektuellen Position heraus begab Arendt sich inzwischen selbst in die Rolle einer Lehrerin, die ihrem amerikanischen Publikum ganz allgemein einen Begriff für die Reichweite der »abendländischen Tradition« vermitteln wollte. Alle vier Essays in *Traditionsbestände* haben didaktische Züge. Aus der zeitlichen Distanz mag der Zugriff auch schablonenhaft wirken. Man begegnet in der Lektüre den Heroen der Geistesgeschichte, überspringt stets das (erst recht jüdisch-islamische) Mittelalter und trifft Gedankengebäude in frei schwebender Abstraktion an. Dass Arendt auch konter-kanonisch schreiben konnte, hatte sie längst unter Beweis gestellt. 1948 zunächst unter dem Titel *Sechs Essays*, später dann als *Die verborgene Tradition* veröffentlichte Arendt eine der jüdischen Identitätspolitik verpflichtete und durchaus auf die Formel »Desintegriert Euch!« zu bringende Textsammlung.[21] Warum also nun der Rückgriff auf die »unverborgene« Tradition? Was Arendt zum Schreiben anhielt, war gerade ihre Überzeugung eines endgültigen Bruchs im abendländischen Denken. Julia Schulze Wessel bringt das auf den Punkt, wenn sie Arendt den »Bruch als Methode« anrechnet und bemerkt, dass Arendt selbst womöglich erst Jahre nach dem Totalitarismus-Buch »die eigentliche Methode ihrer Geschichtsschreibung erfasst« habe.[22] Die hehre Tradition, die Arendt aufruft, tritt bei aller Würdigung doch als von realen Erfahrungen entkoppelt, von Kritikern umgekrempelt und von fatalen neueren Tendenzen überholt auf den Plan.

Mit dieser Diagnose wiederum begab Arendt sich in eine hitzige Debatte mit zwei bekannten Kollegen im Feld der politischen Theorie. Arendt hatte *Elemente und Ursprünge* im nahezu selbstverständlichen Bewusstsein geschrieben, von keiner bisherigen politischen Philosophie Aufschluss über die katastrophale Gegenwart finden zu können. Nach Erscheinen des Buchs war Arendt allerdings mit den Kommentaren gelehrter Freunde konfrontiert, die den Traditionsabbruch nicht für den Effekt, sondern für die Ursache der Schoah hielten und glaubten, dass nur Restaurationsbestrebungen weiteren Gräueln vorbeugen würden. »Um den Zerstörungsprozess aufzuhalten«, schrieb der an der Louisiana State University lehrende Eric Voegelin umgehend nach Lektüre von *Elemente und Ursprünge* an Arendt, »müsste die systematische Zerstörung der Ordnungswahrheiten […] aufhören«.[23] Wie Stefania Maffeis rekonstruiert hat, ist diese neoplatonische Verpflichtung auf zeitlose Maßstäbe die mit Arendts existenzialistisch-historiografischem Ansatz konkurrierende Methodologie im sich nach dem Weltkrieg neu formierenden Feld der US-amerikanischen politischen Theorie. Neben Voegelin bemühte sich auch der von Arendt gründlich rezipierte, an der University of Chicago lehrende Leo Strauss um eine Wiederbelebung der platonischen politischen Philosophie.[24] Arendts erneuter Rückgriff auf die Antike dient also gerade dazu, nachträglich ihr Vorgehen im Totalitarismus-Buch zu rechtfertigen. »Sind die seit Plato gegebenen Antworten zureichend?« antwortete sie Voegelin nachdenklich auf dessen Kritik. »Ich weiss, dass es Ihnen hybrid klingen wird, wenn ich sage: ich glaube nicht. Ich habe den Verdacht, dass in dieser, der rein politischen Hinsicht, irgendetwas in unserer philosophischen Tradition nicht in Ordnung ist.«[25] *Fragwürdige Traditionsbestände* soll genau dem, was da »nicht in Ordnung« ist, auf den Grund gehen.

Es ist intellektuell leicht schwindelerregend, mit welchem entschiedenen Zugriff Arendt, als gelte es, Spielfiguren auf einem Brett richtig anzuordnen, an die Angelpunkte kanonischer Ideengeschichte packt. Aber sie tut es eben auch mit dem Ziel, etwas richtigzustellen. Arendt wiederholt in den vier Essays abstrakt und inner-akademisch die Geste der Gegenwartsverpflichtung, die für ihr gesamtes Werk so produktiv ist. Arendts Denken ist stets bereit, »jetzt ist jetzt« zu sagen und nach neuen Anhaltspunkten und Beschreibungen zu greifen, um dieses »Jetzt« auf keinen Fall in eine schon bekannte Entwicklungslinie aufzulösen. Mit der Entscheidung, die traditionsbefragenden Essays auf Deutsch zu veröffentlichen, will sie auch die deutsche Öffentlichkeit an solch einem Vergegenwärtigungsvorgang teilnehmen lassen. Dabei nimmt die Traditionskritik als »Wirklichkeitseinladung« auch eine politische Rolle ein. In der philosophischen Aufräumarbeit hallt ein entsetzter Aufschrei nach, den Arendt in Reinform 1950 nach ihrer ersten Deutschlandreise notiert:

> Beobachtet man die Deutschen, wie sie geschäftig durch die Ruinen ihrer tausendjährigen Geschichte stolpern und für die zerstörten Wahrzeichen nur ein Achselzucken übrig haben oder wie sie es einem verübeln, wenn man sie an die Schrecken erinnert, welche die ganze Welt nicht loslassen, dann begreift man, dass die Geschäftigkeit ihre Hauptwaffe bei der Abwehr der Wirklichkeit geworden ist. Und man möchte aufschreien: Aber das ist doch alles nicht wirklich –

> wirklich sind die Ruinen; wirklich ist das vergangene Grauen, wirklich sind die Toten, die Ihr vergessen habt.[26]

»Wirklich sind die Ruinen« – hier spricht Arendt wie der Benjamin'sche Engel mit seinem rückwärtsgewandten Antlitz. Anders als »wirklich sind die Toten« ist »wirklich sind die Ruinen« für Arendt allerdings keine durchweg grauenvolle Feststellung. Im ersten der vier Aufsätze, »Tradition und die Neuzeit«, stellt sie den Standpunkt ihres Denkens als in einer Hinsicht vorteilhaft gegenüber dem des 19. Jahrhunderts heraus. Sie vergleicht Kierkegaard, Marx und Nietzsche mit in dunklem Wald verirrten Kindern und stimmt ein gewisses Lob auf die Ruinen an. Durch ihre Helle und Offenheit würden sie zumindest das Irregehen beenden:

> In mancher Hinsicht sind wir heute besser daran. Wir brauchen uns nicht mehr über die »gebildeten Philister« zu erzürnen, die durch das ganze 19. Jahrhundert hindurch, und besonders in Deutschland nach dem Tode Goethes, den Verlust echter Autorität mit einer unausstehlichen Verhimmelung von »Kultur« wettzumachen suchten. Diese Kultur nimmt sich ohnehin für die meisten Menschen von heute wie ein Ruinenfeld aus, das, weit entfernt ihnen zu imponieren, kaum ihr Interesse zu fesseln vermag. Man kann diese Tatsache beklagen, aber in ihr liegt die große Chance, auf die Vergangenheit mit einem von keiner Überlieferung getrübten Blick zu schauen, mit einer Direktheit, wie sie die Augen und Ohren des Abendlandes nicht mehr gekannt haben, seit die Römer sich der Autorität griechischen Geistes unterwarfen.[27]

Arendt versucht in ihren Essays beides zugleich – das ungetrübte Schauen, aber auch das Erläutern dessen, was da vergangen ist und die Tradition geprägt hat, »seit die Römer sich der Autorität griechischen Geistes unterwarfen«.

Wenn Arendt von Autorität spricht, dann geht es ihr um eine sehr spezifische Verbindlichkeit. Sie will den Begriff der Autorität von den Konnotationen, die er im »Autoritarismus« gewonnen hat, abrücken. So erklärt sie das »Autorität haben« geradezu zum Gegensatz des »Autoritär-Seins«. Autorität übe weder physische Gewalt noch argumentative Überzeugung, sondern speise sich aus der Bindungskraft von Tradition, also überlieferter Vergangenheit.[28] Vermittelt durch die Tradition leite sich die Kraft der Autorität aus einem maßgeblichen Anfangspunkt her – etwa der Gründung Roms oder der Geburt Christi: »Was Autorität oder diejenigen, die Autorität verwalten, beständig vermehren, ist die Gründung«.[29] Die Funktion der Tradition sei es, Orientierung zu bieten, und zwar eine Art von Orientierung, derer Menschen in Arendts Augen in irgendeiner Form stets bedürfen: Aufschluss über Sinn und Vergewisserung über Beständigkeit ihres Daseins.

Arendt verwendet »Rom« als Chiffre für eine durch ihre Geschichtsschreibung vollauf traditionsgesättigte Gesellschaft. Diesen Geschichtsbegriff vergleicht Arendt – insbesondere im Essay »Natur und Geschichte« – mit epochenspezifischen Naturvorstellungen. In der Antike, schreibt sie, seien die Natur und alles tierische Leben als unsterblich verstanden worden – als in unendlicher Wiederkehr kreisend. Die Götter waren erst recht unsterblich. Nur Menschen seien durch Sterblichkeit ausgezeichnet und hätten eines Hilfsmittels bedurft, um ihr flüchtigstes Gut, das Handeln, vorm Vergehen zu retten.[30] So helfe die Geschichte das menschliche Leben allem Natürlichen anzugleichen. Während Letzteres mühelos unsterblich ist, ist das historisch menschliche es dank der Kunstfertigkeit der Historiker.[31] Was die Überlieferung nicht mitnimmt, das fällt dem Vergessen anheim. Für es gilt: »Niemand ist ihm zu Hilfe gekommen.«[32]

Arendts Bilanz der antiken Tradition fällt, was den Geschichtsbegriff betrifft, durchaus positiv aus. Viel stärkere Bedenken hegt sie gegen die Tradition politischen Philosophierens. Insbesondere

Plato habe Arendt zufolge aus der Erfahrung der Philosophie heraus auf die Politik geschaut. Die in seiner Ideenlehre angelegte Hierarchie zwischen Denken und Handeln, die bestrebt ist, das Ungefähr weltlicher Angelegenheiten ewigen Prinzipien unterzuordnen, sieht Arendt als Einfallstor für korrumpierende Herrschaftslogiken. Wo immer das Gespür für die Spezifik des Handelns als sprechender Interaktion unter Gleichen verloren gehe, laufe die Praxis Gefahr, nach dem Muster von im Privaten gängiger Despotie »geordnet« zu werden.

Das, was nach Arendt in der politischen Tradition »nicht in Ordnung« ist, wird problematischer, sobald die römische, als beständig vorausgesetzte Welt verloren geht. Schon das Urchristentum und später dann die katholische Kirche halten die Welt für vergänglich und erklären stattdessen das zur Auferstehung fähige Leben für ewig.[33] Mit dem Einsetzen der Neuzeit verkehrt sich das Verhältnis schließlich abermals. Arendt beschreibt die Moderne in erster Instanz als einen Erkenntnisschock, der von den neuen naturwissenschaftlichen Entdeckungen des 16. und 17. Jahrhunderts ausgehend das Vertrauen in die sinnlich-anschauende Vernunft untergrabe. Die Teleskope und mathematischen Berechnungen geben besseren Aufschluss als das menschliche Auge und neue experimentelle Methoden beziehen Erkenntnis nicht mehr aus Kontemplation, sondern aus kontrollierter Interaktion. Nach und nach setzte sich sowohl die Vorstellung durch, dass Entstehungsprozesse die besten Erklärungen lieferten, als auch die Neigung, zu glauben, dass Menschen nur das vollends erklären könnten, was sie auch selbst gemacht hätten – also gerade nicht *die* Natur, sondern vor allem *die* Geschichte. Da im Zuge der Säkularisierung der Unsterblichkeitsglaube verloren ging, spielte sich diese Geschichte aber nun in einer Epoche ab, in der beide, Welt und Leben, vergänglich geworden waren.[34] An dieser Stelle siedelt Arendt nun die Genese des Prozessdenkens an, das sie schon im Kapitel über die Weltanschauung der Bourgeoise in

Elemente und Ursprünge beschäftigt hatte. Die Denkfigur des grenzenlos Prozessualen bleibt nicht, wie in *Elemente und Ursprünge*, an die Grenzenlosigkeit der kapitalistischen Eigentumsakkumulation geheftet, sondern ergibt sich aus einer existenziellen Erfahrung. Es sei, so schreibt Arendt, eine Grunderfahrung des zum Handeln begabten Menschen, dass sich seine Zwecke ihm gegenüber verselbstständigten.[35] Zumal im kollektiven Tun werde niemandes Ziel umgesetzt. Dass sich dann aber rückblickend doch eine schlüssige Geschichte finden lasse, verführe zu der Annahme, dass es noch ein Handeln hinter dem Handeln gäbe, eine versteckte Agentur, die die Geschicke lenke – das, was dann Arendt zufolge die Geschichtsphilosophien theoretisiert und die totalitären Weltbilder verabsolutiert haben. Von Naturwissenschaft darin trainiert, ihren eigenen Sinnen zu misstrauen, und durch Technik darin versiert, Naturgewalten nach eigenen Vorstellungen zu mobilisieren, delegieren die modernen Sterblichen ihre Dauer in die Fantasie einer übergreifenden Menschheitsgeschichte. Dieser aus der Tradition herausgetretene Geschichtsbegriff birgt nun nach Arendt zwei große Probleme. Das eine ist, dass er stets droht, doch unter der Anforderung der Sinnstiftung zu zerbröckeln. Zu viele verschiedene Prozesse ließen sich mit gleicher Stringenz auf die Sequenz der Vergangenheit postulieren, was in allgemeinem Nihilismus ende.[36] In gewagter Analogie konstatiert Arendt, dass diese Überdetermination auch die Naturwissenschaft der Gegenwart – sie bezieht sich auf die Physik nach der Relativitätstheorie – auszeichne.

Das andere Problem des modernen Geschichtsdenkens ist für Arendts Analyse zentraler und lässt uns wieder auf die »älteste Sünde« der Tradition zurückkommen:

> Was den Geschichtsbegriff in diesem Zusammenhang so außerordentlich gefährlich erscheinen läßt, ist, daß er immer wieder dazu verführen möchte, Politik als ein Herstellen, als

ein Machen von Geschichte zu verstehen. Gerade dadurch aber gerät in unsere politischen Theorien ein eminent zerstörerisches Element.[37]

Unter den Vorzeichen eines unendlichen Prozesses erscheinen Menschen als bloße Exponenten übergreifender Entwicklungen und Politik findet nicht mehr zwischen ihnen statt, sondern indem »Geschichte gemacht«, also im Zweifelsfall instrumentell erzwungen wird. Den Extremfall solchen Exekutierens einer übergreifenden weltgeschichtlichen Bewegung sieht Arendt im Totalitarismus. Dieser stellt sich somit nicht als Effekt der Tradition dar und auch nicht als ihr unmittelbarer Gegenspieler, sondern als Auswuchs einer Kompensationsfigur für die erodierte Überlieferung.

Bei dieser trostlosen Diagnose – einer vergänglichen Welt voller Sterblicher, die sich ein zerstörerisches Vehikel für ihre Aspiration auf Unsterblichkeit geschaffen haben – angekommen, stellt Arendt kurz ein mögliches »Rettungsmittel«[38] in den Raum. Die »Revolutionen der letzten Jahrhunderte« könnten, so führt sie aus, »wie ein gigantischer Versuch erscheinen, mit den Mitteln der Tradition selbst wieder den gerissenen Faden der Tradition neu zu knüpfen«.[39]

Es ist eine faszinierende Wendung, die Arendts Analyse nimmt, wenn sie die Revolution nicht als Bruch mit der – ohnehin gebrochenen – Tradition versteht, sondern gerade als deren letzten Reparaturversuch.[40] Arendt klammert die Hoffnung auf revolutionäre Neugründungen dennoch sofort wieder ein: »Was sich in unserer Zeit durchzusetzen pflegt, ist nicht die Gründung, sondern die Gewalt.«[41] Arendt artikuliert hier die Sorge darum, dass auch das Neustiften vom Geist des Herstellens eingeholt würde. Die revolutionäre Gründung könnte im Sinne des »Geschichte-Machens« aus der Sphäre politischer Freiheit in die der vollstreckenden Gewalt verschoben werden – darin besteht im Kern der

Vorwurf an Marx, der einen der Ausgangspunkte ihres Projekts bildete.

In ihrem weiteren Werk wird Arendt die Gefahr der instrumentell erzwungenen Revolution durch eine Verstetigung der Spontaneität im politischen Handeln zu mindern suchen. Nicht die eine neue Gründung, als Ansatzpunkt einer neuen Tradition, sondern das Wahren eines »Erscheinungsraums«, in dem immer weiter gehandelt werden kann, müsse das Ziel aller und erst recht der revolutionären Politik sein. Das Motiv, dass verlorene Ankerpunkte von Sinn und Autorität durch neue Gründungen ersetzt werden können, weist voraus auf das in *Vita activa* voll entfaltete Verständnis von Politik als der Freiheit, Anfänge zu setzen.[42] Es entwirft zugleich einen Gegenpol zur totalitären Zerstörung jedweder menschlichen Spontaneität. Kein einzelner Kraftakt also, sondern das fortgesetzte Anfangen, wie es in Arendts Augen zum Beispiel Räte-Versammlungen praktizieren.[43] Die Essays in den *Fragwürdigen Traditionsbeständen* sind von solchem Optimismus aber noch weit entfernt.

Arendt schreibt in ihren Vorbemerkungen selbst, dass die Darstellung im »Kritischen« stecken bliebe. Das liegt aber, wie mir scheint, nicht so sehr daran, dass sie einige ihrer späteren Ideen noch nicht hatte, sondern dass sie hier wie nirgends sonst einen ausgesprochen beunruhigenden Gedanken ernstnahm: den der Zerbrechlichkeit auch der natürlichen Welt.[44]

Der Übergriff des Herstellens aufs Handeln – das vom Fortschrittsbegriff vermittelte »Geschichte-Machen-Wollen« – ist in diesen Texten nämlich nicht die einzige Gefahr. Arendt durchdenkt auch einen anderen, dem Handeln selbst entspringenden Übergriff, den sie im weiteren Werkverlauf eher aus den Augen verliert: den Übergriff des Handelns auf den menschlichen Austausch mit der Natur. Die Bedrohung ist eklatant. Sie zeige sich nicht nur im Destruktionspotenzial der Atomwaffen, sondern auch in der Verselbstständigung von Handlungsfolgen – also dem, was Klimaforschung und -aktivismus heute als irreversible Kettenreaktionen beschreiben. Die Aktualität eines Satzes wie des Folgenden ist frappierend:

> [M]it wirklich irreversiblen, nicht mehr rückgängig zu machenden Prozessen, die wir doch selbst entfesseln, scheinen wir es erst jetzt zu tun zu bekommen, da wir nicht mehr nur in den geschichtlichen und politischen Raum, sondern in den Bereich der Natur hineinhandeln. Seit die Elemente mit uns verschworen sind, scheint wirklich alles auf Zerstörung hinauszulaufen, und hier sehen wir vorläufig noch keinerlei Möglichkeit eines Wiederrückgängig-Machens.[45]

Man könnte sagen, dass sich hier etwas wie die Arendt'sche Theorie des Anthropozäns abzeichnet. GeologInnen leiten das neue Zeitalter von dem Befund ab, dass um das Jahr 1950 herum die Schwelle überschritten wurde, ab der die Menschen den größten Faktor in der Erdgeschichte bilden. Wir beeinflussen inzwischen Ablagerungs- und Abtragungsvorgänge stärker als Meteoriten, Vulkanausbrüche oder tektonische Bewegungen.[46] Arendt hilft nun dabei, diesem Vorgang das Passivische zu nehmen, ohne ihn irgendwessen direkten Absichten zuzuschreiben. Sie registriert, »daß des Menschen wesentlicher Bezug zur Natur heute das Handeln ist, und weder das arbeitende Verzehren noch das herstellende Weltschaffen noch das betrachtende Staunen und Denken«.[47] Arendts Anthropozän, so ließe sich sagen, ist das »Agentozän«, das Zeitalter des Handelns, also die Epoche, in der jede menschliche Betätigung als unabsehbare Folge weiterwirkt. Normalerweise beschreibt Arendt nur das Handeln, das zwischen Menschen statthat, als unabsehbar, während das Arbeiten zyklisch seine Ergebnisse verzehre und das Herstellen prinzipiell reversibel agiere. So wird es jedenfalls dann in *Vita activa*, abgesehen von ein paar Randbemerkungen, konzipiert sein. In den Übergangs-Essays dagegen nimmt eine ganz andere Beschreibung als diese »offizielle« den meisten Raum ein: dass nämlich das Handeln längst aus dem zwischenmenschlichen Ruder gelaufen und in Naturprozesse übergegangen sei. Aus Sicht der Natur zeitige sämtliche menschliche Tätigkeit, auch das Arbeiten und Herstellen, endlose Kettenreaktionen.

> Dies besagt unter anderem, daß wir in das, was wir noch in einer etwas altertümlichen Begriffssprache das geschichtliche Schicksal der Menschen nennen, die gesamte Natur, ihre aus dem Universum genährte Elementargewalt, hineingenommen haben, ohne sie doch wirklich zu beherrschen und vielleicht ohne sie je zuverlässig beherrschen zu können.[48]

Wir haben es nach dem Zusammenbruch der Tradition somit nicht nur mit einer Unterordnung des Handelns unter das Herstellen, sondern zugleich mit einem Überhandnehmen des Handelns zu tun. Arendts favorisiertes Heilmittel, die revolutionäre Neugründung, zielt an den Naturprozessen vorbei. Selbst wenn es ihr gelänge, eine neue Welt zu gründen, kann sie doch nicht die »die Welt umgebende irdische Natur«[49] neu schaffen. Arendts Anthropozän ist nicht nur das Zeitalter des totalitär erstickten Handelns, sondern auch die Epoche des ökologisch entfesselten. Kein einzelner Rückgriff vermag etwas dagegen.

Warum aber nicht? Warum erwägt Arendt gegenüber der Natur kein anderes Verhältnis als das der Ausklammerung und – wenn auch notwendig scheiternden – Beherrschung? Könnte nicht, wie das Ei im Schnabel des Sankofa-Vogels, auch das Leben zum Bezugspunkt politischen Handelns werden?

Diese Frage hilft, eine viel diskutierte Grenze der Arendt'schen politischen Theorie in den Blick zu nehmen. Denn was es Arendt kategorisch unmöglich macht, Spontaneität, Neugründung, stiftendes Handeln auch auf die Wahrung ökologischer Gleichgewichte zu richten, ist ihre strenge Ausgrenzung aller Fragen des »bloßen« Lebens aus dem Politischen. Diese Ausgrenzung ist keine Nachlässigkeit, auch nicht bloße Graecophilie oder feministische Unbelehrtheit. Die Grenzziehung gegenüber dem Leben und der natürlichen Welt ist eine systematische Notwendigkeit, deren Preis das höchste Arendt'sche Gut darstellt: Freiheit. Arendt ist nämlich zutiefst davon überzeugt, dass die Bedürfnisse des Lebens die Freiheit ruinierten. Es ist nicht so, dass Arendt egal wäre, ob die Sphäre der Reproduktion – der Versorgung des Lebens – herrschaftsförmig oder gleichberechtigt organisiert wäre. Es gibt kein Argument, dem zufolge Ehefrauen oder SklavInnen zu Recht an diese Tätigkeiten gefesselt wären. Im Gegenteil, wie Sophia Ermert überzeugend nachweist, bieten Arendts Beschreibungen viele Anhaltspunkte, um solche Deprivation zu skandalisieren.[50] Keine Gleichberechtigung der Welt hilft aber nach Arendt dagegen, das Verhältnis des Lebens gegenüber dem Handeln anders als despotisch zu gestalten. Es müssen nun mal, so scheint sie zu denken, erst die Bäuche gefüllt und die Häupter ausgeruht sein, bevor einer als Gleicher den anderen gegenübertreten und politisch handeln könne. Das wirkt auf einer wörtlichen Ebene zunächst plausibel. Aber Arendt meint es auch in der abstrakteren Hinsicht, dass die Politik »die Notdurft des Lebens«[51] nicht zum Gegenstand haben dürfe. Wie sie in ihrer Kritik der französischen Revolution zu zeigen versucht, infiziere gewissermaßen die Dringlichkeit des Lebensbedürfnisses den politischen Raum, sodass er nicht mehr zum Handeln, sondern nur noch zum Exekutieren tauge.[52]

Arendt muss also eine Grenze ziehen zwischen Lebensnotwendigkeit und Politik. Das ist nicht nur wegen der antifeministischen Konsequenzen bedenklich. Auch Arendts merkwürdige Nonchalance gegenüber sowohl der griechischen als auch der US-amerikanischen SklavenhalterInnengesellschaft rührt daher, dass sie jedwede Haushaltskonfiguration als Niederschlag des eigentlich vom Leben ausgehenden Zwangs betrachtet. Das rückt nicht nur die Komplexität der gesamtgesellschaftlichen kapitalistischen Produktion außer Reichweite, sondern ebnet auch eklatante Unterschiede ein – wie etwa die zwischen patriarchal naturalisierter, ständisch differenzierter oder eben versklavter Arbeit, deren letztere durch das absolute Verfügungsrecht des Herrn gekennzeichnet ist. Dieser im modernen, transatlantischen System der Versklavung von schwarzen Menschen geschaffene Herrschaftstitel ist kein Echo des Lebens, sondern von Eigentumsform und Profitinteressen.[53]

Und warum überhaupt sollte vom Leben so ein unüberwindlicher Zwang ausgehen? Warum glaubt Arendt nicht, dass die menschliche Freiheit dem Leben gewachsen sein könnte? Während ich dies schreibe, stehen zwei Menschen vor dem deutschen Auswärtigen Amt, die über Jahre in Afghanistan für die deutsche Bundeswehr gearbeitet haben und für die Rettung ihrer Familienangehörigen aus dem von der Taliban eingenommenen Kabul protestieren.[54] Sie befinden sich im Hungerstreik. Offenbar diktiert ihnen die Notdurft des Lebens nicht alle Zwecke. Handeln sie nicht politisch, weil sie ihr eigenes Leben aufs Spiel setzen um das Leben der von der Einreise nach Deutschland abgehaltenen Familienmitglieder willen, für die sie protestieren?

Das Unbehagen, das Arendt angesichts von Lebenspolitik befällt, scheint mir keineswegs gänzlich verfehlt. Es stimmt ja, dass etwas verkehrt ist, wenn Menschen so Politik machen müssen. Es wäre nur eben nicht besser, wenn sie nach Hause gingen und zu Abend äßen. Solange menschliche Handlungsfolgen massiv in die Überlebensbedingungen eingreifen, kann das Leben gar nicht aus dem Bereich des Politischen ausgeschlossen werden. In einem Anthropozän, in dem menschliches Handeln den Bestand des Planeten hat fragwürdig werden lassen, gibt es überhaupt keine Frage der Politik, die nicht auch eine des gegenwärtigen und zukünftigen Lebens wäre. Heißt das nun aber tatsächlich, dass es mit der Freiheit vorerst vorüber ist?

Dies scheint mir nicht der Fall. Es heißt nur, dass keine abgekapselte Sphäre der Freiheit Unterschlupf gewährt, weil sich keine gegen das Leben abdichten lässt. So müsste das Leben selbst anders als lästige Voraussetzung der Freiheit angesehen werden, etwa als ihr Entfaltungsraum. Freiheit gegenüber dem Leben zeigt sich nicht nur im heroisch opferbereiten Handeln, nicht nur wenn Asylsuchende oder die Suffragetten des 19. Jahrhunderts die Nahrungsaufnahme verweigern. Sie zeigt sich in jedem Haushalt, auf jedem Marktplatz und in jeder Plenarsitzung, wo Menschen so koordiniert sind, dass sie freiwillig und doch zureichend für ihre Bedürfnisse aufkommen, ohne dabei die Versorgung anderer und Nachkommender zu gefährden. Die Würde der menschlichen Bedürftigkeit, die wir nicht nach instinktivem, sondern nach politisch verhandelbarem Muster verfolgen, könnte sogar so etwas sein wie die »Autorität«, deren Verlust Arendt betrauert. Kein Zwang, weder durch Gewalt noch besseres Argument. Keine Tyrannei. Kein Gehorsam. Sondern einfach ein Ausgangs- und Bezugspunkt unseres sinnvollen Handelns. Mit dem Wissen um das Anthropozän, also die Rückwirkungen allen menschlichen Handelns in die Erdgeschichte, ginge es dabei zugleich stets um die Welt. Es wäre aber eine weitere Welt als die, die Arendt als menschliche Behausung in den Blick nimmt. Eben nicht nur die von Menschen errichtete, sondern die von ihnen bewohnte und veränderte: der ganze Planet. Arendt schreibt, dass unter der Bedrohung der Atombombe überhaupt erst das Fortleben der Menschen als Frage greifbar geworden sei.[55] Vielleicht verhält es sich mit der vergänglichen natürlichen Welt so ähnlich. Es mag eines »unsterblich machenden Raums« bedürfen, um menschlichem Handeln Sinn zu verleihen. Aber einen haben wir längst. Meist hat unsere politische Theorie ihn vergessen, aber in den *Fragwürdigen Traditionsbeständen* hält Arendt nach ihm Ausschau.

Anmerkungen Nachwort

1 FT, 95.
2 Vgl.: Adinkra Symbols and Meanings: Sankofa; online unter: https://www.adinkrasymbols.org/symbols/sankofa/.
3 Vgl. zur Rolle der Freundschaft für Arendt: Elisabeth Young-Bruehl (2004 [1982]): *Hannah Arendt. Leben, Werk und Zeit*, Frankfurt a. M., S. 15.
4 Karl Jaspers hatte Arendts Dissertation recht streng bewertet und beäugte ihr Nachfolgeprojekt, die Studie zu Rahel Varnhagen, kritisch. Vgl.: Liliane Weissberg (2021): Lebensgeschichten – Nachwort, in: Hannah Arendt: *Rahel Varnhagen. Lebensgeschichte einer Jüdin aus der Romantik*, München, S. 365–405, hier S. 378 f.
5 Vgl.: Elisabeth Young-Bruehl (2004 [1982]): *Hannah Arendt. Leben, Werk und Zeit*, Frankfurt a. M., S. 140 u. 147.
6 Walter Benjamin (1982): *Das Passagen-Werk*, in: ders.: Gesammelte Schriften. Band V. Hg. v. Rolf Tiedemann und Hermann Schweppenhäuser, Frankfurt a. M.
7 Vgl.: Elisabeth Young-Bruehl (2004 [1982]): *Hannah Arendt. Leben, Werk und Zeit*, Frankfurt a. M., S. 236.
8 Ebd., S. 241 f.; eine detaillierte Editionsgeschichte des Manuskripts findet sich in: Walter Benjamin (2010): *Über den Begriff der Geschichte*. Hg. v. Gérard Raulet, Berlin, S. 161–208.
9 Hannah Arendt (2001 [1955]): *Elemente und Ursprünge totaler Herrschaft. Antisemitismus, Imperialismus, Totalitarismus*, München, S. 234–252.
10 Ebd., S. 249 f.
11 Ebd., S. 246.
12 Ebd., S. 254.
13 Hannah Arendt (1976 [1951]): *The Origins of Totalitarianism*, New York, S. 143.
14 Ebd., S. 247; vgl.: Walter Benjamin (2010): *Über den Begriff der Geschichte*. Hg. v. Gérard Raulet, Berlin, S. 19 f.
15 Hannah Arendt (1976 [1951]): *The Origins of Totalitarianism*, New York, S. 247.
16 FT, 25 f.
17 FT, 121.
18 Hannah Arendt (2002): *Denktagebuch 1950 bis 1973. Erster Band*. Hg. von Ursula Ludz und Ingeborg Nordmann, München/Zürich, z. B. S. 228 ff.
19 Hannah Arendt (1948): Was ist Existenzphilosophie, in: dies.: *Sechs Essays*, Heidelberg, S. 48–80.
20 Vgl.: Karl Jaspers (1932): *Philosophie. 3 Bände*, Berlin; sowie, auf eine Freiburger Vorlesung von 1932 zurückgehend, Martin Heidegger (1997): *Gesamtausgabe Bd. 34. Vom*

Wesen der Wahrheit. Zu Platons Höhlengleichnis und Theätet. Hg. v. Hermann Mörchen, Frankfurt a. M.

21 Hannah Arendt (1948): *Sechs Essays*, Heidelberg.

22 Julia Schulze Wessel (2006): *Ideologie der Sachlichkeit. Hannah Arendts politische Theorie des Antisemitismus*, Frankfurt a. M., S. 60; vgl. auch: Hannah Arendt (2000): *Zwischen Vergangenheit und Zukunft. Übungen im politischen Denken I.* Hg. von Ursula Ludz. 2. Auflage, München/Zürich, S. 35.

23 Eric Voegelin (1951): Brief vom 16. 03. 1951, Hannah Arendt Papers, Library of Congress.

24 Stefania Maffeis (2018): *Transnationale Philosophie. Hannah Arendt und die Zirkulation des Politischen*, Frankfurt a. M., S. 145–147.

25 Hannah Arendt (1951): Brief vom 08. 04. 1951, Hannah Arendt Papers, Library of Congress.

26 Hannah Arendt (1999): Besuch in Deutschland, in: dies.: *Zur Zeit. Politische Essays.* Hg. v. Marie Luise Knott, Hamburg, S. 43–70, hier S. 51.

27 FT, 43 f.

28 FT, 137 f.

29 FT, 173.

30 FT, 70, 74.

31 FT, 76 f.

32 FT, 72.

33 FT, 112 f. Dennoch, so betont Arendt, sei die christliche Geschichtsschreibung in gewisser Weise römisch geblieben: Sie diente der Überlieferung eines entscheidenden Ereignisses, der Geburt (und Kreuzigung) Christi; vgl. ebd., 179 f.

34 FT, 115 f.

35 FT, 87 f.

36 FT, 66 f.

37 FT, 134 f.

38 FT, 188.

39 FT, 186.

40 FT, 185 ff.

41 FT, 188.

42 Hannah Arendt ([2]2021): *Vita activa. Oder vom tätigen Leben.* Mit einem Nachwort von Hans-Jörg Sigwart, München, S. 183.

43 Hannah Arendt (2020): *Über die Revolution.* Mit einem Nachwort von Jürgen Förster, München, S. 320.

44 »Unvergänglichkeit jedenfalls ist aus der den Menschen umgebenden Welt wie aus der die Welt umgebenden Natur verschwunden«; Hannah Arendt (2000): *Zwischen Vergangenheit und Zukunft. Übungen im politischen Denken I.* Hg. von Ursula Ludz. 2. Auflage, München/Zürich, S. 77.

45 FT, 91.

46 Marcia Bjornerud (2021): *Zeitbewusstheit. Geologisches Denken und wie es helfen könnte, die Welt zu retten*, Berlin, S. 153–156.

47 FT, 96.
48 FT, 96.
49 FT, vgl. 94.
50 Sophia Ermert (2016): Hannah Arendt und die soziale Frage, in: Björn Kraus/Wolfgang Krieger (Hg.): *Macht in der Sozialen Arbeit*, Lage, S. 425–436.
51 Hannah Arendt ([2]2021): *Vita activa Oder vom tätigen Leben.* Mit einem Nachwort von Hans-Jörg Sigwart, München, S. 73.
52 Hannah Arendt (2020): *Über die Revolution.* Mit einem Nachwort von Jürgen Förster, München, S. 75.
53 Im deutschsprachigen Raum hat ein eindrucksvoller Aufsatz von Micha Brumlik die Aufarbeitung rassistischer Residuen in Arendts Werk angestoßen: Micha Brumlik (2008): »The scramble for Africa«. Hannah Arendts paradoxer Versuch, den Holocaust aus dem Kolonialismus herzuleiten, in: Lothar Fritze (Hg.): *Hannah Arendt weitergedacht,* Göttingen, S. 153–165.
54 Die Personen veröffentlichen ihre Namen auf eigenen Wunsch nicht. S.: Ralf Pauli (2021): Letzte Hoffnung Auswärtiges Amt, Die Tageszeitung, 19. 08. 2021; online unter: https://taz.de/Afghanische-Ortskraft-im-Hungerstreik/!5794694/.
55 FT, 135.

Siglenverzeichnis

FT = Fragwürdige Traditionsbestände im politischen Denken der Gegenwart

Literaturverzeichnis

Adinkra Symbols and Meanings: Sankofa; online unter: https://www.adinkrasymbols.org/symbols/sankofa/.

Arendt, Hannah (1976 [1951]): *The Origins of Totalitarianism*, New York.

Arendt, Hannah (2001 [1955]): *Elemente und Ursprünge totaler Herrschaft. Antisemitismus, Imperialismus, Totalitarismus*, München.

Arendt, Hannah (1948): Was ist Existenzphilosophie, in: dies.: *Sechs Essays*, Heidelberg, S. 48–80.

Arendt, Hannah (1948): *Sechs Essays*, Heidelberg.

Arendt, Hannah (1999): Besuch in Deutschland, in: dies.: *Zur Zeit. Politische Essays*. Hg. v. Marie Luise Knott, Hamburg, S. 43–70.

Arendt, Hannah (1951): Brief vom 08.04.1951, Hannah Arendt Papers, Library of Congress.

Arendt, Hannah (1998): Diskussion mit Freunden und Kollegen in Toronto, in: dies.: *Ich will verstehen. Selbstauskünfte zu Leben und Werk*. Hg. v. Ursula Ludz, 3. Auflage, München, S. 71–113.

Arendt, Hannah (1989): *Menschen in finsteren Zeiten*. Hg. von Ursula Ludz, München/Zürich.

Arendt, Hannah (2000): *Zwischen Vergangenheit und Zukunft. Übungen im politischen Denken I*. Hg. von Ursula Ludz. 2. Auflage, München/Zürich.

Arendt, Hannah (2002): *Denktagebuch 1950 bis 1973. Erster Band*. Hg. von Ursula Ludz und Ingeborg Nordmann, München/Zürich.

Arendt, Hannah ([2]2021): *Vita activa. Oder vom tätigen Leben*. Mit einem Nachwort von Hans-Jörg Sigwart, München.

Arendt, Hannah (2020): *Über die Revolution*. Mit einem Nachwort von Jürgen Förster, München.

Benjamin, Walter (1982): Das Passagen-Werk, in: ders.: *Gesammelte Schriften. Band V.* Hg. v. Rolf Tiedemann und Hermann Schweppenhäuser, Frankfurt a. M.

Benjamin, Walter (2010): *Über den Begriff der Geschichte.* Hg. v. Gérard Raulet, Berlin, S. 161–208.

Bjornerud, Marcia (2021 [2018]): *Zeitbewusstheit. Geologisches Denken und wie es helfen könnte, die Welt zu retten*, Berlin.

Brumlik, Micha (2008): »The scramble for Africa«. Hannah Arendts paradoxer Versuch, den Holocaust aus dem Kolonialismus herzuleiten, in: Lothar Fritze (Hg.): *Hannah Arendt weitergedacht*, Göttingen, S. 153–165.

Ermert, Sophia (2016): Hannah Arendt und die soziale Frage, in: Björn Kraus/Wolfgang Krieger (Hg.): *Macht in der Sozialen Arbeit*, Lage, S. 425–436.

Heidegger, Martin (1997): *Gesamtausgabe Bd. 34. Vom Wesen der Wahrheit. Zu Platons Höhlengleichnis und Theätet.* Hg. v. Hermann Mörchen, Frankfurt a. M.

Jaspers, Karl (1932): *Philosophie. 3 Bände*, Berlin.

Maffeis, Stefania (2018): *Transnationale Philosophie. Hannah Arendt und die Zirkulation des Politischen*, Frankfurt a. M.

Pauli, Ralf (2021): Letzte Hoffnung Auswärtiges Amt, Die Tageszeitung, 19. 08. 2021; online unter: https://taz.de/Afghanische-Ortskraft-im-Hungerstreik/!5794694/.

Schulze Wessel, Julia (2006): *Ideologie der Sachlichkeit. Hannah Arendts politische Theorie des Antisemitismus*, Frankfurt a. M.

Voegelin, Eric (1951): Brief vom 16. 03. 1951, Hannah Arendt Papers, Library of Congress.

Weissberg, Liliane (2021): Lebensgeschichten – Nachwort, in: Hannah Arendt: *Rahel Varnhagen. Lebensgeschichte einer Jüdin aus der Romantik*, München, S. 365–405.

Young-Bruehl, Elisabeth (2004 [1982]): *Hannah Arendt. Leben, Werk und Zeit*, Frankfurt a. M.